ASAHI SENSHO
朝日選書 998

朝日新聞の慰安婦報道と裁判

北野隆一

JN048206

朝日新聞出版

目次

朝日新聞の慰安婦報道と裁判

北野隆一

はじめに

「慰安婦問題」にはさまざまな側面がある。

第一に一九三〇～四〇年代、戦時中に日本軍がアジア各地の戦線に設けた慰安所で、日本人や朝鮮人をはじめ日本に占領された各国の女性が慰安婦として働かされた問題。

第二に一九九〇年代以降、韓国などアジア各国、オランダなどの政府や被害者、支援団体が日本に対して謝罪や補償を求めた戦後補償の問題。国連人権機関などで戦地における女性の人権の問題の象徴的事例と認識されていった側面もあった。

第三に日本国内で九〇年代以降、戦時中の日本による「加害」の歴史として提起され、その後保守・右派からの反論により、日本の加害責任が否定されていった「歴史認識」の問題。

これに加えて、慰安婦問題をはじめとする戦争被害の問題を、だれの視点で見るか、という側面もある。

たとえば「強制」という言葉は、元慰安婦の女性から見れば、自分の意思に反して戦場や占領地の慰安所に連れて行かれたとか、慰安所で日本兵の性の相手に従事することを強いられたとかいう意味になる。強制をめぐる議論は、元慰安婦自身の体験とその記憶を語る証言が出発点となる。命令を発し、あるいは強要、暴行を実行してその女性に強制した主体がだれなのか、どんな組織だったのかは、女性当人から見ると必ずしも判然としない場合が多い。

一方で、旧日本軍や政府から見れば、「強制」とは公権力の行使として、軍人や官憲(役人、とくに警察官)が命令を出して女性らを従わせる、という意味になる。強制をめぐる議論は、法的な命令が出されたか、あるいは物理的な強制力の行使があったことのいずれかを示す公的文書での証拠があるかどうかが出発点となる。たとえ元慰安婦の女性が意に沿わない行為を強いられたと証言しても、軍や政府による命令や強制力の行使を示す証拠がない限り、その被害体験が日本による「強制」とは証明できない、という論理展開もあり得るだろう。

「強制」や「強制連行」という言葉だけでも、だれの視点からものごとを見るかによって、その意味も見える景色も、まったく変わってくる。「強制の証拠がない」と言われて憤った元慰安婦の女性が「私が証拠だ」と語った、という逸話[1]は、この視点の決定的なずれを思い起こさせる。「慰安婦問題」を取材して、議論としてかみ合わない言葉の応酬に直面するたび、そのことを何度も何度も、繰り返し痛感させられてきた。

この本では、慰安婦問題が戦後、どのように取り上げられてきたかを、さまざまな記録をもとにたどる。続けて、朝日新聞をはじめとする慰安婦問題の報道と、これに対する保守・右派の批判について、主に訴訟の経過に沿う形で記していく。


筆者は朝日新聞で二〇一四年八月五、六日朝刊に掲載された慰安婦問題の検証特集記事（以下、「二〇一四年検証記事」と略する）の取材班に編集委員として参加した。慰安婦を強制連行したとする証言の報道を「虚偽」と判断して記事を取り消したことで、朝日新聞に対する大きな批判がまき起こるきっかけとなった記事である。それ以来、現在に至るまで慰安婦問題の取材を担当している。ただし編集委員という肩書は、一定の専門分野を担当する記者という意味であり、記事や紙面の編集に責任を持つ幹部ではない。職制上、朝日新聞という会社や社論を代表したり、新聞社という組織を所掌したりする立場でもない。本書はあくまで一記者、一社員として執筆したものである。

だが、慰安婦問題においては、とくに冒頭にあげた「第三」の「歴史認識」の側面から、朝日新聞そのものが当事者と目されており、朝日新聞による慰安婦報道の問題を「朝日新聞問題」と表現する論者すらいる[2]。筆者もまた、当事者を構成する一員という立場から逃れられない状況にあることを深く自覚しつつ、この問題に向き合いたい。

以下、肩書は本書執筆時を基準としつつ、年代がはっきりしている事項にかかわる人名に言及する際は、その事柄が起きた当時の肩書で記し、「(当時)」などの表記はできるだけ省略した。発言の引用は筆者が直接取材したものか、書籍・雑誌やウェブサイト上の動画で内容が確認できるものを基本とした。動画や録音データでの発言と、その発言が後日に書籍や雑誌で活字化された際の内容や表現が異なる場合は、両者を比較しつつ、原則として動画や録音など、もとの発言に近いものを優先して掲載した。ただし内容によっては活字化された方を掲載した場合もある。

第5章など、取材班で共同取材・執筆した記事を再録した箇所については、共同筆者名を各項目の冒頭に記した。出典を示す脚注は調査研究の参照に供するため、できるだけ詳細に記した。インターネット上の資料は、執筆時に接続可能だったURLを記したが、その後変更されたり削除されたりしたものもある。数字は和数字を原則としつつ、必要に応じて適宜、洋数字を用いた。

---

1 二〇一三年五月一九日琉球新報朝刊一頁「〈橋下慰安婦発言〉強制連行「私が証拠」/元「慰安婦」・金福童さん橋下氏に反論」

2 徳山喜雄『「朝日新聞」問題』(集英社、二〇一五年)

第1章　慰安婦問題とは

そもそも「慰安婦」という言葉一つとっても、受け取り方は人それぞれだ。まずは、政府の公的な認識を含め、これまでの調査・研究でわかっている基本的な事実について、押さえておきたい。「慰安婦問題とは何か」という問いについては二〇一四年検証記事で、Q＆A形式の解説を試みた[1]。「はじめに」で触れた「第一」と「第二」にあたる部分だ。紙面に掲載された記事は大幅に圧縮されたものだったので、本書ではもとの長い原稿を生かす形で全面的に加筆した。

Q1　慰安婦とは何か。

A1　戦争の時代に、一定期間日本軍の慰安所等に集められ、将兵に性的な奉仕を強いられた女性たち[2]のことをいう。日本政府は一九九三年八月四日に河野洋平官房長官が発表した談話（河野談話）で「当時の軍の関与の下に、多数の女性の名誉と尊厳を深く傷つけた問題」[3]と述べた。

Q2　どんな人々が慰安婦にされたのか。

A2　日本本土（内地）の日本人女性のほか、日本の植民地だった朝鮮半島や台湾出身者も慰安婦にされた。日本軍の侵攻に伴い中国、フィリピン、ビルマ（現ミャンマー）、マレーシア、シンガポール、東ティモールなど各地で慰安所が作られ、現地女性も送り込まれた[4]。オランダの植民地だったインドネシア（当時はオランダ領東インド）では現地女性のほか、現地在住のオランダ人も慰安婦とされた[5]。

政府は一九三八年、日本女性が慰安婦として中国へ渡る場合は「内地において娼妓《しょうぎ》その他事実上醜業（売春）を営み満二十一歳以上」の者を対象とするよう、通達[6]を出した。二一歳未満の女性や児童の人身売買や売春を禁じた「婦人及び児童の売買禁止条約」のためとみられる。ただ政府は一九二五年に条約を批准した際、植民地を適用除外とした。このため植民地や占領地では、売春婦でない未成年女子も対象となった。朝鮮からは一七歳[7]、台湾からは一四歳[8]の少女が慰安婦とされたとの記録がある。

Q3　何人くらいいたのか。

A3　慰安婦の総数を示す公式記録はなく、研究者の推計しかない[9]。現代史家の秦郁彦《はたいくひこ》氏は一九九三年に六万～九万人と推計し、九九年に二万人前後と修正した[10]。吉見義明・中央大学名誉教授は九五年に五万～二〇万人と推計し、のちに五万人以上と改めた[11]。韓国や中国ではさらに多い数字をあげる人もいる。

出身地や民族別の内訳については、女性のためのアジア平和国民基金（アジア女性基金）が「各種の資料を総合して言えることは、朝鮮人慰安婦は多かったが、絶対的多数を占めるにはいたっていないということです。日本人慰安婦も多かったと言えます[12]」と述べている。

Q4　慰安所はいつ、どんな経緯で作られたのか。

A4　満州事変の翌年、一九三二年の第一次上海事変で日本兵が中国人女性を強姦する事件が起きたため、反日感情の高まりを防ぐためとして九州から軍人・軍属専用の慰安婦団を招いたとする当時の軍幹部の記述がある[13]。その後、性病蔓延による戦力低下や機密漏洩の防止、軍人の慰安のためなどの理由が加わった。

Q5 慰安所が日本軍全体に広がった経緯は。

A5 戦争の拡大とともに、日本軍や政府の慰安婦についての政策は変わった。一九三七年七月七日の盧溝橋事件をきっかけに日中戦争が始まると、慰安所の数は飛躍的に増えた。警察は当初、業者が慰安婦を集めて国外に連れて行くことを違法として、刑法上の国外移送目的略取罪などで取り締まったが、三八年以降は軍の意向に基づくものとして黙認した。警察を所管する内務省が三八年、慰安婦の渡航を容認するように通達を出している[14]。占領地の拡大に伴い、慰安所はさらに増えた。南方占領地に慰安婦を派遣する際は、外務省や内務省、警察が関与せず、軍が直接掌握することとなった[15]。

Q6 どのようにして集められたのか。

A6 多くの場合、軍の意向を受けた業者がまず日本国内（内地）で、さらに植民地の朝鮮や台湾で集めた。アジア女性基金のサイトには以下のように記されている。

最初の段階では、朝鮮からもまず「醜業婦」であった者が動員されたと考えるのが自然です。ついで、貧しい家の娘に「慰安婦」となるように説得して、連れていったのでしょう。就職詐欺もこの段階からはじまっていることは、証言などから知られています。業者らが甘言を弄し、あるいは畏怖させるなど、本人の意向に反して集めるケースがあったことも確認されています。さらに、官憲等が直接これに加担するケースも見られました[16]。

「仕事がある」とだまされたり、親に身売りされたりした場合も多いことがわかっている。

一方、フィリピンやインドネシアなど占領地では、日本軍が直接暴力的に連行したとの記録もある。フィリピン政府の二〇〇二年の報告書によると、同国で日本軍は、現地の女性を暴力的に拉致・連行して日本軍の兵営とされた教会や病院に監禁し、集団で強姦を続けた事例もあったという[17]。

住居侵入や強姦をしたとして、兵士が日本軍の軍法会議で懲役刑の判決を受けた例も報告されている。報告された三〇例のうち二〇例はフィリピンだったという[18]。

インドネシアでも現地の女性が多く送り込まれた。倉沢愛子・慶応大学名誉教授の研究によると、現地で集められたのは当初は売春を業としていた女性だったが、やがて居住地の区長を通じて一般女性も募集された。さらに部隊が独自に、現地女性を強制的に連れ込み、慰安所のようなものを作る例も見られた[19]。

インドネシアは、戦前はオランダ領東インドと呼ばれた植民地で、オランダ人も多く住んでいた。日本軍は一九四二年に占領した際、民間人九万人、軍人四万人を強制収容所に抑留。収容所からオランダ人女性を慰安所に強制的に連行し、日本の将兵への性的奉仕を強いた事例があった。

オランダ側の公文書では、慰安所は複数あったことが明らかになっている。ジャワ島のムンティラン女子収容所では一九四四年、日本軍がオランダ人女性一五人を連れ出したが、オランダ人側が強く抵抗。日本軍は身代わりを出すよう求め、改めて一三人を連れ出し、マゲランの慰安所で働かせたという[20]。

Q7 慰安婦の暮らしは。

A7 アジア女性基金のサイトでは「(慰安所で) 兵士は代金を直接間接に払っていたのはたしかですが、慰安婦にされた人々にどのように渡されていたかははっきりしません[21]」と記す。戦況や場所により処遇にばらつきもあったことが推定される。政府は九三年八月、河野談話とあわせて調査結果を発表し「戦地では常時軍の管理下で軍とともに行動させられ、自由もない生活を強いられた[22]」と説明している。

休日は月一回か二回で無休もあり、外出も軍の許可が必要だった[23]。米軍の報告書には、外出が可能でスポーツやピクニックに参加したという記述もある[24]。

フィリピンのイロイロ市にあった日本軍の慰安所規定では「慰安婦散歩は毎日午前八時より午前十時までとし其の他にありては比島軍政監部ビサヤ支部イロイロ出張所長の許可を受くべし」と定め、散歩できる区域も慰安所近くの公園付近に限られていた[25]。

前借金でしばられていた慰安婦らが返済した場合に、軍から帰国を認める指示が出ることもあったという[26]。一方、別の報告書には、完済した慰安婦も、戦況の影響で帰国できなかったとの記述もある[27]。

女性らの多くは識字率も低く外国語もできない状況であるうえ、交通網が軍の規制下にある戦時中、地理もわからない外国から故郷に帰ることはほとんど不可能な場合が多かったとみられる。

米軍報告書には、ビルマで慰安婦は月一五〇〇円を稼ぎ、経営者に半額の七五〇円を渡していたが、経営者から食料など物品代を請求され、生活困難に陥った[28]、との記述がある。月一五〇〇円という額面は、当時の日本国内の貨幣価値では大金だが、戦況の変化により一九四三年ごろから戦地や占領地は三〜四年で物価が千〜二千倍の激しいインフレになり、実際の貨幣価値は低かった。しかも支払いは軍が発行する軍票などでなされたうえ、多くは軍事郵便貯金などに預けられたためほとんど引き出せず、敗戦で無価値となったようだ[29]。

戦況が悪化すると生活は悲惨となった。慰安婦は戦地で軍と行動をともにさせられた。日本軍が敗走を始めると現地に置き去りにされたり、ともに玉砕させられたりしたという。日本の敗戦後も帰国できず現地に残った人も多く、帰国しても結婚できなかったり、過去を隠して生きることを余儀なくされたりし、戦後も苦しみが続いたという[30]。

Q8　戦前は公娼制度があって、売春は公認されていたのではないか。

A8　政府が売春を公認する公娼制度は、一九世紀欧州に端を発する性を売る女性を公権力が把握、管理する制度。女性の登録、居住・営業場所の指定（集住）、性病検査の強制などの特徴をもつ[31]。一九世紀後半から二〇世紀にかけて欧米各国で廃止され、存続していたのは日本のほかはオーストリアやイタリア、スペインなどだった。

国内でも公娼制度廃止を求める廃娼運動が広がり、一九四一年までに一四県が廃止。一四県の議会が廃娼を決議していた[32]。

欧州各国の中にはアジアの植民地でも公娼制度を廃止するところもあり、日本政府も海外に連れて行かれて売春をさせられた日本人女性の「からゆきさん」を廃業させていた。ただ、制度はなくならず、戦後も一九五七年の売春防止法施行までは売春が黙認される、いわゆる「赤線地帯」があった[33]。

慰安婦と公娼制度をめぐっては「慰安婦たちは業者に伴われて戦地に働きに来たのであり、彼女らは『プロスティテュート』（売春婦）とよばれるべき存在だったのである。つまり、彼女らは『人類最古の職業』に従事していたのだ」「当局の管理下におかれていた。こうした娼婦を公娼とよび、政府の管理下にない娼婦を私娼とよんだ。戦地の部隊をお客とする娼婦が公娼制度の一環に位置することは言うまでもない[34]」との主張がある。これに対しては、「公娼制度自体が当時から『人身売買と自由拘束を内容とする事実上の奴隷制度』と言われていた。軍の慰安婦制度は、公娼制度で認められた外出の自由や廃業の自由すらない性奴隷制度だ」との反論がある[35]。

慰安婦制度を「公娼制度の戦地版」とみる見方[36]について、アジア女性基金の設立にかかわり、理事を務めた大沼保昭・東京大学名誉教授は以下のように批判している。

「慰安婦」たちの境遇、待遇は多様であり、きっかけにも多くのかたちがあった。一方の極にはある日突然強制的に連行された事例があり、他方にはすでに「公娼」だった人が募集に応じたケースもあった。もっとも多かったのは、看護婦、家政婦・賄い婦、工場労働者として募集され、現地に着いてみたら「慰安婦」として「性的奉仕」を強制され、長期間自由が拘束される状態におかれたというケースである。

右の限度での事実認識については、実証研究の積み重ねと裁判における事実認定により、ほぼ共通の認識が確立していると思われる。一部の自民党政治家や右派イデオローグが唱えた「慰安婦＝公娼・売春婦」論は、こうした歴史学的裏付けを欠く思い込みを主張しているにすぎない[37]。

アジア女性基金の専務理事や事務局長を務めた和田春樹・東京大学名誉教授も、日本政府などの「公的な認識」に触れつつ、以下のように批判している。

慰安婦とは売春婦であるという定義は、いかに直接、間接に宣伝されていても、それは一つの意見にすぎません。個人であれ、団体であれ、新聞社、出版社であれ、個別の意見なのです。

このような定義の対極に立つのは、日本政府が認めた慰安婦の公的な定義です。一九九三年の河野官房長官談話に基づいて、一九九五年七月に政府が設置したアジア女性基金の定義がそれです。同年一〇月に出した第一号パンフレット『「従軍慰安婦」にされた方々への償いのために』の冒頭に掲げられています。
「『従軍慰安婦』とは、かつての戦争の時代に、日本軍の慰安所で将兵に性的な奉仕を強いられた女性たちのことです。」
つまり、慰安婦とは、戦争している日本軍の慰安所で将兵に性的な奉仕をさせられた女性ですが、それはその本人の意に反しており、耐えがたく苦痛で、人間としての尊厳が踏みにじられた、本人からすれば強制されたことであったと見ているのです。過去に売春婦であったか、そういう経験のない娘であったかにかかわりなく、日本軍の慰安所の体験は「強いられた」ものの、耐えがたい苦痛だと感じてきた人たちなのです。慰安婦は被害、受難を強制された人びと、強制被害者、強制受難者だと言えるでしょう[38]。

このような公的な慰安婦認識が国際的に存在しているところで、慰安婦は売春婦だという否定派の考えが対抗的に突きつけられているのが現在の日本国内での慰安婦問題の政治力学です。繰り返しますが、「売春婦」説はたんなる主張、意見にすぎませんが、「強制受難者」説は、三六三人の世界の被害者を対象に実施された日本政府とアジア女性基金の一二年間の事業によって裏書きされている公的な認識なのです。

この公的な認識は、慰安婦問題の研究者たちがほぼ共通にもつ認識です[39]。

定義を掲げている研究者たちはほぼみなアジア女性基金の定義と同一の定義を採用していると言っていいと思います。公的な認識は多くの人びとの長い努力によって生まれたものなのです[40]。

Q9 「従軍慰安婦」という呼び方には論争があるのか。

A9 戦時中は軍や政府の公文書に「慰安所従業婦」「酌婦」などと記された。戦後は、作家の千田夏光[41]氏の著書『従軍慰安婦』の影響で「従軍慰安婦」の呼び方が広まったとされる。

これに対しては「『従軍慰安婦』なる言葉は、戦前には存在しなかったのだ。従軍看護婦、従軍記者、従軍僧侶などは存在した。『従軍』という言葉は、軍属という正式な身分をしめす言葉であり、軍から給与を支給されていた。慰安婦はそういう存在ではなく、民間の売春業者が連れ歩き、兵士を顧客とした民間人である」「『従軍慰安婦』は作家が使い始めた不用意・不適切な言葉であり、誤解を与える俗語なのである[42]」との批判がある。一方で、「従軍という言葉は自発的なニュアンスを感じさせ、強制性の意味が失われる」として、「日本軍『慰安婦』」と呼ぶ場合もある[43]。

Q10 「性奴隷」と呼ぶ見方もあるのか。

A10 弁護士の戸塚悦朗氏らが一九九二年から提唱した[44]。慰安婦には移動や廃業の自由がほとんどない中で性的奉仕を強いられていたという見方からだ。ラディカ・クマラスワミ氏が一九九六年に国連人権委員会に提出した「女性への暴力特別報告」では「軍性奴隷制」と記された[45]。

これに対して熊谷奈緒子・青山学院大学教授は著書『慰安婦問題』で「慰安婦を法的に性奴隷と言うことはできない」と主張する。理由として、「奴隷」という言葉を「他人の所有物として扱われ、強制労働に対価を与えられず、時に売買の対象となる存在」と定義。「軍性奴隷は慰安婦・慰安所の多様な実態を示さない」と説明している[46]。

Q 11 他国にも同様の制度があったのか。

A 11 第二次世界大戦中、軍の公認で慰安所が作られたのは日本とドイツだけだという。ただ、ドイツには当時、植民地がなかったので、日本軍における朝鮮人・台湾人慰安婦のように、植民地の女性を占領地に派遣するなどの形態はなかった[47]。

ただ他国でも、戦争中の強姦が問題となったところもあり、軍が兵士の売春施設出入りに対する健康管理をした国もある。

ドイツは欧州の占領地で軍管理の慰安所を置いた。一九四二年時点で五〇〇カ所以上あったという。このうちフランスやオランダなど西欧では従来の売春宿を軍の管理下に置いた。一方、ソ連やポーランドなど東欧には売春宿がなかったため、軍として新設することになり、しばしば慰安婦を強制徴用した。ドイツ本国で強制労働を拒否した女性や、ユダヤ人女性を徴用したという。

日本の内務省は敗戦直後、日本を占領した米軍向けに自発的に慰安所を用意した。業者を組織して「特殊慰安施設協会」（ＲＡＡ）を結成し、施設を二一カ所作った。米軍は当初、慰安所を黙認したが、性病にかかる米兵が増加し、慰安所に入る米兵の様子が報道されて米国内から抗議が寄せられたことなどから、一九四六年三月には慰安所や売春宿への米兵の立ち入りを禁止した[48]。
韓国では、一九五〇年に始まった朝鮮戦争の際、数年間「特殊慰安隊」と呼ばれる慰安婦制度が運用され、韓国兵士が利用した。国連軍として朝鮮戦争に参戦した米兵が韓国で慰安所を利用したとの証言もあるという[49]。

Q12　慰安婦問題が日本国内で知られるようになった経緯は。
A12　戦後まもない時期から兵士の体験談や手記で触れられていた。一九七〇年六月、作家の千田夏光氏が週刊新潮で「慰安婦にさせられた」という女性や旧軍関係者の聞き取りを紹介。一九七三年にルポ『従軍慰安婦』を刊行した。当時はまだ戦時下の秘史という扱いだった。

Q13　日韓間の問題として認識されたいきさつは。
A13　一九九〇年一月、尹貞玉《ユンジョンオク》・韓国梨花女子大学教授が韓国ハンギョレ新聞に「挺身隊『怨念の足跡』取材記」の題で慰安婦問題の記事を連載。五月の盧泰愚《ノテウ》大統領訪日をきっかけに、植民地時代の朝鮮半島で日本の軍人・軍属とされた韓国人らから日本に謝罪と補償を求める声が高まった。
一九九一年八月には、金学順《キムハクスン》さんが韓国在住の元慰安婦として初めて名乗り出た。それまで日本政府は慰安婦について「民間業者が連れ歩いていたもの」と答弁し、政府の関与を否定していた。しかし朝日新聞が一九九二年一月一一日朝刊一面に「慰安所　軍関与示す資料」との見出しで、慰安所の設置管理に旧日本軍が関与したことを示す公文書の存在を特報。加藤紘一《こういち》官房長官が初めて軍の関与を認めた。直後に訪韓した宮沢喜一首相は日韓首脳会談で謝罪した。

一九九三年八月には、河野洋平官房長官がいわゆる「河野談話」を発表。慰安婦問題は「当時の軍の関与の下に、多数の女性の名誉と尊厳を深く傷つけた問題」として、元慰安婦への「心からのおわびと反省」を表明した。

---

1 二〇一四年八月五日朝日新聞朝刊一六頁「(慰安婦問題を考える:上) 慰安婦問題どう伝えたか　読者の疑問に答えます」

2 女性のためのアジア平和国民基金（アジア女性基金）「デジタル記念館　慰安婦問題とアジア女性基金」サイト内の「日本軍の慰安所と慰安婦>慰安婦とは─慰安婦とは」(http://www.awf.or.jp/1/facts-00.html)

3 一九九三年八月四日「慰安婦関係調査結果発表に関する河野内閣官房長官談話」（河野談話）(https://www.mofa.go.jp/mofaj/area/taisen/kono.html)

4 「慰安婦問題とアジア女性基金」サイト内の「日本軍の慰安所と慰安婦>慰安婦とは─太平洋戦争と慰安所の拡大」(http://www.awf.or.jp/1/facts-06.html)、「日本軍の慰安所と慰安婦>慰安婦にされた女性たち─その他の国々」(http://www.awf.or.jp/1/othercountries.html)

5 同サイト内の「日本軍の慰安所と慰安婦>慰安婦にされた女性たち─オランダ」(http://www.awf.or.jp/1/netherlands.html)、「日本軍の慰安所と慰安婦>慰安婦にされた女性たち─インドネシア」(http://www.awf.or.jp/1/indonesia.html)

6 一九三八年二月二三日　内務省警保局長「支那渡航婦女の取扱に関する件」:吉見義明『従軍慰安婦資料集』（大月書店、一九九二年）一〇三頁、吉川春子『従軍慰安婦─新資料による国会論戦』（あゆみ出版、一九九七年）一八一〜一八四頁

7 一九四四年一〇月一日　アメリカ戦時情報局心理作戦班「日本人捕虜尋問報告第四九号」:『従軍慰安婦資料集』四五一〜四五二頁、日本軍「慰安婦」問題解決全国行動作成『日本軍「慰安婦」関係資料二一選』（二〇一五年）八六〜八八頁。米軍が一九四四年にビルマ（現ミャンマー）で朝鮮人慰安婦二〇人と楼主（業者）二人に尋問した報告書。それによると四二年の募集時、慰安婦

二〇人の中でもっとも若い女性は一七歳で、二一歳未満は二〇人のうち一二人だった。

8 一九四〇年九月二日　台湾総督府外事部長・千葉蓁一「渡支事由証明書等の取寄不能と認めらるる対岸地域への渡航者の取扱に関する件」：『従軍慰安婦資料集』一三五～一三七頁。台湾総督府が一九四〇年九月に外務省にあてた文書で、慰安婦とされる女性六人が記されている。吉見義明氏によるとこの六人は全員未成年で、最年少は一四歳だったという。

9 「慰安婦問題とアジア女性基金」サイト内の「日本軍の慰安所と慰安婦＞慰安所と慰安婦の数」（http://www.awf.or.jp/1/facts-07.html）

10 秦郁彦『昭和史の謎を追う　下』（文藝春秋、一九九三年）三二八頁、秦郁彦『慰安婦と戦場の性』（新潮社、初版一九九九年）四〇六頁。この本は版を重ねているが、本書では二〇一三年六月五日発行の九刷を使う。

11 吉見義明『従軍慰安婦』（岩波書店、一九九五年）七八～八〇頁、吉見義明『日本軍「慰安婦」制度とは何か』（岩波書店、二〇一〇年）五四～五六頁

12 「慰安婦問題とアジア女性基金」サイト内の「日本軍の慰安所と慰安婦＞慰安所と慰安婦の数」

13 派遣軍の参謀副長だった岡村寧次は当時を回想して、以下のように記した。「昔の戦役時代には慰安婦などは無かったものである。斯く申す私は恥かしながら慰安婦案の創設者である。昭和七年の上海事変のとき二、三の強姦罪が発生したので、派遣軍参謀副長であった私は、同地海軍に倣い、長崎県知事に要請して慰安婦団を招き、その後全く強姦罪が止んだので喜んだものである。現在の各兵団は、殆んどみな慰安婦団を随行し、兵站の一分隊となっている有様である。第六師団の如きは慰安婦団を同行しながら、強姦罪は跡を絶たない有様である」。岡村寧次『岡村寧次大将資料第一　戦場回想編』（原書房、一九七〇年）三〇二～三〇三頁、「慰安婦問題とアジア女性基金」サイト内の「日本軍の慰安所と慰安婦＞慰安婦とは―慰安所の設置」（http://www.awf.or.jp/1/facts-01.html）

14 内務省警保局長名で「内地に於いて是等婦女の募集周旋を為す者にして恰も軍当局の諒解あるかの如き言辞を弄する者も最近各地に頻出しつつある状況に在り婦女の渡航は現地に於ける実情に鑑みるときは蓋し必要やむを得ざるものあり警察当局に於いても特殊の考慮を払い実情に即する措置を講ずるの要あり」（原文を書き改めた）として、渡航を容認する判断を各府県に伝えた。「支那渡航婦女の取扱に関する件」一〇二～一〇三頁。同じ通牒にある「軍の諒解又は之と連絡あるが如き言辞其の他軍に影響を及ぼすが如き言辞を弄する者は総て厳重に之を取り締まること」（同一〇四頁）という文言について、永井和・京都大学名誉教授は「業者に軍との関係を公言させないよう警察に指示したもの」と解説する。永井和『日中戦争から世界戦争へ』（思文閣出版、二〇〇

七年）三九九～四〇〇頁

15 一九四二年一月一四日に東郷茂徳外務大臣名で蜂谷照雄・台湾総督府外事部長にあてて出された「南洋方面占領地に対し慰安婦渡航方の件」では「此の種渡航者に対しては（旅券を発給することは面白からざるに付）軍の証明書に依り（軍用船にて）渡航せしめられたし」と書かれている。『従軍慰安婦資料集』一四三頁

16 「慰安婦問題とアジア女性基金」サイト内の「日本軍の慰安所と慰安婦＞慰安婦とは―女性たちを集める」（http://www.awf.or.jp/1/facts-05.html）

17 フィリピン社会福祉開発省（DSWD）、女性のためのアジア平和国民基金（AWF）「危機的状況に置かれたロラたちへの支援（ALCS）事業に関する評価的研究」（二〇〇二年）二〇～二一頁（http://www.awf.or.jp/pdf/0197.pdf）

18 陸軍省軍務局長が敗戦後の一九四五年一〇月に占領軍に提出した「大東亜戦争間軍法会議処刑掠奪強姦等犯罪事例」による。『慰安婦と戦場の性』一九七頁

19 倉沢愛子「インドネシアにおける慰安婦調査報告」：アジア女性基金「慰安婦」関係資料委員会編『「慰安婦」問題調査報告・1999』（一九九九年）九七～九八頁（http://www.awf.or.jp/pdf/0062_p089_105.pdf）

20 山本まゆみ、ウィリアム・ブラッドリー・ホートン「日本占領下インドネシアにおける慰安婦――オランダ公文書館調査報告」：『「慰安婦」問題調査報告・1999』一一八頁（http://www.awf.or.jp/pdf/0062_p107_141.pdf）

21 「慰安婦問題とアジア女性基金」サイト内の「日本軍の慰安所と慰安婦＞慰安所の生活」（http://www.awf.or.jp/1/facts-12.html）

22 一九九三年八月四日　内閣官房内閣外政審議室「いわゆる従軍慰安婦問題について」（https://www.mofa.go.jp/mofaj/area/taisen/pdfs/im_050804.pdf）

23 「慰安婦問題とアジア女性基金」サイト内の「日本軍の慰安所と慰安婦＞慰安所の生活」

24 「日本人捕虜尋問報告第四九号」四四三頁

25 一九四二年一一月二二日　比島軍政監部ビサヤ支部イロイロ出張所「慰安所（亜細亜会館、第一慰安所）規定送付の件」：『従軍慰安婦資料集』三二六頁

26 「日本人捕虜尋問報告第四九号」四四五～四四六頁

27 一九四四年一一月三〇日　東南アジア翻訳尋問センター「心理戦　尋問報告第二号」：『従軍慰安婦資料集』四六〇頁

28 「日本人捕虜尋問報告第四九号」四四五頁

29 『日本軍「慰安婦」制度とは何か』四六〜五一頁
30 「慰安婦問題とアジア女性基金」サイト内の「日本軍の慰安所と慰安婦＞慰安所の生活」
31 吉見義明『買春する帝国—日本軍「慰安婦」問題の基底』（岩波書店、二〇一九年）三頁
32 『日本軍「慰安婦」制度とは何か』四六頁
33 『慰安婦と戦場の性』六〇頁
34 藤岡信勝『汚辱の近現代史』（徳間書店、一九九六年）三九頁
35 吉見義明・川田文子『「従軍慰安婦」をめぐる30のウソと真実』（大月書店、一九九七年）五七〜五九頁、『従軍慰安婦』一一、一五八頁
36 『慰安婦と戦場の性』二一七頁
37 大沼保昭『「慰安婦」問題とは何だったのか』（中央公論新社、二〇〇七年）八三〜八四頁
38 和田春樹『慰安婦問題の解決のために　アジア女性基金の経験から』（平凡社、二〇一五年）三六〜三七頁
39 同三九頁
40 同四〇頁
41 千田夏光氏の名前の読み方は、一九七三年出版の『従軍慰安婦——〝声なき女〟八万人の告発』（双葉社）の奥付には「せんだ・なつみつ」とあり、同じ内容で一九七八年に別の出版社から出した『従軍慰安婦　正篇』（三一書房）の奥付には「せんだ・かこう」と書かれている。
42 『汚辱の近現代史』三六〜三七頁、『慰安婦と戦場の性』三五八頁
43 『「従軍慰安婦」をめぐる30のウソと真実』九〜一〇頁
44 戸塚悦朗『日本が知らない戦争責任——国連の人権活動と日本軍「慰安婦」問題』（現代人文社、一九九九年）三〇六頁
45 一九九六年一月四日　ラディカ・クマラスワミ特別報告者提出報告書付属文書、女性のためのアジア平和国民基金翻訳「女性に対する暴力　戦時における軍の性奴隷制問題に関して、朝鮮民主主義人民共和国、大韓民国及び日本への訪問調査に基づく報告書」二頁（http://www.awf.or.jp/pdf/0031.pdf）
46 熊谷奈緒子『慰安婦問題』（筑摩書房、二〇一四年）三二一〜三二四頁
47 佐藤健生「ドイツの戦後補償に学ぶ　連載8・9　過去の克服　日独の『慰安婦』問題をめぐって」:『法学セミナー』一九九三年

七月号二二一～二二五頁、八月号三二一～三三五頁、『慰安婦と戦場の性』一四九～一五二頁
48 『慰安婦問題』五二～五九頁、『慰安婦と戦場の性』一六六～一七〇頁
49 韓国陸軍本部『後方戦史（人事篇）』（一九五六年）一四八～一五〇頁、金貴玉「朝鮮戦争時の韓国軍『慰安婦』制度について」：宋連玉・金栄編『軍隊と性暴力―朝鮮半島の二〇世紀―』（現代史料出版、二〇一〇年）二八四～三〇一頁、林博史「韓国における米軍の性管理と性暴力――軍政期から一九五〇年代」：『軍隊と性暴力』二二三～二五〇頁、『慰安婦問題』六三～六五頁

第2章　問題のこれまで

本章では、戦後の日本や韓国などで、慰安婦問題がどのように認識され、扱われてきたかについて、「河野談話」を中心にその前後をたどる。

このうち、朝日新聞の慰安婦報道については、二〇一四年一二月二二日、朝日新聞社に委嘱された第三者委員会が報告書（以下、「第三者委員会報告書」と略する）をまとめている。この報告書の記述を基本としつつ、必要に応じて事実関係を加筆するなどして、これまでの流れを振り返る。「はじめに」で触れた「第二」の部分が中心だが、保守・右派が登場する一九九二年以降は次第に「第三」の要素が入ってくる。

ただし、第三者委員会報告書が振り返っているのは、朝日新聞が吉田清治氏の証言を報じた一九八二年以降に限っているので、それ以前についてまず触れる。

I　河野談話まで

1　沖縄の元慰安婦（一九七五年）

慰安婦問題についてのまとまった記事や報道は、元新聞記者の千田夏光氏による著書『従軍慰安婦――〝声なき女〟八万人の告発』（双葉社、一九七三年）を嚆矢《こうし》として、七〇年代後半から少しずつ出はじめている。

元朝日新聞記者の水野孝昭・神田外語大学教授によると、共同通信が一九七五年一〇月二二日に「沖縄在住の朝鮮人慰安婦　戦時中、沖縄に連行の韓国女性　三〇年ぶり『自由』を手に　不幸な過去を考慮　法務省特別在留を許可」という記事を流している[1]。沖縄で慰安婦にされ、沖縄戦を生き延びて戦後も沖縄に住んでいた元朝鮮人慰安婦の裵奉奇《ペポンギ》さんの存在が初めて注目された記事だ。

この記事をきっかけに、ドキュメンタリー映画作家の山谷哲夫氏は彼女を訪ねて話を聞き、ドキュメンタリー映画『沖縄のハルモニ』として一九七九年五月に公開。朝日新聞はこの映画を紹介する記事を一九七九年五月一二日夕刊で「春遠く…沖縄のハルモニ」と題して紹介。さらに同年九月七日夕刊文化面に山谷氏が「従軍慰安婦の涙　朝鮮女性の悲惨さ追う　貧困への怒りを込め記録映画に」と題して寄稿している。また川田文子氏が裵さんのところに一〇年通って聞き書きした本『赤瓦の家』（筑摩書房）を一九八七年に出版している[2]。

1 水野孝昭「個人攻撃の標的にされた『小さなスクープ』――報道の歴史に特筆すべき『植村記事』の大きな価値」：植村裁判取材チーム『慰安婦報道「捏造」の真実――検証・植村裁判』（花伝社、二〇一八年）八頁
2 同九頁

2　吉田清治氏の登場（一九八二年）

吉田清治氏が「済州島で慰安婦を無理やり狩り出した」と語ったことが朝日新聞記事で紹介されるのは、一九八二年九月二日大阪本社版朝刊社会面である。見出しは「朝鮮の女性　私も連行　元動員指揮者が証言　暴行加え無理やり　三七年ぶり　危機感で沈黙破る」。

この記事は、九月一日に大阪市内で開かれた集会で吉田氏が講演した内容を伝えるものだ。昭和一七年から二〇年にかけて、吉田氏が山口県労務報国会下関支部動員部長として、朝鮮において十数回にわたり朝鮮人六千人、うち慰安婦九五〇人を強制連行し、朝鮮人慰安婦は皇軍慰問女子挺身隊という名で戦場に送り出したと述べ、また昭和一八年の初夏の一週間に日本兵一〇人を伴い、済州島で二〇〇人の若い朝鮮人女性を狩り出したと述べた、などと伝えている[3]。

この記事については、筆者も取材に参加した二〇一四年の社内調査で、記事を書いた記者がいったん特定されたとみられていた。当時大阪社会部にいたとされるこの元記者が語った「講演での話の内容は具体的かつ詳細で全く疑わなかった」との談話も、二〇一四年八月五日の検証特集記事に掲載された。

ところが掲載後、自ら筆者と認めていたこの元記者について、一九八二年の記事掲載時には韓国に語学留学中で取材・執筆は不可能だったことが判明する。つまりアリバイがあったということだ。さらに、大阪社会部で記事の写真説明を書いたとされる別の元記者についても、写真撮影はしたが、記事執筆については否認しており、結局、誰が筆者なのかわからなくなった。

この件について朝日新聞は二〇一四年九月二九日朝刊で八月五日の検証記事を訂正し、筆者だったとみられていた元記者が執筆したものではないと判明した、と書いた。さらに一二月二二日朝刊で「おわび」記事を掲載し、「筆者かも知れない」とされた別の記者についても「写真の撮影はしたが、記事執筆の点を含めて細かい記憶はないといった説明をしている」として否定。「初報の筆者を特定できませんでした。十分に解明できなかった点をおわびします」と書いている。

第三者委員会報告書はその後の朝日新聞の慰安婦報道についても、吉田証言報道を中心に追っている。一九八三年一〇月一九日夕刊社会面には「韓国の丘に謝罪の碑『徴用の鬼』いま建立　悔いる心、現地であかす」などの見出しで、吉田氏が韓国に謝罪碑を建てることを紹介。一一月一〇日朝刊三面「ひと」欄や一二月二四日朝刊社会面にも吉田氏が謝罪碑を建てたことを紹介する記事が出ている[4]。

3　二〇一四年一二月二二日　朝日新聞社第三者委員会「報告書」六頁（https://www.asahi.com/shimbun/3rd/2014122201.pdf）
4　同六〜七頁

3　タイの元慰安婦（一九八四年）

戦時中にタイに連れて行かれ、置き去りにされた朝鮮人元慰安婦の盧寿福《ノスボク》さんが一九八四年、同国内で見つかった。一九八四年三月に韓国の中央日報が「私は女子挺身隊」という題で一代記を一一回連載。この記事や韓国KBSテレビの報道がきっかけで、当時朝日新聞アジア総局員だった松井やより記者が一一月に朝日新聞夕刊で境遇を報じている。記事は冒頭、以下のように始まる。

タイ南部の小さな町に、韓国人のハルモニ（おばあさん）を訪ねあてた。

二十一歳のとき、日本軍の従軍慰安婦として故国から引き離されたハルモニは、シンガポール、マレー半島の戦場で屈辱と辛酸の日々を送ったあと、タイに住みついて余生を送っていた。今年六十三歳になるこのハルモニのことを知ったのは、ソウルの女性記者が送ってくれた新聞の切り抜きだった。「私は女子挺身（ていしん）隊」という、その十一回の連載記事には、「怨恨（えんこん）の一代記」というサブタイトルがついていた[5]。

韓国は一九八七年に民主化、一九八八年にソウル五輪を開催。軍事独裁政権から文民による政権が樹立されると、日本人によるキーセン買春観光が問題視され、抑圧されていた女性の人権問題などへの取り組みが本格化していくことになる。一九八八年八月一八日には松井記者の署名記事で、慰安婦問題の調査を続ける尹貞玉・韓国梨花女子大学教授が朝日新聞「ひと」欄で紹介されている。

5　一九八四年一一月二日朝日新聞夕刊「私は元従軍慰安婦　韓国婦人の生きた道　邦人巡査が強制連行　二一歳、故国引き離される」

4　韓国挺対協の結成（一九九〇年）

一九九〇年一月には、尹貞玉氏による連載「挺身隊『怨念の足跡』取材記」がハンギョレ新聞に四回にわたり連載された。

日本では六月六日、参議院予算委員会で本岡昭次・社会党参議院議員の質問に対し、労働省（当時）の清水傳雄・職業安定局長がこう答弁し、韓国側の反発を招いた。

従軍慰安婦なるものにつきまして、古い人の話等も総合して聞きますと、やはり民間の業者がそうした方々を軍とともに連れて歩いているとか、そういうふうな状況のようでございまして、こうした実態について私どもとして調査して結果を出すことは、率直に申しましてできかねると思っております[6]。

この国会答弁が韓国側の怒りを呼び、一〇月には韓国の女性団体が「挺身隊問題」について海部俊樹首相と盧泰愚大統領に公開書簡を出すなどの動きがあった[7]。尹貞玉氏らが中心となって一一月一六日、韓国挺身隊問題対策協議会（挺対協）が結成された[8]。

6　一九九〇年六月六日第一一八国会参議院予算委員会での答弁。国会会議録検索システム（http://kokkai.ndl.go.jp/）による。

7 『慰安婦問題の解決のために』四五頁

8 挺対協結成当時、朝日新聞の記事の多くは構成団体数について「一六団体約三〇万人」と記したが、なかには「三〇を超す女性団体」が結成したと記す記事もあった。同団体は二〇一八年に「日本軍性奴隷制問題解決のための正義記憶連帯」と改称。現在の同団体ホームページ（http://womenandwar.net/kr/history-of-movement/）には、挺対協結成時の団体数は「三七女性団体が集まって結成した」と書かれている。

5　韓国で初の名乗り出（一九九一年）

慰安婦問題がまとまって報じられるようになるのは一九九一年からである。朝日新聞が月ごとに、発行した新聞をまとめている「朝日新聞縮刷版」で、記事索引に「従軍慰安婦」という検索項目が設けられるのは一九九一年七月分から。慰安婦問題の記事が継続的に掲載されるようになったことを示す指標といえる[9]。

小田川興《こう》・朝日新聞ソウル支局長は七月三一日朝刊社会面で「朝鮮人従軍慰安婦問題　南北共同で補償要求　シンポで合意」との見出しで記事を書いた。その取材の際、尹貞玉氏から「元慰安婦が名乗り出てきている」と聞いた。支局に戻ったところ、大阪社会部の植村隆記者から電話がかかってきたので「元慰安婦が語り始めたらしい。取材に来たらどうかね」と誘った。植村氏がのちに西岡力《つとむ》・東京基督教大学教授らを相手取り訴えた名誉毀損訴訟で小田川氏は、この一連の経緯を陳述書に記して東京地裁に提出している[10]。

朝日の大阪社会部では前年の一九九〇年、平和をテーマとした八月の企画記事を準備する中で、韓国留学経験がある植村記者が七月に二週間程度、韓国内を取材したが、元慰安婦の女性を見つけ出すことができなかった。

翌一九九一年夏、小田川支局長から電話で元慰安婦が名乗り出たことを聞いた植村記者は、すぐソウルに飛んだ。尹氏は取材に際し条件をつけた。韓国社会の元慰安婦に対する視線は厳しい。本人のプライバシーを保護するため「名前も発表せず、直接に会わない」と約束するようにと。植村記者は直接会ってのインタビューをあきらめ、代わりに挺対協が録音した匿名の証言テープを聴いて、記事を書いた[11]。

八月一一日、朝日新聞大阪本社版社会面に「元朝鮮人従軍慰安婦　戦後半世紀　重い口開く　思い出すと今も涙　韓国の団体聞き取り」の見出しで、植村記者の署名記事が掲載された。挺対協に元慰安婦が名乗り出て聞き取りを受けているという内容だが、元慰安婦の名は明かされなかった。

記事の前文は以下の通り。

【ソウル一〇日＝植村隆】日中戦争や第二次大戦の際、「女子挺（てい）身隊」の名で戦場に連行され、日本軍人相手に売春行為を強いられた「朝鮮人従軍慰安婦」のうち、一人がソウル市内に生存していることがわかり、「韓国挺身隊問題対策協議会」（尹貞玉・共同代表、十六団体約三〇万人）が聞き取り作業を始めた。同協議会は一〇日、女性の話を録音したテープを朝日新聞記者に公開した。テープの中で女性は「思い出すと今でも身の毛がよだつ」と語っている。体験をひた隠しにしてきた彼女らの重い口が、戦後半世紀近くたって、やっと開き始めた[12]。

三日後の八月一四日、この女性は金学順という実名を明かし、北海道新聞ソウル特派員の喜多義憲記者の取材に応じたほか、韓国メディアを対象に記者会見。八月一五日には北海道新聞のほか、韓国各紙に記事が掲載された。すでに沖縄在住の裵奉奇さん、タイ在住の盧寿福さんの存在は報道されていたが、金学順さんは韓国在住で名乗り出た初の元慰安婦となった。韓国政府は金さんが名乗り出た八月一四日を「日本軍慰安婦被害者をたたえる日」という記念日とすることを二〇一七年に決めている。

植村氏が櫻井よしこ氏らを相手取り札幌地裁に提訴した名誉毀損訴訟で二〇一八年二月に証人として尋問に応じた喜多氏は、金学順さんが九一年八月に初めて単独インタビューに応じた際、こう述懐したことを明らかにしている。

私が挺身隊であったことをウリナラ（わが国）ではなく日本の言論に最初に話すことになるとは思いもしなかった[13]

北海道新聞による韓国在住元慰安婦の初の単独インタビュー記事は、九二年度の新聞協会賞の選考対象にあがった。受賞は逃したが、粘り強い説得で生々しい体験談を引き出した特派員の使命感と努力を評価したい。日本の戦争責任をあらためて問い、政府の対応にも変化をもたらし従軍慰安婦問題報道の契機となったことは意義深い[14]

と、選考委員会から高く評価されている。

金学順さんを含む元慰安婦や元軍人・軍属、その遺族らは、一九九一年一二月六日、日本政府を相手取り、戦後補償としての損害賠償を求める訴訟を東京地裁に提起した。植村記者は裁判の準備のため一一月二五日に日本の弁護士らが訪韓して金さんらに聞き取り調査した際、同行取材した。取材をもとに提訴当日の一二月六日夕刊社会面の記事の執筆に参加し、さらに一二月二五日の大阪本社版朝刊に「かえらぬ青春　恨の半生　日本政府を提訴した元従軍慰安婦・金学順さん　ウソは許せない　私が生き証人」の見出しで、金さんの証言を伝える署名記事を掲載した。

元慰安婦らが提訴した翌一二月七日、東京で開かれた日韓アジア局長会談で、韓国外務省の金錫《キムソク》友《ウ》アジア局長は、日本側に慰安婦問題の徹底した真相究明と適切な措置を求めた[15]。

一二月一二日、宮沢喜一内閣は内閣官房主催で関係省庁会議を開き、慰安婦問題の資料調査を指示した。和田春樹氏はのちにこの取り組みを「一九五五年以来戦後日本を支配してきた自民党政権がいままで一度もしたことのない驚くべき歩み」と評価。「日韓間の請求権に関わる問題は、「完全に、かつ最終的に解決されることになった』としている以上、問題の調査をはじめることそれ自体がすでに日韓条約体制の壁に亀裂をつくることも辞さない行為でした[16]」と述べた。

内閣外政審議室は、慰安婦関連の資料の調査を始めた。河野談話の作成過程を検証し、二〇一四年六月に発表された日本政府の報告書によると、当時、韓国は謝罪をするよう打診。日本は「できれば総理より、日本軍の関与を事実上是認し、反省と遺憾の意の表明を行って頂く方が適当」と内々に検討したが、対外的に方針を示すことはなかった[17]。

9「個人攻撃の標的にされた『小さなスクープ』」一〇頁
10 同一一〜一二頁
11 同一二頁
12 一九九一年八月一一日朝日新聞大阪本社版朝刊社会面「元朝鮮人従軍慰安婦　戦後半世紀　重い口開く　思い出すと今も涙　韓国の団体聞き取り」
13「個人攻撃の標的にされた『小さなスクープ』」一三頁
14「新聞研究」一九九二年一〇月号三六頁
15『慰安婦問題の解決のために』七六頁
16 同七八頁
17 二〇一四年六月二〇日　河野談話作成過程等に関する検討チーム「慰安婦問題を巡る日韓間のやりとりの経緯〜河野談話作成からアジア女性基金まで〜」一頁（https://www.mofa.go.jp/files/000042173.pdf）、二〇一四年八月六日朝日新聞朝刊一六頁「(慰安婦問題を考える：下) 日韓関係、なぜこじれたか」

6　「軍関与」示す資料（一九九二年）

一九九二年一月一一日、朝日新聞朝刊一面トップに「慰安所　軍関与示す資料　防衛庁図書館に旧日本軍の通達・日誌　部隊に設置指示　募集含め統制・監督　『民間任せ』政府見解揺らぐ　参謀長名で、次官印も」の見出しで記事が載った。

吉見義明・中央大学教授が防衛庁図書館の資料から発見した通達や陣中日誌に基づくものだ。前文にはこうある。

日中戦争や太平洋戦争中、日本軍が慰安所の設置や、従軍慰安婦の募集を監督、統制していたことを示す通達類や陣中日誌が、防衛庁の防衛研究所図書館に所蔵されていることが一〇日、明らかになった。朝鮮人慰安婦について、日本政府はこれまで国会答弁の中で「民間業者が連れて歩いていた」として、国としての関与を認めてこなかった。昨年一二月には、朝鮮人元慰安婦らが日本政府に補償を求める訴訟を起こし、韓国政府も真相究明を要求している。国の関与を示す資料が防衛庁にあったことで、これまでの日本政府の見解は大きく揺らぐことになる。政府として新たな対応を迫られるとともに、宮沢首相の一六日からの訪韓でも深刻な課題を背負わされたことになる。

筆者は辰濃哲郎・東京社会部記者。吉見氏は一九九一年末、資料の存在について連絡したという。連絡を受けた辰濃記者は年末に過去の政府答弁などを調べた。年末年始に防衛庁図書館が休館であったため、年明けに吉見氏とともに図書館を訪れて資料の現物を確認し、記事を書いた。ちょうど宮沢喜一首相が一九九二年一月一六日から訪韓する直前のタイミングとなったが、辰濃氏は二〇一四年、朝日新聞社第三者委員会の聞き取りに「作業が完了した時点で掲載に至ったので、首相訪韓を念頭に置いたことはない」と答えている[18]。

政府内の対応は、二〇一四年六月の政府検討チーム報告書や、八月六日の朝日新聞の検証記事によれば以下の通りだった。

軍の資料については、政府も同じものを一九九二年一月七日に確認していたが、一一日の朝日の報道を受けて加藤紘一官房長官と石原信雄官房副長官が協議。宮沢喜一首相の訪韓が迫っており、石原氏は「ざっくり謝っておきましょう」と提案した。

慰安所を使ったことがあるとの話を少年時代に元軍人から直接聞いていた加藤氏は同意し、一三日の記者会見で官房長官として談話を発表。日本軍の関与は「否定できないと思う」と述べた。談話の内容は以下の通り。

1　関係者の方々のお話を聞くにつけ、朝鮮半島出身のいわゆる従軍慰安婦の方々が体験されたつらい苦しみを思うと、胸のつまる思いがする。

2　今回従軍慰安婦問題に旧日本軍が関与していたと思われることを示す資料が防衛庁で発見されたことを承知しており、この事実を厳粛に受け止めたい。

3　今回発見された資料や関係者の方々の証言やすでに報道されている米軍等の資料を見ると、従軍慰安婦の募集や慰安所の経営等に旧日本軍が何らかの形で関与していたことは否定出来ないと思う。

4　日本政府としては、累次の機会において、朝鮮半島の人々が、わが国の過去の行為によって耐えがたい苦しみと悲しみを体験されたことに対し深い反省と遺憾の意を表明してきたところであるが、この機会に改めて、従軍慰安婦として筆舌に尽くし難い辛苦をなめられた方々に対し、衷心よりおわびと反省の気持ちを申し上げたい。

日本政府としては、このような過ちを決して繰り返してはならないという深い反省と決意の上に立って、平和国家としての立場を堅持するとともに、未来に向けて新しい日韓関係を構築すべく努力して行きたい。

5　また、日本政府としては昨年末より、関係省庁において日本政府が朝鮮半島出身の従軍慰安婦問題に関与していたかについてさらなる調査を行っているところであるが、今後とも引き続き誠心誠意調査を行って行きたい[19]。

宮沢首相は一月一七日の日韓首脳会談で公式謝罪した。

日本政府は七月六日、前年一二月から進めていた調査結果を発表。加藤氏が「慰安所の設置、募集に当たる者の取り締まり、慰安施設の築造・増強、慰安所の経営・監督、衛生管理、身分証明書等の発給で政府の関与があった」と述べた。

韓国政府は「努力を評価する」としつつ、「問題の全容を明らかにするに至っていない」と再調査を求めた。「募集時の強制性を含め引き続き真相究明を行うことを求める。証言等で明らかな強制連行が調査結果に含まれていないことへの韓国世論の動向が憂慮される」と注文をつけた。

一〇月中旬にも「『強制の有無は資料が見つかっていないからわからない』との説明は、韓国国民には真の努力がなされていないと映る」と述べた。これに対し日本側は「強制性の明確な認定をすることは困難だが、一部に強制性の要素もあったことは否定できない」とする方針を同月下旬に決め、韓国側に伝えた[20]。

18 第三者委員会報告書一四頁
19 一九九二年一月一四日朝日新聞朝刊三頁「慰安婦問題の官房長官談話」、『慰安婦問題の解決のために』七九～八〇頁
20 「慰安婦問題を巡る日韓間のやりとりの経緯」三～四頁、朝日新聞「日韓関係、なぜこじれたか」

7 河野談話（一九九三年）

日本は一九九三年一月から軍や朝鮮総督府、慰安所経営の関係者にヒアリングを重ねた。しかし、関係者は官憲による「人さらい的」ないわゆる「狭義の強制連行」を否定。その後も朝鮮半島に関しての資料は見つからなかった。

外務省は二月ごろ、「自らの意思に反した形で従軍慰安婦とされた事例があることは否定できな

い」との内部文書をまとめた。三月の参院予算委員会で、谷野作太郎・外政審議室長が「強制」の内容をめぐる質問に対し、以下のように答弁した。

いろいろな意味合いがあろうかと思いますが、ごく自然に強制ということを受け取りまして、その場合には単に物理的に強制を加えるということのみならず、おどかしてといいますか、畏怖させてこういう方々を本人の自由な意思に反してある種の行為をさせた、そういう場合も広く含むというふうに私どもは考えております[21]。

これを契機に、「強制」を広くとらえる方向で検討が始まった。韓国も前年末には「慰安婦になったのが自分の意志でないことが認められるのが重要」と求めていた。日本政府は強制性についての考えや慰安婦への謝罪を表明するため官房長官談話の作成を始めた。韓国が求める元慰安婦への聞き取り調査も「事実究明より真摯《しんし》な姿勢を示し、気持ちを深く理解する」ため実施を決めた[22]。

談話は日本の求めで、韓国とやり取りしながら作られた。原案にあった「心からおわび申し上げる」について、韓国は「反省の気持ち」を追加した方が良いとの考えを示し、日本も応じた。一方、慰安婦の募集について韓国が「軍または軍の指示を受けた業者」が当たったとすべきだ、と提案した。しかし日本は「軍ではなく軍の意向を受けた業者が主として行った」ものだ、との理由で拒否。調整は「事実関係をゆがめない範囲」で進められ「軍の要請を受けた業者が主としてこれに当たった」という言葉に落ち着いた[23]。

ただ、占領下のインドネシアで軍がオランダ人を強制的に慰安婦にしたことを示す「スマラン事件」など連合国の戦犯裁判資料は参考にした。その結果、慰安婦の募集について談話には「官憲等が直接これに加担したこともあった」と記された。

この間、一九九三年六月一八日に内閣不信任案が可決されて宮沢内閣は衆議院を解散。七月一八日の衆院総選挙で自民党が敗北し下野した。細川護熙《もりひろ》政権発足直前の八月四日、河野洋平官房長官が談話を発表した。発表前夜には、韓国から「金泳三《キムヨンサム》大統領は評価しており、韓国政府としては結構である」との趣旨が日本に伝えられた。石原氏は後に「問題は一応決着した」と振り返っている。

発表された談話は、慰安所に軍が関与していたことを認めた。

長期に、かつ広範な地域にわたって慰安所が設置され、数多くの慰安婦が存在したことが認められた。慰安所は、当時の軍当局の要請により設営されたものであり、慰安所の設置、管理及び慰安婦の移送については、旧日本軍が直接あるいは間接にこれに関与した[24]。

慰安婦の募集は「本人たちの意思に反して集められた事例が数多い」と認め、インドネシア・スマラン事件などを念頭に「官憲等が直接これに加担したこともあった」と書かれた。

慰安婦の募集については、軍の要請を受けた業者が主としてこれに当たったが、その場合も、甘言、強圧による等、本人たちの意思に反して集められた事例が数多くあり、更に、官憲等が直接これに加担したこともあったことが明らかになった。また、慰安所における生活は、強制的な状況の下での痛ましいものであった[25]。

慰安婦の出身地は「日本を別とすれば、朝鮮半島が大きな比重を占めていた」とした。

なお、戦地に移送された慰安婦の出身地については、日本を別とすれば、朝鮮半島が大きな比重を占めていたが、当時の朝鮮半島は我が国の統治下にあり、その募集、移送、管理等も、甘言、強圧による等、総じて本人たちの意思に反して行われた[26]。

そして、日本政府として「心からおわびと反省の気持ち」を表明。歴史の教訓として直視し、歴史研究、歴史教育を通じて、問題を永く記憶にとどめるとの決意を示した。

いずれにしても、本件は、当時の軍の関与の下に、多数の女性の名誉と尊厳を深く傷つけた問題である。政府は、この機会に、改めて、その出身地のいかんを問わず、いわゆる従軍慰安婦として数多の苦痛を経験され、心身にわたり癒しがたい傷を負われたすべての方々に対し心からお詫びと反省の気持ちを申し上げる。また、そのような気持ちを我が国としてどのように表すかということについては、有識者のご意見なども徴しつつ、今後とも真剣に検討すべきものと考える。

われわれはこのような歴史の真実を回避することなく、むしろこれを歴史の教訓として直視していきたい。われわれは、歴史研究、歴史教育を通じて、このような問題を永く記憶にとどめ、同じ過ちを決して繰り返さないという固い決意を改めて表明する[27]。

韓国外務省は「全体的な強制性を認めた。謝罪と反省とともに、歴史の教訓としていく意志の表明を評価する」との声明を発表した[28]。

---

21 一九九三年三月二三日第一二六国会参議院予算委員会での答弁。清水澄子・社会党参議院議員の質問に答えた。国会会議録検索システムから。
22「慰安婦問題を巡る日韓間のやりとりの経緯」九頁
23 同一一頁
24 河野談話
25 同
26 同
27 同
28 朝日新聞「日韓関係、なぜこじれたか」

Ⅱ　アジア女性基金発足から少女像建立まで

1　アジア女性基金発足（一九九五年）

日本政府は元慰安婦に対する「謝罪」の意思を表す金銭的な支援を早い段階から検討していたが、具体的な制度設計に入ったのは一九九四年六月、自民・社会・さきがけ三党連立の村山富市政権になってからだ。同年一〇月、与党三党が、戦後五〇年問題プロジェクトチームの「従軍慰安婦問題等小委員会」で議論を始めた。

政府はもともと、一九六五年の日韓請求権協定などで請求権に関する問題は解決済みとの立場で、法的責任は認めていない。日韓の市民団体は「国家賠償」を要求し、首相を出していた社会党も国家賠償を主張したが「少しでも戦後責任（問題）を前進させるべきだ」と妥協。民間による寄付金を集めることにした。

一九九五年六月一四日、五十嵐広三官房長官は「女性のためのアジア平和友好基金」（仮称）の設置を発表した。基金の原資は募金で集め、政府も医療福祉事業費に資金を出す仕組みだ。韓国は医療福祉事業を念頭に「一部事業に対する政府予算の支援という公的性格は加味されている。誠意ある措置だ」との論評を発表。韓国の元駐日大使は「社会党が参加する政権だからこそできた動き」と語り、韓国政府も当初は、基金を評価した[29]。

七月に「女性のためのアジア平和国民基金（アジア女性基金）」として発足したが、基金の実施を転機に日韓のすれ違いが大きくなる。

構想段階から、日韓の支援組織などが「基金は国家賠償ではなく、日本政府の責任をあいまいにしている」と批判しており、中心となった韓国の市民団体「韓国挺身隊問題対策協議会（挺対協）」は計画の撤回と、国会決議による謝罪、法的賠償の実施を求め、最後まで溝は埋まらなかった[30]。

29 「慰安婦問題を巡る日韓間のやりとりの経緯」一五〜一六頁
30 朝日新聞「日韓関係、なぜこじれたか」、『慰安婦問題の解決のために』一〇四〜一四〇頁

2 償い金伝達（一九九七年）

元慰安婦全員が挺対協など支援団体と同じ意見だったわけではない。

アジア女性基金は一九九六年八月、フィリピンで三人の被害者に事業を実施。韓国では一九九七年一月、受け取りを希望した元慰安婦七人に初めて償い金と医療福祉事業費を支給した「伝達式」が、ソウル市内のホテルで、非公開で進められた。関係者によると、橋本龍太郎首相名のおわびの手紙が韓国語で代読され、チマ・チョゴリの正装で出席した元慰安婦は泣き崩れたり、喜びの言葉

を口にしたりした。

だが、終了後に公表すると韓国社会で強烈な反発が出た。受け取った七人の氏名が公表され、「カネに目がくらんで心を売った」「罪を認めない同情金を受け取れば、被害者は公娼になる」との強い非難が元慰安婦に寄せられた。韓国外務省も「我が政府と大部分の被害者の要求を無視して支給を強行したことは遺憾だ」とのコメントを発表。直後の日韓外相会談では柳宗夏《ユジョンハ》外相が支給手続きの中断を求めた[31]。

韓国政府が態度を変えたのは、別の案件で日韓関係が急速に悪化した事情もあった。

一九九六年初めに日本が排他的経済水域（ＥＥＺ）を設定する方針を決めると、日韓間で竹島領有権問題が再燃。反日運動が盛り上がるなか、韓国政府は市民団体の声に配慮せざるを得なくなった。当時の対日担当者は「金泳三大統領は真相究明を強調するばかりで、償い金の受け取りを認めなくなった」と証言する。

挺対協など支援団体は、アジア女性基金に対抗して独自の募金活動を開始。一九九七年一二月に大統領に当選した金大中《キムデジュン》政権は一九九八年五月、元慰安婦に政府支援金三一五〇万ウォン（約三一二万円）と民間募金四一八万ウォン（約四一万円）の支払いを始めた。基金を受け取る意思のない人だけが対象で、基金の活動は一層難しくなった[32]。

31 「慰安婦問題を巡る日韓間のやりとりの経緯」一七～一八頁
32 朝日新聞「日韓関係、なぜこじれたか」、『慰安婦問題の解決のために』一四二～一五五頁

3　韓国での事業終了（二〇〇二年）

サッカー・ワールドカップの日韓大会が開かれた二〇〇二年、アジア女性基金は韓国での事業を終了。基金の村山富市理事長は記者会見で「種々の困難に直面したが、受け取りを希望した元慰安婦への償い事業を実施することができた」と総括した。

基金は一九九五年七月の発足以来、首相によるおわびの手紙と、国民の寄付から償い金二〇〇万円、国費から医療福祉支援事業として一二〇万～三〇〇万円を、アジアなど各国・地域の元慰安婦に支給。二〇〇七年に基金は解散した。

このうち韓国では二〇〇二年時点で韓国政府認定の元慰安婦二〇七人中六一人を対象に実施。基金受け取りを公表すると韓国社会からバッシングを受けたり、韓国政府からの支給金を受け取れなかったりしたため、事業の実施は水面下で進めた。

台湾では一三人、フィリピンは二一一人を対象に実施。オランダでは七九人が医療福祉事業費のみ受け取った。インドネシアは元慰安婦の認定が困難だとして、高齢者施設を整備した。ほかに日本軍の慰安婦の存在が知られている中国、北朝鮮、マレーシア、東ティモールでは、被害者はいまだに日本側からの公式の措置は一切受けていない[33]。

33「慰安婦問題を巡る日韓間のやりとりの経緯」二〇～二一頁、朝日新聞「日韓関係、なぜこじれたか」、『慰安婦問題の解決のために』一四六、一五七頁、一七五～一七六頁

4　韓国外交文書公開（二〇〇五年）

慰安婦問題に関して韓国政府は長く、日本政府には「金銭要求はしない」という基本方針を取ってきた。一九九八年二月に生まれた金大中政権は、韓国政府が元慰安婦を金銭的に支援する政策を打ち出したが、慰安婦問題を日韓の外交問題にしなかった。

二〇〇三年二月に発足した盧武鉉《ノムヒョン》政権も基本的にこの路線を踏襲する。ただ、韓国内では、一九六五年に締結された日韓基本条約の交渉過程を明らかにすることを求める運動が活発化し、関連文書の公開を求める裁判が起きた。

裁判所が公開を命じたため、韓国政府は二〇〇五年八月、韓国側の外交文書を全面公開。同時に、サハリン残留韓国人、元慰安婦、在韓被爆者について、韓国側の財産権放棄を定めた日韓請求権協定の例外とすることを確認した。

5　韓国憲法裁判所決定、少女像建立（二〇一一年）

外交文書公開を受けて、市民団体は慰安婦問題について、韓国政府の取り組み不足を問題とする裁判を起こした。

二〇一一年八月、韓国憲法裁判所は、元慰安婦らへの個人補償が一九六五年の日韓請求権協定の例外にあたるのかどうかについて、韓国政府が日本政府と交渉しないことを違憲とする決定を下した。日本政府が、協定によって請求権はすべて消滅したとしていた主張と真っ向から対立する判断だった。

この憲法裁決定に対して韓国外交通商省は当初、請求権協定に基づき、解釈の違いを正す交渉を求めるにとどめた。当時の李明博《イミョンバク》大統領も、二〇一一年一〇月に訪韓した野田佳彦首相に対して慰安婦問題を提起しなかった。

ところが、二〇一一年一二月に状況が変わった。慰安婦支援団体の韓国挺身隊問題対策協議会（挺対協）が毎週ソウルの日本大使館前で行ってきた抗議集会が千回を記録した。これを記念して同所にこの問題を象徴する少女像を建立したことで、日本国内の世論が急激に悪化していった。

日本側は翌二〇一二年三月、佐々江賢一郎・外務事務次官が訪韓し、駐韓日本大使が元慰安婦を慰問することや、政府予算で元慰安婦への支援事業を展開することなどを打診した。

これまでの対日要求の水準を上回る提案だったが、韓国側は、「元慰安婦や支援団体などが総意として受け入れる案が必要」として、提案を拒否した。

二〇一二年七月、李大統領の指示を受けた申珏秀《シンガクス》・駐日大使らが解決策を探ったが、今度は日本側が態度を硬化させて受け入れなかった。

さらに、李大統領が翌八月、韓国の現職大統領として初めて竹島（韓国名・独島）に上陸。直後に韓国政府高官が、上陸の原因として慰安婦問題での日本の「不誠実な対応」を挙げたため、日本側は強く反発。日韓双方は、解決を目指して水面下で特使を交換したが、前進はしなかった。

二〇一三年二月、朴槿恵《パククネ》政権が発足。二〇一二年暮れに発足した第二次安倍晋三政権への不信感もあって、朴政権は日韓首脳会談の開催を拒否した。その間、韓国政府は水面下で、「佐々江提案」に加え、（1）安倍晋三首相が、自身の言葉で「村山談話と河野談話の継承」を表明する（2）慰安婦に対する政府予算による支援で「人道支援」という言葉を使わない——ことを求めた。しかしこの交渉も、二〇一三年一二月に安倍首相が靖国神社を参拝したことで途絶えることになる。

朴大統領は「元慰安婦の女性が受け入れることができ、韓国の国民が納得できる解決案」を示すよう求め、首脳会談の開催を拒み続けた。米国オバマ政権の仲介もあり、初めての正式な日韓首脳会談は二〇一五年一一月にようやく実現。一二月には慰安婦問題での日韓政府間合意が成立することになる。

第3章　保守・右派の台頭

保守・右派の側から見ると、慰安婦問題をめぐる景色はかなり変わって見える。「はじめに」で触れた「第三」の側面だ。

慰安婦問題における保守の代表的な論客は現代史家の秦郁彦・元日本大学教授と、西岡力・東京基督教大学教授（のちに麗沢大学客員教授）だ。フジサンケイグループが二〇一五年二月、両氏に「正論大賞」を授与した際は、慰安婦問題で「歴史の真実を訴え続けた功績」があるとした。

二人はいつから、どのように慰安婦問題にかかわったのか。話は一九九二年にさかのぼる。

1　西岡氏の批判（一九九二年）

西岡氏は『よくわかる慰安婦問題』で「私が慰安婦問題と関わるようになったのは、一九九一年からである[1]」と書いている。翌九二年春、「月刊『文藝春秋』編集部から徹底的に調べて書いてみないか」と提案された。調査の成果は「文藝春秋」九二年四月号で「『慰安婦問題』とは何だったのか」の題で掲載された。

西岡氏が問題としたのが、一九九一年八月一一日の朝日新聞大阪本社版朝刊社会面の記事。植村隆・大阪社会部記者が、韓国挺身隊問題対策協議会（挺対協）の聞きとりに応じて元慰安婦の韓国人女性が証言した録音テープを聴いたとして、その内容を報じたものだ。三日後、元慰安婦は金学順という実名を公表しソウルで記者会見。一二月には金さんをはじめ元慰安婦らが日本政府を相手取り損害賠償を求める訴訟を東京地裁に起こした。

西岡氏は八月一一日の記事と、金さんの提訴の際に植村記者がインタビューした一二月二五日大阪本社版朝刊の記事の二本をとりあげた。

西岡氏は、金さんの記者会見を報じた九一年八月一五日の韓国ハンギョレ新聞記事を引用。「生活が苦しくなった母親によって十四歳のとき平壌にあるキーセンの検番に売られていった。三年間の検番生活を終えた金さんが初めての就職だと思って、検番の義父に連れられていった所が、北中国の日本軍三百名余りがいる部隊の前だった」との内容を紹介したうえで、西岡氏は次のように指摘した。

> 女子挺身隊という名目で明らかに日本当局の強制力によって連行された場合と、金さんのケースのような人身売買による強制売春の場合では、日本軍ないし政府の関与の度合いが相当に違うことも確かだ[2]。
>
> これでは、植村記者はある意図を持って、事実の一部を隠蔽しようとしたと疑われても仕方がないと私は思う[3]。

さらに植村記者が、元慰安婦らが起こした裁判の原告側組織である「太平洋戦争犠牲者遺族会」のリーダー的存在だった梁順任《ヤンスニム》・常任理事の義理の息子だと指摘。「彼自身は今回訴えた韓国人戦争犠牲者の遺族の一員とも言えるわけで、報道姿勢には細心の注意を払わなくてはならない[4]」と論じた。

「慰安婦」と「挺身隊」の混同についても指摘した。

そもそも挺身隊と慰安婦は制度としてまったく別のものである。それが韓国においてはほぼ同一視されてしまっている。韓国の報道にこうした誤報が頻発し、また慰安婦問題が韓国人の感情をこれだけ刺戟するのも、女子挺身隊で連行された朝鮮人女性は、大半が慰安婦にされたと韓国人が思い込んでいるためである[5]。

そのうえで、植村記者の記事の書き出しに「『女子挺身隊』の名で戦場に連行され、日本軍人相手に売春行為を強いられた『朝鮮人従軍慰安婦』」という表現があることについて、

韓国通の植村記者でさえ、金さんの存在を伝える第一報のリード部分に事実でもないのに平気で「挺身隊」と書く[6]。

と批判した。

---

1 西岡力『増補新版 よくわかる慰安婦問題』（草思社、二〇〇七年、文庫版二〇一二年）一六頁。本書では二〇一二年発行の文庫版第一刷を使う。

2 西岡力「『慰安婦問題』とは何だったのか」：「文藝春秋」一九九二年四月号三〇七頁

3 同三〇八頁
4 同三〇九頁
5 同三一〇頁、西岡力「慰安婦と挺身隊と　繰り返される日本の謝罪体質」:「正論」一九九二年四月号八九～九〇頁
6 「『慰安婦問題』とは何だったのか」三一〇頁

2　秦氏の批判（一九九二年）

一方、秦郁彦氏は『慰安婦と戦場の性』（一九九九年）でこう書いた。

第一次慰安婦訴訟の前後から、急にマスコミで「慰安婦狩り」の生き証人としてもてはやされるようになった労務報国会下関支部動員部長だったと自称する吉田清治の言動に私が疑惑を感じた[7]

「第一次慰安婦訴訟」とは、金学順さんらが一九九一年一二月に提訴した訴訟のこととみられる。吉田清治氏の証言は、朝日新聞が繰り返し報じていた。最初は一九八二年九月二日大阪本社版朝刊社会面。講演で「（昭和）一八年の初夏の一週間に（朝鮮の）済州島で二百人の若い朝鮮人女性を『狩り出した』」と語ったと報じた。

吉田証言は、朝鮮人慰安婦の強制連行を自分が実行したと認める、数少ない「加害」証言だっ

た。朝日新聞は二〇一四年検証記事で、吉田証言を「一六回記事にした」と書いた。のちに「一八回」と訂正している。国会でも社会党などの議員が質問にとりあげ、政府の対応をただしていた。

秦氏は一九九二年三月に韓国・済州島で現地調査し、四月三〇日の産経新聞朝刊記事と、月刊「正論」一九九二年六月号「従軍慰安婦たちの春秋」で吉田証言への疑義を示した。

このうち産経記事では「加害者側の〝告白〟被害者側が否定」の見出しで、吉田証言による「済州島での〝慰安婦狩り〟については、信ぴょう性が極めて疑わしい」とする秦氏の談話を載せている。

秦氏はさらに、一九九二年一月一一日朝日新聞記事については『慰安婦と戦場の性』で「朝日新聞の奇襲」「ビッグバン」と表現。

キャンペーン報道の意図が首相訪韓のタイミングに合わせて、それまで「国の関与」を否定していた日本政府に「偽証」の証拠をつきつける劇的な演出だったらしいことが読みとれる[8]。

と評した。

7 『慰安婦と戦場の性』二二九頁
8 同一二一頁

3　歴史教科書キャンペーン（一九九六〜九七年）

慰安婦問題で日本国家の責任を否定しようという動きは、「正論」「諸君！」など保守系雑誌から始まり、一九九六年ごろから急速に活発化した。河野談話などを踏まえ、慰安婦問題に関する記述を掲載するようになった歴史教科書を「偏向」と攻撃するキャンペーンが展開された。

一九九六年六月二七日に中学校教科書の検定結果が発表され、七冊の歴史教科書すべてに慰安婦に関する記述が盛り込まれたことが明らかになると、七月二日や一六日の自民党総務会で教科書検定のあり方に対する批判意見が出された。

翌一九九七年二月二七日には、自民党の中川昭一衆院議員を代表、安倍晋三衆院議員を事務局長とする「日本の前途と歴史教育を考える若手議員の会」が発足。慰安婦に対する日本軍の強制を認めた河野談話について安倍氏は「強制性を検証する文書が出てきていない」「前提が崩れてきている」などと訴え、見直しを求めた。

藤岡信勝・東京大学教授が結成した「自由主義史観研究会」は一九九六年一月から産経新聞紙上に「教科書が教えない歴史」の題で連載を開始。七月二〇日、中学教科書から慰安婦記述を削除する要求をまとめた。漫画家の小林よしのり氏は八月以降、雑誌「ＳＡＰＩＯ」に連載中の「新・ゴーマニズム宣言」で、元慰安婦の証言やマスコミの報道に疑問を提起した。

一二月二日には藤岡、小林両氏のほか西尾幹二、坂本多加雄、高橋史朗各氏ら計九人が呼びかけ人となり「新しい歴史教科書をつくる会」（つくる会）発足の記者会見を開いた。趣意書では当時の歴史教科書を「旧敵国のプロパガンダをそのまま事実として記述」していると非難した。「つくる会」は中学校の歴史、公民教科書を作成し、フジサンケイグループの扶桑社が発行元となった。各地の地方自治体や地方議会で教科書採択運動を展開した[9]。

9 北野隆一「第一五章　狙われ続ける『慰安婦報道』」：塚田穂高編著『徹底検証　日本の右傾化』（筑摩書房、二〇一七年）二八〇～二八一頁

4　朝日の検証記事（一九九七年）

中学歴史教科書に慰安婦の記述が掲載される節目に合わせて、朝日新聞は一九九七年三月三一日の朝刊で「従軍慰安婦　消せない事実」「政府や軍の深い関与、明白」の見出しで、慰安婦問題についての検証特集を掲載。吉田証言については「済州島の人たちからも、氏の著述を裏付ける証言は出ておらず、真偽は確認できない[10]」と書き、その後は吉田証言を紙面で取り上げなくなった。

二〇一四年の朝日新聞社第三者委員会報告書によると、一九九七年当時の取材班の認識では、特集記事は「特に批判も浴びなかった[11]」といい、朝日新聞社内では「九七年特集で解決済みになった」という認識だった。

一方、読売新聞は一九九七年六月一九日、朝倉敏夫論説委員（のちの論説委員長）の署名記事「とれんど　軽蔑される〝迎合人士〟」で、強制連行に「官憲等が直接これに加担した」とする「河

野談話」について「きちんとした裏付けのないままに出したもの」と批判。「この問題は、勤労動員だった女子挺身隊を、慰安婦とするための強制連行だったとする〝進歩的〟マスコミの悪質な歴史捏造で過熱した」と断じた。

慰安婦報道をめぐる「捏造」という言葉は、西岡氏の論調にも一九九八年ごろから登場する。

植村隆記者が元慰安婦の金学順さんについて書いた記事をめぐって、西岡氏は一九九二年の「文藝春秋」論文では「重大な事実誤認」「ある意図を持って事実の一部を隠蔽しようとしたと疑われても仕方がない[12]」などと表現した。ところが植村氏の同じ記事を論じた「正論」一九九八年七月号以降は「捏造報道[13]」と表現するようになる。

植村氏は、自身の慰安婦問題に関する報道について、「週刊文春」二〇一四年二月六日号が西岡氏の「捏造記事と言っても過言ではない」とする談話を載せたことなどで名誉を傷つけられたとして、西岡氏と文藝春秋を相手取り二〇一五年一月九日、東京地裁に損害賠償請求訴訟を起こした[14]。この訴訟を受けて二〇一六年二月に出版した著書『真実　私は「捏造記者」ではない』（岩波書店）で、西岡氏の論調の変化について、

ちょうどこの九〇年代後半から、慰安婦問題をめぐる歴史修正主義のバックラッシュ（反動）が始まった。私の記事を「捏造」といい始めた時期が重なるのだ[15]。

と分析している。

10 一九九七年三月三一日朝日新聞朝刊一七頁「従軍慰安婦　消せない事実」、同一六頁「政府や軍の深い関与、明白」
11 第三者委員会報告書二六頁
12 「『慰安婦問題』とは何だったのか」三〇七〜三〇八頁
13 西岡力「慰安婦『国家賠償』判決を支える大新聞の罪」：「正論」一九九八年七月号四七〜四八頁
14 本書第11章参照
15 植村隆『真実　私は「捏造記者」ではない』（岩波書店、二〇一六年）一二九〜一三二頁

5　女性国際戦犯法廷（二〇〇〇年）

二〇〇〇年一二月、「女性国際戦犯法廷」が東京で開かれた。民間法廷で法的拘束力はない。日本軍の「慰安婦」とされた女性らが各国から集まって証言し、海外の法律家が昭和天皇や戦時中の政治家、旧日本軍幹部ら二五人を訴追。日本政府の不法行為責任や、戦後の被害者補償、加害者処罰についての不作為への責任を追及した。訴追された政府や軍の首脳はみな死亡しており、日本政府の代表も参加しなかったので、被告不在の法廷となった。

五日間の法廷で、昭和天皇や日本政府・軍幹部の責任を認め、「人道に対する罪」で有罪などとする「判決」を言い渡した。天皇が「傀儡だった」との説を退け、「むしろ最終的な意思決定の権限を、戦争が進むにつれて行使していた」とした。国家責任については、当時日本が加入していた売春のための人身売買を禁止する条約などに違反していたと指摘。「サンフランシスコ講和条約や

二国間条約で賠償問題は解決済み」とする日本政府の立場は「人道に対する罪には適用されない」と退けた[16]。

この民間法廷に右派は強く反発し、抗議の街宣車が会場前に詰めかけた。

この法廷をとりあげた二〇〇一年一月放送のNHK教育テレビの番組「ETV2001　問われる戦時性暴力」が放送直前に改変されたとされる問題も起きた。朝日新聞は「中川昭一・現経産相、安倍晋三・現自民党幹事長代理が放送前日にNHK幹部を呼んで『偏った内容だ』などと指摘していた[17]」と二〇〇五年一月に報じ、中川、安倍両氏ら政治家やNHKと激しく対立した。

番組のための取材を受けた市民団体がNHKなどに損害賠償を求めた訴訟が起こされ、東京高裁は二〇〇七年一月二九日の判決で、NHKに賠償を命じた。しかし最高裁は二〇〇八年六月一二日、高裁判決を破棄して市民団体側の請求をすべて退ける判決を言い渡し、市民団体側の逆転敗訴が確定している[18]。

番組をめぐる国会議員とNHK職員の接触について、東京高裁判決の判決要旨によると、以下のように事実認定された。

〇一年一月二五〜二六日ころ、担当者らは自民党の複数の国会議員を訪れた際、女性法廷を特集した番組を作るという話を聞いたがどうなっているのかという質問を受け、その説明をするようにとの示唆を与えられた。

二六日ごろ、NHKの担当部長が安倍官房副長官（当時）と面談の約束を取り付け、二九日、松尾武放送総局長らが面会。安倍氏は、いわゆる従軍慰安婦問題について持論を展開した後、NHKが求められている公正中立の立場で報道すべきではないかと指摘した。

本件番組に対して、番組放送前にもかかわらず、右翼団体などからの抗議など多方面からの関心が寄せられてNHKとしては敏感になっていた。折しもNHKの予算につき国会での承認を得るために各方面への説明を必要とする時期と重なり、NHKの予算担当者や幹部は神経をとがらせていたところ、番組が予算編成などに影響を与えることがないようにしたいとの思惑から、説明のために松尾総局長や野島（直樹）局長が国会議員などとの接触を図った。その際、相手方から番組作りは公正・中立であるようにとの発言がなされたというもので、時期や発言内容に照らすと松尾総局長らが相手方の発言を必要以上に重く受けとめ、その意図を忖度してできるだけ当たり障りのないような番組にすることを考えて試写に臨み、直接指示、修正を繰り返して改編が行われたものと認められる。

なお、原告らは政治家などが番組に対して指示をし介入したと主張するが、面談の際、政治家が一般論として述べた以上に番組に関して具体的な話や示唆をしたことまでは、証人らの証言によっても認めるに足りない。

本件では、NHKは憲法で保障された編集の権限を乱用または逸脱して変更を行ったもの

で、自主性、独立性を内容とする編集権を自ら放棄したものに等し（い）[19]

---

16 二〇〇〇年一二月一四日朝日新聞朝刊一五頁「『女性国際戦犯法廷』が閉幕　慰安婦制度の国家責任立証」

17 二〇〇五年一月一二日朝日新聞朝刊一頁「中川昭・安倍氏『内容偏り』指摘　ＮＨＫ『慰安婦』番組改変」

18 二〇〇八年六月一三日朝日新聞朝刊一頁「市民団体が逆転敗訴　最高裁、番組『期待権』認めず　ＮＨＫ訴訟」

19 二〇〇七年一月三〇日朝日新聞朝刊三三頁「ＮＨＫ番組改変問題、判決理由〈要旨〉」。判決全文は二〇〇七年一月二九日言渡　南敏文裁判長、安藤裕子、生野考司裁判官「判決」（東京高裁第一七民事部　平成一六年（ネ）第二〇三九号　損害賠償請求控訴事件、一審・東京地裁　平成一三年（ワ）第一五四五四号）。裁判所のサイト（https://www.courts.go.jp/）の「裁判例情報」のページに事件番号などを入力して検索すると、判決文が以下のＵＲＬ（https://www.courts.go.jp/app/files/hanrei_jp/16_/034161_hanrei.pdf）で表示される。

第4章　二〇一四年検証記事

I　検証記事

1　米国に少女像（二〇一三年）

二〇一一年一二月、韓国・ソウルの日本大使館前に慰安婦像が設置され、韓国政府が政治問題として慰安婦問題を大きく扱うようになってきたのを受け、再び朝日新聞の過去の慰安婦報道が日本国内で批判されるようになった。

朝日新聞社の第三者委員会報告書によると二〇一二年五月、吉田慎一・朝日新聞社上席役員待遇編集担当は、渡辺勉・国際報道部長と相談し、吉田証言問題について下調べをすることにした。記事にすることを前提とせず、記者三人が秘密裏に調査にあたった。

六月には社長が秋山耿太郎《こうたろう》氏から木村伊量《ただかず》氏に交代し、杉浦信之氏がゼネラルエディター（GE）兼東京本社編成局長、福地献一氏がゼネラルマネジャー（GM）兼東京本社報道局長という新体制となり、これらの幹部にも下調べについて伝えた。

二〇一二年秋ごろ、「民主党から自民党が政権を奪還し、安倍晋三政権が誕生した場合は、河野談話の見直しや朝日新聞幹部の証人喚問がありうる」という話が聞かれるようになったことも、下調べの動機となった。

調査では、吉田清治氏の消息や所在の確認、これまでに関与した主な記者への聞き取りが行われた。吉田氏が死亡しているとわかり、子息からの聞き取りも実施した。二〇一三年一月ごろまでには調査が終わったが、もともと記事にする前提の調査ではなく、証人喚問や朝日批判に対する回答の準備としての調査だったため、調査内容をファイルにして、国際報道部や政治部、報道・編成局長室などに置いて、いったん終了した[1]。

二〇一三年五月に橋下徹大阪市長が「慰安婦制度は必要だった」などと発言して海外から批判され、慰安婦問題への注目が再び高まった。二〇一三年七月、米カリフォルニア州グレンデール市に「慰安婦」の少女像が設置されると、反対する在米日本人らが二〇一四年二月に「歴史の真実を求める世界連合会」（ＧＡＨＴ）を設立。グレンデール市を相手取り、少女像の撤去を求める裁判を米国の裁判所で起こした。

1　第三者委員会報告書二八〜二九頁

2　検証チーム発足へ（二〇一四年三月）

安倍政権による河野談話の見直しの動きが予想される中、朝日新聞の過去の報道が問われることになるとの危機感が経営幹部を含む社内に強まってきた。

また、産経新聞などの報道機関も朝日新聞の慰安婦問題に対する報道姿勢などに批判を集中させる。読者にも不信感を抱く人が増え、読者応答部門である「お客様オフィス」のレポートでも、慰安婦報道に対するネガティブな意見が広がり、販売部数や広告にも影響を見せ始めてきたことから、販売や広報の立場からも放置できないという意見が高まってきていた。

二〇一四年三月一日に編集担当に杉浦信之氏が就任。前任者の吉田慎一氏から、「自分のときにできなかった慰安婦報道の検証をやってもらいたい」と引き継ぎを受けた。木村社長の意見も聞いて承認を受けた。GEに就任した渡辺勉氏、GMだった市川速水氏はともにソウル特派員を経験し、慰安婦問題の取材も経験していた。この二人に対し、編集部門として検証チームを作って準備する方針を明らかにした。

同じころ、安倍政権が河野談話の出された経緯を検証するとの方針が発表された。吉田証言が俎上にのぼる可能性があったため、朝日新聞としては特に吉田証言を中心に検証することとし、遅くとも二〇一四年中には記事にするとの方向となった。

吉田証言については一九九七年三月末の検証特集で「真偽は確認できない」と結論づけており、朝日新聞としてはこれで「事実上訂正した」と総括していた。しかし紙面では吉田証言に関する記事を明文で訂正したり取り消したりしていなかったため、社外からは「吉田証言を訂正していない」との強い非難を受け続けていた。

このため二〇一四年の検証では、一九九七年の特集を上回る、より徹底した検証が求められた[2]。

2 第三者委員会報告書二九〜三〇頁

3 検証班の取材（二〇一四年春）

二〇一四年三月下旬、検証のためのチームが発足した。

杉浦編集担当、渡辺GEが全体を統括。論説委員、編集委員、元ソウル特派員の国際報道部記者、韓国語を話せる東京社会部記者、政治部記者、大阪社会部記者などが参加した。

四月から編集委員に就任する筆者（北野）も、チームに加わった。筆者は在日コリアンの問題や戦後補償、拉致問題など、朝鮮半島と日本が関係する歴史や社会問題についての取材を続けてきた。しかし慰安婦問題については、一九九三〜九七年に北九州市在勤の朝日新聞西部本社社会部員だったとき、元慰安婦の支援者や関係者に取材したことがあるくらい。元慰安婦本人の証言を伝える記事や、慰安婦問題をめぐる裁判や政治の動きなどの取材にかかわったことは、ほとんどなかった。

筆者は編集委員に就任した際、「メディアとナショナリズム」を担当するように、と言われた。よく意味がわからず、「これまでメディア関係の取材を専門でやったことはないのですが」と市川GMに尋ねたところ「これからやってもらいます」と言われた。ほどなくして渡辺GEから「慰安婦問題の取材班に入ってほしい」との話があり、なるほどこういうことか、と合点した。

そういえば二〇一三年に慰安婦問題についての記事が出たとき、「この問題はもう少し手厚く検証すべきではないか」と社会部長に申し出たこともあった。翌年、取材班に入ることになったとき、自分の言葉を思い出し「言い出した自分におはちが回ってきた。これは逃げられない」と腹を決めた。

検証チームは吉田証言について、韓国・済州島に出張した記者が老人ホームなどで一週間かけて約五〇人に取材を試み、四〇人ほどから話を聞いた。吉田清治氏の著書に地名が記載されている場所に行き、地域の年配者の話を聞いた。著書に工場が登場する場合は、地名などの記述から条件に合う工場を探し、話を聞くなどした。

聞き取り取材の結果、吉田氏が証言しているような強制連行は「聞いたこともない」という反応であり、吉田証言を裏付ける話は得られなかった。

さらに取材班は、吉田氏の子息から話を聞いた。吉田証言のうち、「妻の日記に記載されていた」という動員の命令書の日付は、妻と結婚する前のことであり、「妻の日記」自体が見当たらないこと、子息が吉田氏から強制連行に関する話を聞いたことがないことなどを確認した。

さらに子息からは、吉田氏が動員に関する仕事をしていたところ、（慰安婦への）補償が必ずしも十分でないとして贖罪意識のような強い気持ちを抱いていたと思われるので、父親を信じたい、という話や、済州島に関する描写が詳細であることなどから、済州島に行ったことがないわけではないと思われる、とのコメントも得た。

さらに吉見義明・中央大学教授に取材し、吉見氏らが吉田氏に一九九三年五月にインタビューした際のメモなどの内容を確認。吉田氏は、徴用を行った仲間の特定を避けるため脚色せざるを得なかったという趣旨の発言をしていたという。少なくとも済州島で強制連行を行ったという吉田氏の証言について、吉見氏は「使えない」と判断したということだった。

また、『朝鮮人強制連行』などの著書がある外村大《まさる》・東京大学准教授や、戦時中の日本軍の歴史に詳しい永井和《かず》・京都大学教授に話を聞き、吉田氏の証言内容は、軍の指揮系統や済州島への陸軍の集結状況と矛盾し、事実とは考えにくい、との指摘を受けた。

これらの調査結果を踏まえ、検証チームは、済州島で強制連行をしたという吉田証言は虚偽であると判断するに至った。

ただ、吉田証言の取り扱いについては検証チーム内でも温度差があり、さまざまな意見が出された。訂正か取り消しのいずれかをして、おわびすべきだという意見があった一方、歴史的事実の報道については、事実報道を上書きする形で修正していくべきで、訂正や取り消しになじまないという意見もあった。

しかし今回は、一九九七年の特集のときと異なり、単に吉田証言の裏付けが取れないだけでなく、虚偽と判断される資料が確認できたことに加え、渡辺GEの強い意向もあり、訂正しておわびする方向で七月一五日までに紙面案が作成された[3]。

ここまでは筆者も検証チームの一員として直接、見聞きしていたことである。

しかし、検証チームが取材して記事にまとめた内容を新聞紙面に掲載するにあたり、経営幹部らがどのように判断したのかについては、ブラックボックスのような、うかがい知れない部分があった。経営幹部らによる以下のやりとりについて筆者は、二〇一四年末の第三者委員会報告書で初めて詳しく知った。

3 第三者委員会報告書三〇〜三三頁

4 謝罪の可否（二〇一四年七月）

七月一六日に木村社長や危機管理担当の経営幹部と渡辺GEが協議した際、社長から、おわびに反対する意見が出された。このため翌一七日の拡大常務会に提出する紙面案はおわびを入れない案が提出された。

拡大常務会では、謝罪もなく慰安婦問題を報じるのは開き直りに見えてしまうとの懸念が示された一方、おわびをすると慰安婦問題全体の存在を否定したと読者に受けとられ、かえって読者の信頼を失うとの意見も出た。謝罪の文言を入れたゲラ刷りと、入れないゲラ刷りの二通りが作成され、最終的には八月一日の経営会議懇談会を経て、吉田証言については虚偽と判断して取り消すが、謝罪はしない、一面の杉浦編集担当の論文で「反省」を示す、との方針が決まった[4]。

検証チームはこのほかに、強制連行の有無、「挺身隊」との混同、韓国在住の元慰安婦として初めて名乗り出た金学順さんの証言についての報道などといった論点について調査。七月に作成した紙面案は、二日間にわたり一面一ページと特集面七ページの計八ページを割き、慰安婦問題を基礎からていねいに説明して読者の理解を得られるよう、詳細な紙面を組む方向で準備された。

しかし危機管理担当の経営幹部から、七ページもの特設紙面は大げさになりすぎて、いったい何ごとかという印象を読者に与えるのではないか、との懸念が示され、最終的には、一面論文のほか、二日間で四ページ、計五ページの紙面とすることになった。

ページ数が削減されたため、筆者が担当した慰安婦問題の基礎的な説明（Q＆A）や、慰安婦問題が社会問題化した経緯が短縮されたほか、取り消し対象とした記事の概要一覧や、米国における慰安婦像問題の記事が掲載を見送られた[5]。

これらの記事はその後も検証企画が継続される中で、時間をかけて紙面化されていくことになった。

4　第三者委員会報告書三三頁、四三～四四頁
5　同三一～三三頁

5　検証記事への批判（二〇一四年八月）

検証記事は八月五、六日の両日にわたり掲載され、このうち五日付では吉田証言を「虚偽」と認め、記事を取り消した。しかし「反省」を示しながら「謝罪」がなかったことが、強く批判された。これを受けて朝日新聞社が調査検証を委嘱した第三者委員会からも、取り消しの判断が二〇一四年にまで遅れた経緯などが検証されていないことなどから「朝日新聞の自己弁護の姿勢が目立ち、謙虚な反省の態度も示されない」と厳しく批判される結果となった。一二月に発表された第三者委員会の報告書にはこうある。

八月五、六日付の検証記事が掲載された後、他紙や週刊誌を始めとする極めて強い反発があったが、批判は、その量の多さにおいても激しさにおいても朝日新聞の事前の予想をはるかに超えるものであった。

そのため、当初は、反響・疑問提起などに対して続報を出すことで対応しようと考えていたが、批判に逐一反論するのは火に油を注ぐことになる恐れが高く、危機管理上望ましくないと判断し、八月二八日に河野談話が吉田証言に依拠していない旨の記事を掲載した以外は、続報の掲載を見送った[6]。

筆者は検証チームの中で、「続報を朝日新聞の紙面に載せるだけでなく、朝日新聞以外のメディアの取材に応じたり、記者会見したりすべきだ」と主張していた。安倍政権の中枢にいる政治家や、安倍政権の支持層など、朝日新聞読者の枠にとどまらない人々から広く批判を受けている現状を考えると、「朝日新聞が自らの紙面に記事を出すだけでは不十分で、朝日の読者以外の人々にも説明が届くように、幅広い手段を講じるべきだ」と考えた。「たとえば編集幹部が慰安婦問題についてのスポークスマン的な役割を担い、他メディアの取材に答えたらいいのではないか」と考え、そのための想定問答集となる「Q＆A」の案も作成したが、この提案が採用されることはなかった。

筆者はこれまで朝日新聞の報道を検証する紙面企画に何度か参加した。東京社会部に異動したのが一九九七年四月一日付だったこともあり、その前日の三月三一日の紙面に掲載された慰安婦問題の検証特集には参加していない。ただ、それ以降に朝日新聞が朝鮮半島がらみでそれまでの報道姿勢を問われたのに応える形で掲載された検証特集記事については、以下の紙面企画の取材・出稿に参加してきている。

・一九九七年一〇月一五日朝刊一八〜一九頁「海渡った日本人妻一八〇〇人　北朝鮮から初の里帰り　歴史を検証」
・二〇〇二年一二月二七日朝刊一二〜一三頁「四半世紀の家族の願い　朝日新聞はどう伝えたか検証『北朝鮮拉致報道』」
・二〇〇四年七月一八日朝刊一〇〜一一頁「夢と絶望　軌跡を追う　検証・新聞報道　北朝鮮の

素顔　日本のまなざし」

朝日の北朝鮮報道や拉致問題報道を自己検証したこれらの紙面は、いずれも見開きで掲載。これまでの日本と朝鮮半島の関係史を伝えるとともに、朝日新聞や他紙がどう報道したかを振り返るものだった。他メディアなど各方面からの批判に、紙面でまとめて答える形をとり、これで説明を尽くしたことにしていた。筆者は参加しなかったが、一九九七年三月三一日の慰安婦問題検証や、慰安婦問題を扱った「女性国際戦犯法廷」をめぐるＮＨＫ番組の改変問題についても、同様の発想があって検証特集記事が編集発行されたものと考えられる。

しかし、これまでの検証紙面が掲載された一九九〇年代後半や二〇〇〇年代前半と、今回の検証記事が掲載された二〇一四年とでは、明らかに日本社会の受け止め方は違っていた。これまでと同じ発想で対処しようとして、朝日の紙面に検証特集記事を掲載し、それだけで対外的な説明は十分果たしたとする考え方は、今回は通用しなかった――と言わねばならない。

二〇一四年の同じ時期には、東日本大震災の際の東京電力福島第一原発所長だった吉田昌郎《まさお》氏から聴取した「吉田調書」をめぐる朝日新聞の報道も問題視されていた。さらに、朝日新聞に月一回のコラム「新聞ななめ読み」を連載している元ＮＨＫ記者の池上彰氏のコラムで、慰安婦報道の検証特集について述べた八月末の回の文章が掲載を見送られ、そのことが「週刊新潮」や「週刊文春」で報じられた問題も発生した。

池上氏コラム掲載見送り問題では、実名でツイッターアカウントを設けている朝日新聞記者らにより、会社の対応について公然と批判するツイート（ツイッターへの投稿）が相次ぐ事態となった。ネットメディアには下記の記事が出た。

一度は朝日新聞に掲載を拒否された池上彰さんのコラムが一転、二〇一四年九月四日朝刊紙面で掲載されたのは、社内外の激しい批判が一因だった。朝日新聞では記者によるツイッターの活用を進めており、ツイッターを通じて社内からの批判も可視化された。一連の自社批判には、末端の若手記者にとどまらず、編集委員などスター記者、さらには管理職など「幹部級」記者にも広がり、その数はあっという間に数十人に膨れ上がった。

記者たちは、結果的にコラムが掲載されたことには安堵しながらも、コラムを実際に読んでみて「『この内容では掲載できません』の理由がますます分からない」などと当初の決定を改めて批判する声も多い。当初の掲載拒否の判断は木村伊量（ただかず）社長を頂点とする首脳陣が主導したとみられており、社内では「木村体制」への批判が高まっているともみられる。帝政ロシアが倒れた「一〇月革命」になぞらえて「九月革命」の可能性も指摘されはじめた[7]。

筆者も以下のようにツイートし、記事で引用された。

今回、結果的に社内の議論がオープンになったのは決して悪いことではなかった。でも、そもそも新聞は載せた記事の中身が話題になるべきで、新聞社の内幕が話題になるのはちょっと恥ずかしい。皆様、大変お騒がせしました。これからきちんと検証していかねば…というのが、いまの率直な気持ちです[8]。

木村社長や杉浦編集担当役員が九月一一日、東京・築地の朝日新聞本社で記者会見し、おわびする事態に発展することとなる。

6 第三者委員会報告書三三頁
7 二〇一四年九月四日「朝日新聞『幹部級』も自社批判ツイート続々　池上コラム問題で『九月革命』が起きたのか」(https://www.j-cast.com/2014/09/04215069.html)
8 二〇一四年九月三日ツイート (https://twitter.com/R_KitanoR/status/507127338891374593)

Ⅱ　第三者委員会の検証

1　社長のおわび（二〇一四年九月）

木村伊量社長らは九月一一日の記者会見で、まず東京電力福島第一原発事故の政府事故調査・検証委員会が作成した、吉田昌郎所長に対する「聴取結果書」（吉田調書）について、五月二〇日朝刊で報じた記事を取り消し、読者と東京電力の関係者に謝罪した。

続いて、朝日新聞社が、韓国・済州島で慰安婦を強制連行したとする吉田清治氏の証言を虚偽と判断し、関連記事を取り消したこと、その訂正が遅きに失したことについて、木村社長は「おわびすべきだった」と謝罪した。さらに、慰安婦特集について論評した池上彰氏の連載コラムの掲載を見合わせた判断について、「言論の自由の封殺であるという思いもよらぬ批判があった」「責任を痛感している」と述べた[9]。

筆者は記者として、朝日新聞本社「読者ホール」で開かれた記者会見を取材し、以下のように連続でツイートした。

自分が勤める会社の社長がお詫びする記者会見を記者として取材するのは、何とも悔しくつらい経験です。でも私もまた会社の看板で仕事をさせてもらっている人間。朝日新聞が誤った記事を出したことで読者の信頼を裏切ってしまったことについて、読者をはじめ関係者のみなさまに申し訳なく思います。

私は熊本総局でデスクになった年、多くの訂正記事を出しました。同じ記事を二日連続で熊本版に載せたこともあります。なぜ記者の原稿の誤りを見抜けなかったのか。迷惑をかけた相手に謝りに行き、やりとりをする中で多くを学びました。ミスだらけの私を我慢して使ってくれた上司に感謝しています。

学んだ事の一つは、失敗は意思疎通不足から生まれるということ。記者と取材相手、デスクと記者のやりとりが不十分だと、思い込みや取材の甘さに気づかない。もう一つは、誤りに気づいたら逃げてはいけないということです。失敗した情けない自分と向き合い、相手に誠意を尽くさないと道は開けない。

取材の甘さを排し、事実に謙虚な原稿を書くため、記者が取材先とどうやりとりするか。デスクが記者の取材の「甘さ」をどう見抜くか。信頼に足る記事を出すため課せられた記者やデスク、編集者の役割の重さを、改めて痛感しています。きょうの記者会見に立ち会いながら、そんなことを考えました[10]。

記者会見では、慰安婦報道について社外の識者による「第三者委員会」を設け、検証を委嘱することも発表された。過去の報道の経緯、国際社会に与えた影響、特集紙面の妥当性などの検証を求めると表明した。

第三者委員会は一〇月九日に発足した。委員長は元名古屋高等裁判所長官で弁護士の中込秀樹氏。委員は、元外交官で外交評論家の岡本行夫氏、国際大学学長の北岡伸一氏、ジャーナリストの田原総一朗氏、筑波大学名誉教授の波多野澄雄氏、元記者で東京大学大学院情報学環教授の林香里氏、ノンフィクション作家の保阪正康氏の六人が就任した。

朝日の慰安婦問題での検証や記事取り消しをめぐっては、さまざまな反響があった。保守・右派から「大誤報[11]」「慰安婦虚報[12]」などと強い朝日新聞非難の声が次々とあがった一方で、歴史研究者らでつくる学術団体「歴史学研究会」は一〇月一五日付で「政府首脳と一部マスメディアによる日本軍『慰安婦』問題についての不当な見解を批判する」と題する声明を発表した。

声明で同研究会は「吉田証言の真偽にかかわらず、日本軍の関与のもとに強制連行された『慰安婦』が存在したことは明らかである」と述べると同時に、植村隆・元朝日新聞記者ら「『慰安婦』問題にかかわる大学教員にも不当な攻撃が及んでいる」として、「個人への誹謗中傷はもとより、所属機関を脅迫して解雇させようとする暴挙が発生している。これは明らかに学問の自由の侵害であり、断固として対抗すべきである[13]」と非難している。

同じ一〇月一五日には、「創」編集部やアジアプレスインターナショナル、アジア記者クラブ、「週刊金曜日」編集部などが共催したシンポジウム「朝日バッシングとジャーナリズムの危機」が東京都の文京区民センターで開かれた。
朝日新聞からは、元記者として一九九二年に慰安婦報道に携わった辰濃哲郎氏のほか、現役の武田肇・大阪社会部記者が登壇し発言。筆者も、辰濃氏から促される形で急きょ壇上に立つことになり、こう発言した。

僕と武田記者は八月五日、六日の慰安婦問題特集の取材班の一員として、時間をかけて検証してああいう紙面を作りました。吉田清治という人の証言を過去、沢山の記事で使ってしまい、それを一度九七年に真偽が確認できないということで検証をしたんですけれども、誤報であったというところまでは踏み込めなかった。だから、今回もう一度この問題に決着を付けたいとなったわけです。
しかし、本来言いたかったことは、慰安婦報道は吉田清治氏の証言だけに頼っていたわけではないし、戦時下の女性の人権の問題であるということを強調したかったのです。八月五日、六日の紙面でもそう強調したはずだったのですが、残念ながら取材班の思う所と全然逆の方向に事態が動いていってしまった。それは出発点として検証記事を作った自分たちに重い責任があると感じています[14]。

予定外の発言だったこともあり、当日の模様を採録した雑誌には「現役の朝日記者が会場から次々と立ち上がって発言するなど、異例なほど盛り上がった集会でした[15]」と書かれた。

9 二〇一四年九月一二日朝日新聞朝刊一頁「本社、記事取り消し謝罪　吉田調書『命令違反し撤退』報道　慰安婦巡る記事　撤回遅れを謝罪」。謝罪内容は下記ＵＲＬ（http://www.asahi.com/shimbun/20140912.pdf）

10 二〇一四年九月一一日ツイート（https://twitter.com/R_KitanoR/status/510074329430650881）

11 二〇一四年八月六日夕刊フジ一頁「朝日　慰安婦問題で大誤報認めた」

12 「週刊ポスト」二〇一四年八月二九日号「朝日新聞『慰安婦虚報』の『本当の罪』を暴く」三一～三三頁

13 歴史学研究会「声明　政府首脳と一部マスメディアによる日本軍『慰安婦』問題についての不当な見解を批判する」（http://rekiken.jp/appeals/appeal20141015.html）

14 月刊「創」二〇一四年一二月号「朝日バッシングとジャーナリズムの危機　一〇・一五シンポで現役記者が立ち上がった一部始終」五四～五五頁

15 同「今月の編集室から」一三六頁

2　第三者委員会報告書（二〇一四年一二月）

朝日新聞社の第三者委員会は、一二月二二日に報告書をまとめ発表した。この間、一二月五日に木村伊量社長が退任し、渡辺雅隆取締役が新社長に就任している。

報告書は、虚偽と判断された「吉田証言」の誤報を長年放置し、取り消す対応などが遅れたことを「読者の信頼を裏切るもの[16]」と批判した。

戦時中に朝鮮人女性を強制連行したと証言した吉田清治氏の記事について、裏付け取材を怠ったと指摘。一九九二年の研究者の現地調査で証言の信用性が疑問視された後も現地取材などをせず、記事の掲載を減らすような消極的対応をとったことに対して「ジャーナリズムのあり方として非難されるべきだ[17]」と批判した。

一九九七年三月に慰安婦問題をとり上げた特集記事では、吉田証言について「真偽は確認できない」との表現にとどめ、訂正や取り消しをせず、謝罪をしなかったことは「致命的な誤り[18]」と指摘した。

二〇一四年八月の検証記事まで取り消しが遅れた理由として、（一）当事者意識の欠如（二）引き継ぎが十分にない（三）訂正・取り消しのルールが不明確（四）社内で活発な議論をする風土が醸成されていなかった[19]――などを挙げた。

二〇一四年検証記事については「自己弁護の姿勢が目立ち、謙虚な反省の態度も示されず、何を言わんとするのか分かりにくいものになった[20]」と批判した。

さらに吉田証言の記事を取り消す際、木村前社長が紙面で謝罪することに反対し、最終的には経営幹部らが決めたと認定。この経営陣の判断について「事実を伝える報道機関としての役割や一般読者に向き合うという視点を欠落させたもの[21]」と批判した。

池上彰氏の連載コラム「新聞ななめ読み」掲載を見送ったのは、「過ちは潔く謝るべきだ」と見出しがついた原稿に木村伊量前社長が難色を示したと指摘。「掲載拒否は実質的には木村（前社長）の判断」と認定した[22]。

報告書は、二〇一四年検証記事の項目ごとに検証や評価を行っている。項目は以下のとおり。

ア　編集担当の論文について
イ　「強制連行」の項目について
ウ　「『済州島で連行』証言」の項目について
エ　「軍関与示す資料」の項目について
オ　「『挺身隊』との混同」の項目について
カ　「元慰安婦　初の証言」の項目について

このうち「ウ」は済州島で慰安婦を強制連行したとする吉田清治氏の証言、いわゆる吉田証言。「エ」は一九九二年一月一一日朝日新聞朝刊一面トップ「慰安所　軍関与示す資料」の記事。「カ」は植村隆・元朝日新聞記者が一九九一年八月一一日大阪本社版朝刊社会面トップに書いた「元慰安婦　初の証言」の記事のことである。

まず「ア」について。
二〇一四年八月五日朝刊の一面に掲載された杉浦信之・編集担当名の論文「慰安婦問題の本質直視を」について報告書は、概要を以下のように要約した。

慰安婦問題に光が当たり始めた九〇年代初めは、元慰安婦の証言や少ない資料を元に記事を書き続けており、そうした記事の一部に事実関係の誤りがあったこと、問題の全体像がわからない段階で起きた誤りであるが、裏付け取材が不十分だった点は反省すること、しかし「慰安婦問題は捏造」との主張や「元慰安婦に謝る理由はない」といった議論には決して同意できないこと、戦時中、日本軍兵士らの性の相手を強いられた女性が、慰安婦として自由を奪われ、女性としての尊厳を踏みにじられたことが問題の本質であること、等を訴えるものであった[23]。

この「一面論文」について報告書は、以下のように批判した。

論文は吉田証言を記事にするに際して裏付け調査が不十分であったことを「反省します」と述べるにとどまって、「慰安婦問題の本質は女性が自由を奪われ、尊厳を踏みにじられたことである」との主張を展開し、他メディアにも同様の誤りがあったことを指摘するという論調であった。このような構成であったことが、読者に対し朝日新聞の真摯さを伝えられず、かえって大きな批判を浴びることとなった原因である[24]。

「ウ」の吉田証言による慰安婦の強制連行をめぐる記述については、二〇一四年検証記事は以下のように記した。

■「済州島で連行」証言　裏付け得られず虚偽と判断

〈疑問〉日本の植民地だった朝鮮で戦争中、慰安婦にするため女性を暴力を使って無理やり連れ出したと著書や集会で証言した男性がいました。朝日新聞は八〇年代から九〇年代初めに記事で男性を取り上げましたが、証言は虚偽という指摘があります。

◇読者のみなさまへ

吉田氏が済州島で慰安婦を強制連行したとする証言は虚偽だと判断し、記事を取り消します。当時、虚偽の証言を見抜けませんでした。済州島を再取材しましたが、証言を裏付ける話は得られませんでした。研究者への取材でも証言の核心部分についての矛盾がいくつも明らかになりました[25]。

これに対し、報告書は以下のように批判した。

強制連行に関する吉田証言を虚偽と判断し、記事を取り消す以上、吉田証言が強制連行・強制性の議論に与えた影響の有無等について丁寧な検証を行うべきであった[26]。

（吉田証言の）記事を取り消すに当たっては、取り消すか否かといった結論のみでなく、記事掲載に至った経緯や取消しの判断が二〇一四年にまで遅れることとなった経緯も含めて検証の対象としてこそ、このような事態に至ったことを真摯に受け止め、再発を防止しようとする朝日新聞としての覚悟を読者に示すことができたはずである。

二〇一四年検証は、取消し対象となった記事の掲載に至る経緯や取消しの判断が遅れた理由などが検証されてはおらず、不十分なものであった[27]。

既に一九九二年四月の時点において、秦氏[28]による具体的な批判が提起されており、他方、前記のとおり吉田氏自身からは情報提供を拒まれて、真偽の裏付けが取れない状況であったにもかかわらず、その証言を改めて記事として取り上げ、吉田氏の証言内容に疑問が呈されているという事実に一切言及していないことについては、二〇一四年検証記事において検証が行われていない[29]。

吉田証言の信ぴょう性については、既に一九九二年ころから明確な形で疑問が提起され続けていたのであるから、朝日新聞が報道機関として自らの報道内容に責任をもつのであれば、速やかに検証するなど積極的に対処すべきであった。

関係記者の中には、歴史的事実は上書きしていく形で修正していくものであり、訂正・取消しになじまないと述べる者がいる。仮にそうであったとしても、吉田証言に疑問が呈された九二年以降は、これを放置するのではなく、疑問が提起されている事実やその内容を報道することによって、吉田証言があたかも真実であるかのように報じた過去の記事に新たな状況を上書きし、いずれが真実であるかを確定できない状態であるという客観的な事実を一刻も早く読者に伝えるのが新聞社として誠実な態度であった。

積極的な検証作業を行うことすらせずに、吉田証言の取扱いを減らしていくという消極的な対応に終始したことは、前記のとおり、新聞というメディアに対する読者の信頼を裏切るものであり、ジャーナリズムのあり方として非難されるべきである[30]。

「エ」の「軍関与示す資料」の記事について、二〇一四年検証記事は以下のように記した。

■「軍関与示す資料」　本紙報道前に政府も存在把握

〈疑問〉　朝日新聞が一九九二年一月一一日朝刊一面で報じた「慰安所　軍関与示す資料」の記事について、慰安婦問題を政治問題化するために、宮沢喜一首相が訪韓する直前のタイミングを狙った「意図的な報道」などという指摘があります。

◇読者のみなさまへ

記事は記者が情報の詳細を知った五日後に掲載され、宮沢首相の訪韓時期を狙ったわけではありません。政府は報道の前から資料の存在の報告を受けていました。韓国側からは九一年一二月以降、慰安婦問題が首相訪韓時に懸案化しないよう事前に措置を講じるのが望ましいと伝えられ、政府は検討を始めていました[31]。

これに対し、報告書は以下のように批判した。

首相訪韓の時期を意識し、慰安婦問題が政治課題となるよう企図して記事としたことは明らかである。

また、本件記事の「従軍慰安婦」の用語説明メモにおいて、あたかも「挺身隊として『強制連行』された朝鮮人慰安婦の人数が八万人から二〇万人」であるかのように不正確な説明をしている点は読者の誤解を招くものであった。

このような用語説明メモを付すことによって、世論が反応した可能性は否定できず、朝日新聞は、この点についても真摯に検証すべきであった。同時期において他紙にも同様の記載の記事が複数見受けられるが、それが言い訳になるものではない[32]。

「オ」の「『挺身隊』との混同」について、二〇一四年検証記事は以下のように説明した。

■「挺身隊」との混同　当時は研究が乏しく同一視

〈疑問〉朝鮮半島出身の慰安婦について朝日新聞が一九九〇年代初めに書いた記事の一部に、「女子挺身（ていしん）隊」の名で戦場に動員された、という表現がありました。今では慰安婦と女子挺身隊が別だということは明らかですが、なぜ間違ったのですか。

◇読者のみなさまへ

女子挺身隊は、戦時下で女性を軍需工場などに動員した「女子勤労挺身隊」を指し、慰安婦とはまったく別です。当時は、慰安婦問題に関する研究が進んでおらず、記者が参考にした資料などにも慰安婦と挺身隊の混同がみられたことから、誤用しました[33]。

これについて、報告書は以下のように批判した。

一九九一年から一九九二年ころにかけ、急速に「挺身隊」と「慰安婦」の相違が意識されるようになるまでは、両者を混同した不明確な表現が朝日新聞に限らず多く見られたという実態があったことは事実であると解され、二〇一四年検証記事の記載に誤りがあるとは言えない。
しかし、報道機関としては、記事の正確性に十分配慮すべきであり、研究が進んでいない事項については、読者の誤解を招かないよう注意深く丁寧に説明する必要がある。たとえ韓国において「挺身隊」と「慰安婦」とが混同されていたとしても、少なくとも、日本と韓国における「挺身隊」の認識・理解に齟齬があることは比較的早い段階で知り得たはずであり、両者が本来は異なるものであり、韓国における実態として重なる部分があるのかどうかについては解明されていない状態であることについて、注意深く丁寧に伝えるよう努力すべきであった[34]。

「カ」の植村隆・元朝日記者による慰安婦の証言記事について、二〇一四年検証記事は「事実のねじ曲げはない」と書いた。

■「元慰安婦、初の証言」記事に事実のねじ曲げない

〈疑問〉 元朝日新聞記者の植村隆氏は、元慰安婦の証言を韓国メディアよりも早く報じました。これに対し、元慰安婦の裁判を支援する韓国人の義母との関係を利用して記事を作り、都合の悪い事実を意図的に隠したのではないかとの指摘があります。

◇読者のみなさまへ

植村氏の記事には、意図的な事実のねじ曲げなどはありません。九一年八月の記事の取材のきっかけは、当時のソウル支局長からの情報提供でした。義母との縁戚関係を利用して特別な情報を得たことはありませんでした[35]。

これに対して報告書は「ねじ曲げはない」という部分は了承しつつ、以下のように注文もつけた。

植村の取材が義母との縁戚関係に頼ったものとは認められないし、同記者が縁戚関係にある者を利する目的で事実をねじ曲げた記事が作成されたともいえない。

しかし、一九九一年八月一一日付記事前文において「女子挺身隊」の名で「連行」という実際と異なる表現を用いているため強制的な事案であるとの誤ったイメージを読者に与えかねないこと、同年一二月の記事においては、金氏が慰安婦となった経緯についても正確な事実を提示し、読者の判断に委ねるべきであった[36]。

16 第三者委員会報告書三八頁、八三頁
17 同三八頁
18 同二五頁
19 同二八頁
20 同四三頁、八四頁
21 同四五頁
22 同四九頁
23 同三四頁
24 同三六頁
25 二〇一四年八月五日朝日新聞朝刊一六頁「（慰安婦問題を考える：上）慰安婦問題どう伝えたか　読者の疑問に答えます」
26 第三者委員会報告書三六頁
27 同三七頁
28 秦郁彦氏のこと。
29 第三者委員会報告書三八頁
30 同三八頁
31 二〇一四年八月五日朝日新聞朝刊一七頁「慰安婦問題どう伝えたか　読者の疑問に答えます」
32 第三者委員会報告書三九頁
33 朝日新聞「慰安婦問題どう伝えたか　読者の疑問に答えます」
34 第三者委員会報告書四一頁
35 朝日新聞「慰安婦問題どう伝えたか　読者の疑問に答えます」
36 第三者委員会報告書四二頁

3　国際的影響（二〇一四年一二月）

第三者委員会報告書では、朝日新聞の慰安婦報道が「国際社会に与えた影響」についても検討したが、これについては評価が分かれ、異なる側面から検討した三つの結果が報告された。

まず岡本行夫、北岡伸一両委員は「韓国における過激な言説を、朝日新聞など日本のメディアは裏書きしてきた」とまとめた。

日本軍が、直接、集団的、暴力的、計画的に多くの女性を拉致し、暴行を加え、強制的に従軍慰安婦にした、というイメージが相当に定着している。

このイメージの定着に、吉田証言が大きな役割を果たしたとは言えないだろうし、朝日新聞がこうしたイメージの形成に大きな影響を及ぼした証拠も決定的ではない。

しかし、韓国における慰安婦問題に対する過激な言説を、朝日新聞その他の日本メディアはいわばエンドース（裏書き）してきた。その中で指導的な位置にあったのが朝日新聞である。それは、韓国における過激な慰安婦問題批判に弾みをつけ、さらに過激化させた。

第三国からみれば、韓国におけるメディアが日本を批判し、日本の有力メディアがそれと同調していれば、日本が間違っていると思うのも無理はない。朝日新聞が慰安婦問題の誇張されたイメージ形成に力を持ったと考えるのは、その意味においてである[37]。

このうち北岡氏は個別意見として、以下のように批判した。

第四に指摘したいのは、過剰な正義の追求である。従軍慰安婦問題において、朝日は「被害者に寄り添う」ことを重視してきた。これは重要な点である。

しかし、被害者によりそい、徹底的な正義の実現を主張するだけでは不十分である。現在の日本国民の大部分は戦後生まれであって、こうした問題に直接責任を負うべき立場にない。日本に対する過剰な批判は、彼らの反発を招くことになる。またこうした言説は韓国の期待を膨らませた。その結果、韓国大統領が、世界の首脳に対し、日本の非を鳴らすという、異例の行動に出ることとなった。それは、さらに日本の一部の反発を招き、反韓、嫌韓の言説の横行を招いた。こうした偏狭なナショナリズムの台頭も、日韓の和解の困難化も、春秋の筆法を以てすれば、朝日新聞の慰安婦報道がもたらしたものである[38]。

ここにいう「春秋の筆法」とは、『大辞林』（三省堂）によれば、

①孔子の筆になるという「春秋」のような厳しい批判の態度。②（「春秋」が些事をとりあげて、大局への関係を説く論法であることから）間接的な原因を直接的な原因として表現する

論法。また、論理に飛躍があるように見えるが、一面の真理をついているような論法[39]。

とある。北岡氏の「個別意見」は総論的な部分で、この箇所についての細かな典拠が示されていなかった。「論理に飛躍があるように見えるが、一面の真理をついている」ということが言いたかったのかもしれない。

次に波多野澄雄委員は、朝日報道の問題点を以下のように指摘した。

八〇年代の吉田清治氏に関する韓国内の報道は、朝日新聞が最初ではない。こうした意味では、朝日新聞の吉田氏に関する「誤報」が韓国メディアに大きな影響を及ぼしたとは言えない。むしろ、朝日新聞の問題点は、はるか以前から韓国内で定着していた慰安婦は挺身隊を意味するものとの理解について、その混同を明確に認識するソウル支局員がいたにもかかわらず、無批判に受け入れていたことにあろう[40]。

波多野氏は一九九二年一月の「慰安所　軍関与示す資料」の記事について、こう評した。

記事内容は、明言を避けていた「軍関与」に関する政府見解を批判するものの、「強制連行」の事例として報じているわけではなかった。だが、慰安婦報道の日韓関係への影響という点からすれば、このスクープ記事は、韓国世論を真相究明、謝罪、賠償という方向に一挙に向かわせる効果をもった[41]。

一方で波多野氏は、二〇〇七年に米下院が慰安婦問題で日本に謝罪を求める決議を可決した際の事情について、安倍内閣の姿勢などに触れて以下のように分析した。

当初、共同提案議員がさほど伸びなかったのは一部共和党議員の反論や加藤良三駐米大使の抗議書簡が奏功したとされる。しかし、四月以降、賛同議員を急増させた最大の要因は、本委員会によるインタビューに応じた複数の米国人有識者が指摘するように、「日本の前途と歴史教育を考える議員の会」(「議員の会」)を中心とした四四名の国会議員と有識者が、ワシントン・ポスト紙(二〇〇七年六月一四日付)に掲載した意見広告「THE　FACTS(真実)」であった。

意見広告「真実」は、日本軍によって強制的に従軍慰安婦にされたことを示す文書は見つかっていない、慰安婦はセックス・スレーブではなかった、などと訴えるものであった。米下院外交委員会ラントス委員長は「慰安婦制度のなかで生き残った人々を中傷するもの」と批判したように、この意見広告は米社会のなかでは逆効果であった[42]。

安倍内閣は三月一六日、河野談話までに「政府が発見した資料の中には、軍や官憲によるいわゆる強制連行を直接示すような記述も見当たらなかった」とする答弁書を閣議決定した。そのうえで、日本政府に謝罪を求める下院決議案について「事実関係、特に日本政府の取り組みに正しい理解がなされていない」ことを確認した。こうした安倍内閣の姿勢は、慰安婦の「強制連行」を否定するもの、謝罪の意思がないものと受け止められ、下院決議案への賛同議員を一気に増加させた[43]。

二〇〇七年の米下院決議について波多野氏と同様の分析をしているのが、大沼保昭・東京大学名誉教授である。

二〇〇七年（中略）慰安婦問題をナショナリスティックにとらえ、「日本の名誉にかかわる」と考える人たちの言動に、米国側が強く反撥したのです。

第一次安倍内閣は、二〇〇七年三月一六日に、質問主意書への回答として、政府の資料のなかには軍や官憲によるいわゆる強制連行を直接示すような記述は見当たらなかったという趣旨の閣議決定をしました。これは一般に「強制性」を認めたと解釈されている「河野談話」（中略）を否定するかのように受け止められ、米国からの批判を招きました。さらに、作曲家のすぎやまこういち氏やジャーナリストの櫻井よしこ氏などが「ＴＨＥ　ＦＡＣＴＳ」と題して、慰安婦は公娼だったとする意見広告を『ワシントン・ポスト』に掲載しました。これは、米国の議会関係者、学者、ジャーナリストから強烈な反撥を招きました。おおむね親日的で安倍政権に好意的だった共和党系の人たちからも、批判がまきおこりました[44]。

朝日新聞による慰安婦報道の国際的影響についての個別意見を出した最後の一人は林香里氏だ。ロイター記者経験者である林氏はまず、「特定の報道機関による個別テーマの記事が、いかに国際社会に影響を与えたかを調べることはほとんど不可能である」[45]と最初に断っている。そのうえで、英、米、独、仏、韓国の五カ国、計一五紙の一九九〇年代からの新聞記事をデータベースから抽出し、定量的方法を用いて「国際社会への影響」に関する調査を実施した。「定量的方法」とは、「ある特定の人物や言葉が記事の中で繰り返し引用されたり、登場したりする現象を、数値で記述していく」方法だとのことである。

調査の結論として、林氏は朝日新聞の報道が「国際社会に対してあまり影響がなかった」と総括した。

この国際報道調査のもっとも端的な結論は、朝日新聞による吉田証言の報道、および慰安婦報道は、国際社会に対してあまり影響がなかったということである。可能な限りの客観的データを示したつもりであるが、慰安婦問題をここまで混迷させ、国内および国際社会を分断しかねない状況に追い込んでしまったのは朝日新聞のせいだという声は、今後も依然続くだろうと思う。

しかし、こうした慰安婦問題への朝日新聞の報道の影響の存否は、慰安婦問題の一部でしかない。この調査の結果、朝日新聞の報道の影響が限定的であるという結論を出したことは、すなわち、慰安婦問題の解決に向けて、私たちが再びスタート地点に立ったことを意味するのではないかと考えている。この調査で示したとおり、国際社会と日本との認識のギャップは大きい。今後、社会の一人ひとりが慰安婦問題をはじめとする歴史認識の課題に取り組んでいかなくては、到底解決の道は見つからないであろう[46]。

さらに、林氏は海外の有識者らへのインタビューで識者らがほぼ一致した認識として、「日本の保守政治家や右派活動家たちの行動のほうが、日本のイメージ低下につながっている」との意見を紹介した。

第三者委員会の指示で朝日新聞の取材網にインタビューさせた海外の有識者の意見も別途列記しておいた。英語圏に限ってではあるが、総合するならば、吉田証言は、日本のイメージに悪影響を与えてはいないという意見がほとんどであった。他方で、慰安婦問題は、日本のイメージに一定の悪影響を及ぼしているとする意見もほとんどの識者が述べるところであった。しかし、その際、日本で言われているような、「慰安婦の強制連行」のイメージが傷になるというのではなく、日本の保守政治家や右派活動家たちがこの「強制性」の中身にこだわり続け、河野談話に疑義を呈したり、形骸化しようとしたりする行動をとることのほうが、日本のイメージ低下につながっているという認識でほぼ一致していた[47]。

37 第三者委員会報告書五二頁
38 同九三～九四頁
39 『大辞林　第三版』（三省堂）。朝日新聞社の辞書サイト「コトバンク」で検索（https://kotobank.jp/word/%E6%98%A7%E7%A7%8B%E6%A7%8B%E6%A7%8B%E6%AB%E6%B3%95-529929）。
40 第三者委員会報告書五三～五四頁
41 同五五頁
42 同六七～六八頁
43 同六八～六九頁
44 大沼保昭、聞き手江川紹子『「歴史認識」とは何か』（中央公論新社、二〇一五年）一三一頁
45 第三者委員会報告書七二頁
46 同八二頁
47 同七七頁

4　継続報道を約束（二〇一四年一二月）

第三者委員会報告書は、吉田証言記事に対する検証や取り消しが遅れた要因について以下の四点を列挙した。

1　当事者意識の欠如
2　引き継ぎが十分になされていない
3　訂正・取消しのルールが不明確であった
4　社内で意思疎通が十分行われず、問題についての活発な議論が行われる風土が醸成されていなかった[48]

そのうえで、以下のように勧告した。

朝日新聞の記者は、特に困難で意見の分かれる論争的なテーマについては、持続的なジャーナリズムのあり方について今一度思いを致し、報道された記事の重みを自覚して、継続的報道の重要性を、この際再確認する必要がある[49]。

この報告書を受けて、二〇一四年一二月に木村伊量前社長から交代した渡辺雅隆・新社長は一二月二六日に記者会見し、翌二七日紙面で以下のように誓った。

◇「改革の取り組み」のポイント
■経営と編集の関係
・経営陣は編集の独立を尊重し、原則介入しません

・関与する場合のルールをつくり、経緯を透明化します
・社外有識者による常設機関を設け、意見を求めます
■報道のあり方
・疑問や批判に耳を傾け、誤りは速やかに認めます
・「言論の広場」として語り合う紙面を充実させます
・中核的なチームをつくり、継続的な取材に努めます
■慰安婦報道
・慰安婦がおかれた多様な状況や背景を取材します
・多角的な報道を続けていきます
・色々な視点や意見をもつ識者らの見方を紹介します[50]

渡辺社長の約束を受ける形で、筆者は慰安婦問題の取材班の中核メンバーとして、二〇一四年検証記事の掲載以降も、継続的な取材を担うことになった。取材の主眼は検証記事の不十分な点に対する反省に立ち、さらに深く掘り下げていくことだった。

48 第三者委員会報告書八三頁
49 同八七頁
50 二〇一四年一二月二七日朝日新聞朝刊一頁「みなさまの声に耳を傾け続けます　朝日新聞社慰安婦報道　第三者委報告書を受けて　本社社長・渡辺雅隆」

第5章　「慰安婦問題を考える」

Ⅰ　軍や警察の公文書にみる実態（二〇一五年七月）

朝日新聞が会社として慰安婦問題の多角的な報道を続けていく、と誓ったこともあり、二〇一四年の検証チームの主なメンバーが中心となって、二〇一四年暮れから「慰安婦問題を考える」と題するシリーズの取材を再開した。最初は識者インタビューや座談会の記事を掲載した[1]。

さらに、このシリーズでは、慰安婦問題をめぐるこれまでの調査や歴史研究により明らかになった実態を紹介する特集記事を五回にわたって掲載した。

まず、慰安婦問題が警察や軍の公文書でどのように実証されているかについて、歴史研究者に、研究の現状を聞いた。以下の記事は、一九九二年一月一一日の朝日新聞朝刊一面トップ記事「慰安所　軍関与示す資料」の報道で紹介された資料を、同じ一九三七～三八年ごろの時期に軍や警察、各地の知事などから出された公文書などとあわせて分析することによって、一九三〇年代後半に慰安所が設けられた時期の実情を解明しようと試みたものだ。

一連の特集記事には、出典を示す脚注を多くつけた。新聞記事としては異例のことだ。記述の一つ一つにそれぞれ典拠があることを示して、慰安婦制度の歴史をめぐる研究の到達点を示し、この問題に関心を持つ人が原資料を参照する際の便に供したいと考えた。この記事の取材・出稿は豊秀一、佐藤純両記者とともに担当した。

1 二〇一四年一二月二八～三〇日朝日新聞朝刊三頁インタビュー「慰安婦問題を考える」、二〇一五年六月二日朝日新聞朝刊一六頁座談会「慰安婦問題　識者と考える」

1　永井和氏に聞く

まず永井和・京都大学大学院教授へのインタビューで、それぞれの資料に即して解明された慰安所成立の経緯について聞いた[2]。

Q1　研究を始めた経緯は。

永井　一九九八年に授業で慰安婦問題をめぐる歴史論争を取り上げたのがきっかけで、慰安所成立の経緯を史料に即して解明しようと考え、二〇〇〇年に最初の論文を発表しました。

Q2　明らかになった事実は。

永井　日本軍の慰安所は軍が設置した軍の後方施設であることを軍や警察の公文書で実証しました。軍の組織である以上、軍は慰安婦問題に対する責任を免れないことになります。「慰安所は戦地における公娼施設、つまり民間の売春施設であり、軍に責任はない」という主張への批判でもあります。

Q3　慰安所が作られた経緯は。

永井　日中戦争開始直後の一九三七～三八年、内務省警保局が慰安婦の募集や渡航に関して発したり報告を受けたりした一連の警察関連文書が一九九六年、警察大学校で見つかりました。当時、中国戦線で日本軍が慰安所を設置し、女性を募集した経緯が詳しくわかります。

まず一九三七年一二月、中国に展開した中支那方面軍で「将兵の慰安施設の一端」として「前線各地に軍慰安所」を設置するよう定められました。上海の日本軍特務機関と憲兵隊、日本総領事館が業務分担協定を締結。軍の依頼を受けた業者が日本内地と朝鮮に派遣され、「皇軍慰安所酌婦三千人募集」の話を伝えて女性を集めました[3]。

Q4　警察の対応は。

永井　事情を知らない地方警察にとって当初は信じがたい話だったようです。なにしろ軍が公序良俗に反する人身売買と売春の事業に着手し、公然と募集することになるのですから、軍の威信を失墜させかねない[4]。「民心とくに兵士の留守家庭に悪影響を与える恐れがある」として、募集活動を取り締まろうとしました[5]。

和歌山県の警察は「軍の名をかたり売春目的で女性を海外に売り飛ばそうとしたのではないか」とみて、刑法の国外移送目的拐取の疑いで業者を取り調べました。しかし大阪の警察に問い合わせた結果、軍の依頼による公募とわかり、業者は釈放されています。大阪など一部の警察には事前に内々に軍からの協力要請が伝えられていたのです[6]。

各地の警察の取り締まり方針を知った内務省は一九三八年二月、軍の要請にもとづく慰安所従業婦の募集と中国渡航を容認するよう通達し、慰安婦の調達に支障が生じないようにしたのです。同時に軍の威信を保つため、軍との関係を隠すよう業者に義務づけることも指示しています[7]。

Q5　同じ時期に軍が出した公文書もありますね。

永井　陸軍省は一九三八年三月、女性の募集にあたっては地方の憲兵や警察当局と連絡を緊密に取るよう、中国に駐屯する日本軍に命じました[8]。同時期の警察文書と強い関連性が認められます。

一九三八年秋には、中国・広東攻略のため派遣された第二一軍が参謀将校を東京に派遣し、慰安所で働く女性四〇〇人を渡航させるよう内務省に協力を要請しました。要請を受けた内務省は一一月、大阪、福岡など各府県に女性の募集人数を割り当て、業者を選定して中国に送るよう手配を命じました[9]。

Q6　慰安所を民間ではなく軍の施設とする根拠は。

永井　陸軍大臣が日中戦争開始後の一九三七年九月に「野戦酒保規程」という規則を改定した記録を二〇〇四年、防衛庁防衛研究所（当時）の所蔵資料から見つけました。軍隊内の物品販売所「酒保」に「慰安施設を作ることができる」との項目を付け加える内容です[10]。上海派遣軍参謀長は一二月、「慰安施設の件方面軍より書類来り」「迅速に女郎屋を設ける」と日記に記しました[11]。派遣軍が「慰安施設」として「女郎屋」を設けたことを意味しています。

一九四一年に陸軍経理学校教官が経理将校教育のため執筆した教材[12]にも「慰安所の設置」が業務の一つと記されました。当時、陸軍経理学校で学び、のちにサンケイ新聞社長やフジサンケイグループ会議議長となった鹿内信隆氏は「調弁する女の耐久度とか消耗度」を記した設置要綱（マニュアル）があった[13]と後に証言しています。

Q7　軍が慰安所設置を業務にしていったということですか。

永井　そうです。慰安所は民間業者が不特定多数の客のために営業する通常の公娼施設とは違います。軍が軍事上の必要から設置・管理した将兵専用の施設であり、軍の編成の一部となっていました。

Q8　慰安所制度の問題点は。

永井　戦前でも公娼制度は、廃止論者から「人身売買に依る奴隷制度にして人道に反す」と批判されていました[14]。内務省は女性の自由意思を保障するためとして娼妓取締規則を定めましたが、軍慰安所についてはその程度の規則すら見つかっていません。慰安婦制度が「人身売買による奴隷制度だった」と批判されても仕方がない。紹介手数料として女性側が負う前借金の一割を軍部が紹介業者に支給するという趣旨の業者の供述[15]もあり、事実なら軍が人身売買に直接加担したと言っても過言ではありません。

慰安婦募集の際、業者が「いい仕事がある」と女性をだまして連れ出す就業詐欺や誘拐が行われていたという証言が多くあります。これは刑法の国外移送目的拐取罪にあたり、軍慰安所はこうした犯罪行為に支えられていたといえます。

Q９　慰安所に対する取り締まりはあったのですか。

永井　元憲兵の回想記には、軍直轄の喫茶店、食堂で働くとの契約で中国に連れてこられた朝鮮人女性が売春を強いられていた、といった就業詐欺の事例が記されています[16]。記述は慰安婦に同情的ですが、軍内部の違法行為を取り締まる立場なのに、何もせず放置したままでした。

慰安所は軍に不可欠であり、それを維持するためには違法な方法で慰安婦が募集されてもやむを得ない――と考える体制が軍内部にできていたと思われます。たとえ政府や軍中央による命令がなくても、結果的に軍がそうした行為を容認したと言われても仕方がないのではないでしょうか。

Q10　強制的に女性を連れて行く事例はあったのでしょうか。

永井　中国や東南アジアなど占領地では、一部部隊による拉致、人さらいのような強制連行が起きたことが戦犯裁判記録などで明らかになっています。慰安所を「戦地の公娼施設」とする考え方では「民間の業者や末端の部隊の軍紀違反行為にすぎず、軍中央の命令によるものではない」との主張になるのでしょう。しかし慰安所が軍の編成に組み込まれた軍の施設だとすれば、強制連行の

軍命令の有無にかかわらず、軍の責任は否定できないといわざるを得ません。

2 二〇一五年七月二日朝日新聞朝刊一七頁「(慰安婦問題を考える)『慰安所は軍の施設』公文書で実証　研究の現状　永井和・京大院教授に聞く」

3 一九三七年一二月二一日　在上海日本総領事館警察署「皇軍将兵慰安婦女渡来ニツキ便宜供与方依頼ノ件」(長崎水上警察署長にあてた依頼状):女性のためのアジア平和国民基金編『政府調査「従軍慰安婦」関係資料集成①』(龍渓書舎、一九九七年)三六〜三八頁、一九三八年二月七日　和歌山県知事「時局利用婦女誘拐被疑事件ニ関スル件」(内務省警保局長あて):『日本軍「慰安婦」関係資料二一選』二七〜三四頁、『従軍慰安婦—新資料による国会論戦』一九一〜一九九頁

4 一九三八年一月一九日　群馬県知事「上海派遣軍内陸軍慰安所ニ於ケル酌婦募集ニ関スル件」(内務大臣や陸軍大臣らあて):『政府調査「従軍慰安婦」関係資料集成①』一一〜一三頁、『従軍慰安婦—新資料による国会論戦』一八五〜一九〇頁

5 一九三八年一月二五日　山形県知事「北支派遣軍慰安酌婦募集ニ関スル件」(内務大臣や陸軍大臣らあて):『政府調査「従軍慰安婦」関係資料集成①』二三〜二四頁、『従軍慰安婦—新資料による国会論戦』一八四〜一八五頁

6 「時局利用婦女誘拐被疑事件ニ関スル件」:『日本軍「慰安婦」関係資料二一選』二七〜三四頁

7 「支那渡航婦女の取扱に関する件」:『従軍慰安婦資料集』一〇二〜一〇四頁

8 一九三八年三月四日　陸軍省兵務局兵務課起案「軍慰安所従業婦等募集に関する件」(陸軍省副官より北支那方面軍及び中支那派遣軍参謀長あて依命通牒案):『従軍慰安婦資料集』一〇五〜一〇七頁、一九九二年一月一一日朝日新聞朝刊一頁「慰安所　軍関与示す資料」

9 一九三八年一一月八日　内務省警保局長「南支方面渡航婦女ノ取扱ニ関スル件」(各府県知事あて通牒案):『政府調査「従軍慰安婦」関係資料集成①』八七〜一〇二頁、『従軍慰安婦—新資料による国会論戦』一七七〜一八〇頁

10 一九三七年九月二九日　陸軍大臣「改正野戦酒保規程」(陸軍内への通達):『日本軍「慰安婦」関係資料二一選』一一〜一三頁

11 「飯沼守日記」:南京戦史編集委員会編『南京戦史資料集I』(偕行社、一九八九年)一五三、一六二頁

12 清水一郎陸軍主計少佐編『初級作戦給養百題』(陸軍主計団記事発行部、一九四一年)一四頁

13 櫻田武・鹿内信隆『いま明かす戦後秘史　上巻』(サンケイ出版、一九八三年)四〇〜四一頁

14 内務省警保局「公娼制度ニ関スル件」(大正末ごろ作成):アジア歴史資料センター・レファレンスコードA05020103300(https://

www.digital.archives.go.jp/das/image/M0000000000001676273)

15 「北支派遣軍慰安酌婦募集ニ関スル件」:『政府調査「従軍慰安婦」関係資料集成①』二三〜二四頁

16 『慰安婦と戦場の性』三八二〜三八三頁、鈴木卓四郎『憲兵下士官』（新人物往来社、一九七四年）九一〜九三頁

2　研究は一九九〇年代から

慰安婦の存在は戦後、文学や元兵士の手記などで知られていたが、長く歴史学の研究対象とはされてこなかった。慰安婦問題の先駆的研究者である吉見義明・中央大学教授は（1）軍や政府の資料が発見されていなかった（2）被害者の証言が得にくかった（3）人権問題としてとらえる視点が乏しかった――を理由に挙げる。

研究状況が変わるきっかけは、冷戦の終結と韓国内の民主化だった。まず韓国の市民団体「韓国挺身隊問題対策協議会」が一九九〇年、慰安婦問題の真相究明が必要と問題提起した。翌一九九一年八月に元慰安婦の金学順さんが実名で証言し、一二月に日本政府を相手に訴訟を起こした。

一九九三年八月には当時の河野洋平官房長官が慰安所設置への軍の関与を認めて謝罪する「河野談話」を発表し、この間に研究の基礎がつくられた。資料となったのは、日本政府や研究者が発掘した軍や政府の公文書、元慰安婦の証言などだ。

河野談話以降、新たな資料の発見が進み、慰安所での女性たちの境遇が慰安所業者の日誌などによって明らかになりつつある。二〇一四年六月、国内で慰安婦問題に取り組む市民団体が、永井教

授が分析した警察資料や戦犯裁判資料など五三八点が河野談話以降に見つかったとして、日本政府に調査を求めた。ただ、朝鮮半島で物理的な強制力を使い女性たちが連行されたとする文書は確認されていない。

慰安婦問題を考える論文集『「慰安婦」問題を/から考える』(歴史学研究会、日本史研究会編、岩波書店、二〇一四年)の出版にあたった大門《おおかど》正克・横浜国立大学教授は「植民地の日常から慰安婦が生まれた背景を探る研究や、各国の軍の管理売春と比較することで世界が克服すべき共通の課題と位置づける研究が出てきている。性暴力を問い直す世界史の流れの中で慰安婦問題をとらえることが必要だ」と話す。

3 慰安所は軍の施設

慰安所の経営管理は主に民間の業者があたっていたが、軍が様々な面で慰安所の設立や運営に関与したことがこれまでにわかっていた。

吉見教授によると、永井教授の研究の成果は主に、(1)軍が慰安所を設置する法的根拠を示す文書を発見した(2)慰安所は軍が設置した軍の施設であることを改めて資料で補強し確認した、という点にある。

吉見教授は、永井教授が発見した一九三七年の「改正野戦酒保規程」という陸軍大臣が改定した軍の内部規則に注目する。慰安施設をつくれるという一文を第一条に加えるもので「慰安所設置に法的根拠があったことを示しており、永井教授の資料発見は、大きな意味がある」。

アジア女性基金が一九九六年一〇月に設けた「慰安婦」関係資料委員会は、河野談話の基礎になった資料とその後発見された警察関係資料を公刊した。基金の専務理事で、資料委の副委員長も務めた和田春樹・東京大学名誉教授は「永井教授の研究は、これまでの軍や警察の資料を分析し直し、自身で発見した新たな資料を加味することで、軍が慰安所を設置したことを明らかにした」と話す。

Ⅱ　慰安婦と挺身隊の混同（二〇一六年三月）

検証特集「慰安婦問題を考える」のシリーズは二〇一五年暮れにも次の記事を掲載すべく取材を進めていた。しかし、一二月に慰安婦問題をめぐって日本の安倍政権と韓国の朴槿恵政権が「最終的かつ不可逆的解決」とする政府間合意を発表。取材班はこの対応に追われ、検証の特集記事掲載は翌二〇一六年三月にずれ込んだ。

三月一八日朝刊で掲載したのは「挺身隊」との混同の問題。韓国で新聞や雑誌、書籍などの記事数千本を分析した言語心理学者の吉方《よしかた》べき氏[17]へのインタビューが、記事の核となった[18]。

17 吉方べきはペンネーム。韓国ソウル大「言語と思考」研究室に所属し、記事掲載時は韓国仁徳大非常勤講師。
18 二〇一六年三月一八日朝日新聞朝刊一五頁「(慰安婦問題を考える) 挺身隊との混同　韓国では　韓国在住の言語心理学者・吉方べき氏に聞く」

1　吉方べき氏に聞く

慰安婦問題をめぐる日韓両国社会の間の歴史認識のずれが明らかになった例の一つに、挺身隊と慰安婦の混同がある。日本でいう「慰安婦」と戦時中に女子学生らを工場労働などに動員した「女子勤労挺身隊」は、まったく別だ。しかし韓国では長らく慰安婦が「挺身隊」の言葉で認識され、朝日新聞を含む日本の各メディアも一時期、混同して報じた。

日韓両国のいずれにも慰安婦の人数を示す公的記録がないことも、混乱の一因となった。全体の規模を推定する手がかりは研究者の推計しかなく、明確な根拠は示されていない。

慰安婦問題が韓国でどのように報道されてきたのか。慰安婦問題の伝えられ方について調べた吉方氏に話を聞き、論点を整理した。

Q1　韓国で慰安婦問題の報道について調査したいきさつは。

吉方　言葉の認知される過程などを研究する言語心理学を専攻し、韓国紙記事を日本語に翻訳する仕事をした経験から、慰安婦問題をめぐる日韓の認識の違いに関心を持ちました。第二次大戦以降の韓国内の言説を検証しようと、主要紙記事データベースを検索し、図書館で新聞や書籍、テレビ放送などを調べ、三千〜四千本に目を通しました。内容の真実性を検証するのではなく、どんな表現で記述されたかを調べました。

Ｑ２　わかったことは。

吉方　韓国社会で戦後早い時期から「挺身隊」と「慰安婦」の区分があいまいな例が見つかりました。

日本人により中国に連れて行かれた朝鮮人女性を終戦後に保護したという一九四六年五月のソウル新聞記事。

娘たちを女子挺身隊または慰安部隊という美名のもとに、日本はもちろん、遠く中国や南洋などに強制的にあるいはだまして送り出した事実を指摘できるだろう。歯がみするようなこの事実を、我々はまだ記憶している。この淪落《りんらく》の淵《ふち》にさまよっていた彼女たちは光復（終戦による朝鮮解放）後、どうなったのだろうか[19]。

一九六二年一〇月の京郷新聞投書欄。

日本が敗戦し引き揚げる際、シンガポールでもう一つ胸が張り裂けそうな光景を目にした。遊郭街にいたある韓国女性の訴えだ。「私は挺身隊として連行され、日本人の慰み物として連れ回されたあげく、捨て置かれました」[20]

PANA通信社（現・時事通信フォト）の岡村昭彦特派員が一九六四年三月、東亜日報に寄稿したルポでは、韓国人の漁船船長の言葉が紹介されています。

「大東亜戦争の時に韓国人の娘たちは一八歳から二〇歳まで挺身隊という名前で連行され、結局は全てが軍隊の娼婦にされてしまったんですよ」[21]

これらの記述から、韓国の新聞各紙では、日本の新聞に慰安婦についての記事が出始める一九八〇年代よりも早く、終戦直後から六〇年代前半ごろまでには「挺身隊の名のもとに女性が連行され慰安婦にされた」という共通の認識が成立していたと推定されます。

Q3　韓国社会では戦後ずっと「挺身隊」が「慰安婦」と混同されていたということですか。

吉方　ええ。一方「慰安婦」は、一九五〇〜八〇年代の韓国紙では、主に外国人兵士に対する性産業従事女性の意味で使われた記事の方が圧倒的に多くみられます。「米軍相手の韓国人慰安婦」がその一例です。

朝鮮半島では戦前から「挺身隊の名で連行され慰安婦にされる」といううわさがありました。日本軍の慰安婦とされた女性を他の軍隊の慰安婦と区別し「挺身隊」と呼ぶ用法が定着したためか、「慰安婦」や「挺身隊」という言葉が、日本と異なる意味でも理解されてしまったようです。

Q４　慰安婦の人数を示す公的資料が日韓両国にない中、諸説の一つにすぎない「二〇万人」という数字は韓国内でどう伝わったのでしょうか。

吉方　歴史学者の文定昌氏が一九六七年に出版した歴史書にはこう記されています。

一九三三年ごろからは花柳界の朝鮮人・日本人女性たちを慰安婦という名称で満州から北支（中国北部）方面に出動させたが、その数は世間では二〇〇千人と言われたものであり、四一年ごろからは良家の乙女たちを強奪して女子挺身隊という名をつけ、どこかへと連行し始めた[22]。

文氏の本では日本人と朝鮮人を合わせて「二〇〇千人」、つまり「二〇万人」という認識でした。一方、在日朝鮮人の金一勉《キムイルミョン》氏が一九七六年に日本語で出版した著書ではこんな表現になっています。

「日本軍隊の慰安婦」といえば、その八割～九割までが、うら若い朝鮮女性であった。

その数を「推定二〇万」と挙げるむきもある[23]。

韓国の評論家林鍾国《イムジョングク》氏は一九八一年、金氏の著書とほぼ同一内容の編訳書[24]を韓国語で出版しました。このころから「慰安婦は二〇万人で、その多くが朝鮮人」という言説が韓国で広まった可能性があります。

Q5　「二〇万人」という数字は日本のジャーナリスト・千田夏光氏の著書の影響だという説もありますね。

吉方　千田氏は一九七三年の著書『従軍慰安婦』でソウル新聞の記事を紹介するとして、

一九四三年から四五年まで、挺身隊の名のもと若い朝鮮婦人約二〇万人が動員され、うち〝五万人ないし七万人〟が慰安婦にされたとあるのである[25]。

と書きました。

出典とみられる七〇年八月のソウル新聞記事には、

挺身隊に動員された韓日両国の女性はあわせて二〇万人ほど。このうち韓国の女性は五万〜七万人と推算されている[26]。

とあります。ソウル新聞には「韓日で計二〇万人」と書かれていたのに、千田氏が「朝鮮人二〇万人」と取り違える誤読はあったようです。

ただ、ソウル新聞の同じ記事につく写真説明には、

挺身隊の名の下で多くの婦女子たちを動員、軍需工場の職工や前方部隊の慰安婦として犠牲にした[27]。

と書かれ、慰安婦に重点を置いた解説がついています。「五万〜七万人が慰安婦にされた」との千田氏の記述は正確さに欠けるものの、元の記事を大きく逸脱した解釈ではありません。千田氏は慰安婦が「二〇万人」とは書いていないので、「二〇万人説の起源」とも言えないと思います。

Q6　「強制的に連れ去られた」とのイメージも以前からあったのでしょうか。

吉方　一九六三年八月の京郷新聞の寄稿記事[28]には「(意に反して)引っ張っていく」という意味の韓国語「クルゴカダ」が使われており、「年頃の娘たちを戦線に連行した」と翻訳できます。記事につく挿絵には、チマ・チョゴリを着た女性が屈強な男に手をつかまれて連れ去られ、家で親らしき大人が泣く場面が描かれています。

一九八四年三月、元朝鮮人慰安婦の盧寿福さんが戦後も帰国せずタイに残っているとわかりまし

た。韓国KBSがバンコクから衛星中継し、韓国のメディアが大きく報じました。中央日報は「私は女子挺身隊」の題で半生記を一一回連載[29]。「数人の日本人巡査に押し倒され、縄で手を縛られ連行されていった」「ウサギ狩りのような人狩りにかかった」と盧さんの証言を紹介しています。

一九七〇年代末から八〇年代半ばにかけ、盧さんら元朝鮮人慰安婦が公に証言を始めたことは韓国社会に強い印象を与え、日韓政府に慰安婦問題の対処を求める動きが活性化する素地を作ったといえそうです。

---

19 一九四六年五月一二日ソウル新聞「倭軍慰安に連行されていた女性　中国にいる同胞有志らが収容保護」（原文は韓国語、翻訳は吉方氏による）
20 一九六二年一〇月一六日京郷新聞五頁投書欄「日本は韓国に贖罪せよ　もはや憤りが爆発しそうだ」（韓国語）
21 一九六四年三月二三日東亜日報三頁「私が見た平和線　最初の日本人記者ルポ」（韓国語）
22 文定昌『軍国日本朝鮮強占三六年史　下』（ソウル大学校出版部、一九六七年）四二二〜四二三頁（韓国語）
23 金一勉『天皇の軍隊と朝鮮人慰安婦』（三一書房、一九七六年）一八頁
24 林鍾国『挺身隊』（日月書閣、一九八一年）（韓国語）
25 千田夏光『従軍慰安婦――〝声なき女〟八万人の告発』（双葉社、一九七三年）九四頁、千田夏光『従軍慰安婦　正篇』（三一書房、一九七八年）一〇二頁
26 一九七〇年八月一四日ソウル新聞「未決二五年〈六〉挺身隊」（韓国語）
27 同
28 一九六三年八月一四日京郷新聞・宋建鎬「光復前夜　日帝の発悪」（韓国語）
29 一九八四年三月一七〜三一日中央日報「私は女子挺身隊　盧寿福おばあさん　怨恨の一代記」（韓国語、一一回連載）

2　戦時中のうわさ

朝鮮半島で、挺身隊と慰安婦の混同はなぜ、どのように起きたのか。

日本国内で「挺身隊」とは本来、戦時下の日本や旧植民地で、主に若い未婚女性を労働力として軍需工場などに動員するため組織された「女子挺身隊」や「女子勤労挺身隊」をさす。目的は労働力の利用であり、将兵の性の相手をさせられた慰安婦とは別のものだ。

勤労挺身隊は一九四四年八月の「女子挺身勤労令」で国家総動員法に基づく制度となったが、それ以前から法令によらない動員もあった。日本内地では終戦時、四七万人が挺身隊として動員されていた[30]。

終戦までの朝鮮での挺身隊の人数について、高崎宗司《そうじ》・津田塾大学名誉教授は、国民学校や高等女学校の生徒ら「多くて四千人止まり」と推算。挺身隊が朝鮮で約二〇万人いたという説は「とうてい成り立たない」と書く[31]。外村大・東京大学教授は「若い女性が朝鮮だけで二〇万人も一度に動員されたら、社会に相当大きな影響を与えたはず。そんなに多くなかったのではないか」と語る。

朝鮮での混同は戦時中からあり、日本政府も把握していた。一九四四年七月に閣議決定された朝鮮総督府官制改正の説明資料には、未婚の女性の徴用をめぐり、

中には此等を慰安婦となすが如き荒唐無稽なる流言巷間に伝わり[32]

との記述がある。

藤永壮《たけし》・大阪産業大学教授によると、日本政府に動員された朝鮮人女性が軍に奉仕させられるとのうわさが朝鮮総督府の警察や裁判資料に記録されているのは、日中戦争が本格化する一九三八年三月からという。

軍での炊事などの雑役や、負傷兵に輸血するための採血といった内容に、将兵の性の相手をさせられるとの内容が加わり、朝鮮南部を中心に広がったという[33]。

戦時中の朝鮮でうわさが拡散した背景について外村氏は「挺身隊は朝鮮でも宣伝されたが、実際に動員された女性は少なく、実態が知られないまま『女性が日本人に連れて行かれる』というイメージが膨らんだのではないか」。藤永氏は「『流言』として処罰された事件の中には、実際に中国で慰安婦をさせられた女性の体験談とみられる話もあった。朝鮮総督府が取り締まってもうわさがやまなかったのは、朝鮮の人々に日本への不信感が根強かったことを意味しているのではないか」と考えている。

30 外務省『終戦史録』（新聞月鑑社、一九五二年）附録第二・二四頁によると、終戦期の女子挺身隊の人数は「四七二、五七三人」。
31 高崎宗司「『半島女子勤労挺身隊』について」：女性のためのアジア平和国民基金「慰安婦」関係資料委員会編『「慰安婦」問題調査報告・1999』（女性のためのアジア平和国民基金、一九九九年）五六頁
32 一九四四年七月一二日閣議決定「朝鮮総督府部内臨時職員設置制中改正ノ件」：『政府調査「従軍慰安婦」関係資料集成④』一一三頁

33 藤永壯「戦時期朝鮮における『慰安婦』動員の『流言』『造言』をめぐって」：松田利彦ほか編『地域社会から見る帝国日本と植民地──朝鮮・台湾・満洲』（思文閣出版、二〇一三年）七二八〜七三八頁

3　韓国政府「概念区分を」

韓国で挺身隊と慰安婦が混同されたことにより、どんなことが起きたのか。

韓国では両者が混同され、戦時中に勤労挺身隊として工場で働いたという女性が、慰安婦と誤解されるため、なかなか名乗り出られないこともあったという。

尹貞玉・韓国梨花女子大学教授を共同代表として一九九〇年に元慰安婦支援団体「韓国挺身隊問題対策協議会」（挺対協）が設立された当初、「被害者申告」を受け付けたところ、勤労挺身隊と慰安婦の経験者がそれぞれ名乗り出た。両者を区別する必要が認識され、挺対協も慰安婦を「日本軍慰安婦」などと呼ぶことにした[34]。しかし韓国社会では慰安婦問題が「挺身隊問題」として定着し、元慰安婦の多くが「私は挺身隊だった」と語っていることから、二〇一八年まで団体の名称を変えなかった[35]。

一九九二年一月、韓国の通信社が、戦時中の朝鮮で国民学校に通う一二歳の朝鮮人少女が挺身隊に動員された学籍簿が見つかったとの記事を配信。「日本は小学生まで慰安婦にした」との誤解が韓国社会で広がった。

これをきっかけに、ソウル駐在の日本人特派員らが韓国で挺身隊と慰安婦が混同されていると記事で指摘した。

韓国政府は一九九二年七月に発表した報告書で、

わが国内では勤労挺身隊と軍隊慰安婦が混用されており、一般的に挺身隊と通称しているが、勤労挺身隊と軍隊慰安婦は概念を区分して使用する必要がある。

勤労挺身隊は、日本が太平洋戦争を遂行するに従って、ひどい労働力不足を経験し、女性の労働力までも韓国内もしくは日本の軍需工場などに動員したことであり、このような勤労挺身隊動員の趣旨は、基本的に軍隊慰安婦の調達とは違う。

ただ、女子勤労挺身隊として動員された人の中で一部が軍隊慰安婦に転換された場合もあっただろうと推定される[36]。

と書いた。ただ、この報告書にも慰安婦問題の意味で「挺身隊問題」と繰り返し記され、その後も韓国社会での混同は残った。

外村氏は「勤労挺身隊は当初、政府の指導で結成され、一九四四年からは国家総動員法と女子挺身勤労令にもとづいて組織された。法的根拠があいまいな慰安婦よりも、日本の政府としての関与が明確といえる。ただ韓国で挺身隊という言葉が使われた際、民衆レベルで制度への理解があったとは考えにくい」と話している。

34 鄭鎮星著、岩方久彦・鄭大成訳『日本軍の性奴隷制―日本軍慰安婦問題の実像とその解決のための運動』（論創社、二〇〇八年、韓国語の原版はソウル大学出版部、二〇〇四年）九頁

35 挺対協は二〇一八年七月に「日本軍性奴隷制問題解決のための正義記憶連帯」と改称した。

36 韓国政府挺身隊問題実務対策班「日帝下　軍隊慰安婦　実態調査　中間報告書」（韓国語、一九九二年）一〇頁

Ⅲ　元慰安婦の証言から（二〇一六年五月）

二〇一五年末に慰安婦問題の解決について合意した日韓両国外相は共同記者発表で「多数の女性の名誉と尊厳を深く傷つけた問題」と述べた。

日本軍の慰安婦となった女性らが戦時中、慰安所で送った生活については、終戦直後の戦犯裁判資料や一九九〇年代以降に口を開いた元慰安婦らの証言に残され、場所や時期、戦況によってさまざまだったとみられる。ただ、その境遇や移動経路が、本人の証言をもとに軍の記録や関係者の日記、現地調査などで詳細に追跡できる例はそれほど多くない。

本稿ではその一例として、韓国の文玉珠《ムンオクチュ》さんが語った部隊名や地名を手がかりに、多くの日本兵らが犠牲となったかつての激戦地ミャンマー（ビルマ）を訪ね、足跡をたどった[37]。記事の取材・

出稿は箱田哲也記者とともに担当した。

37　二〇一六年五月一七日朝日新聞朝刊一六頁「（慰安婦問題を考える）慰安所の生活、たどる　韓国の故文玉珠さんの場合」

1　証言と記録が一致

朝鮮半島南部・大邱《テグ》出身の文さんは、日本が英領ビルマを占領した直後の一九四二年から四五年までの約三年間を現地で過ごした。体験を聞き書き[38]した福岡市のフリーライター森川万智子さんとともに、記者は二〇一五年一〇月末に現地を訪れた。

ミャンマーは豪雨による水害に悩まされた雨期が明け、「一年で最も過ごしやすい季節」という乾期だった。中部のマダヤでは慰安所だったという建物が、住宅として使われていた。近所の男性、ウ・トゥンエイさん（取材時八四歳）は記者に「日本兵と一〇人くらいの女性がいて『酒、酒』と言っていた」と答えた。

戦前や戦中の朝鮮半島で、女性の多くは学校に通えず、読み書きが十分できないまま慰安婦となったという。言葉もわからない外国に連れて行かれ、慰安所の部隊名や地名も思い出せない人も多い。文さんは夜間学校で学んで日本語ができ[39]、一九九一年に名乗り出てからもビルマの地名や部隊名を具体的に答えたため、軍の資料や元兵士の証言などでの追跡調査が可能になった。

文さんの証言によると、ビルマの慰安所で将兵の相手をした際の料金は兵士が一円五〇銭、下士官二円、少尉～大尉二円五〇銭、少佐～大佐三円[40]。他の証言[41]や当時の軍の規定[42]、米軍がビルマで捕虜とした朝鮮人慰安婦らの尋問報告書[43]でもほぼ同様の額となっている。

平日は、一日十数人～数十人の相手をした。午前九時から兵士、午後四時から下士官、九時以降は泊まりの将校[44]。「逃げられないので働くしかなかった」。抵抗して殴られる女性や、川に身を投げ自殺した女性もいた一方、首都ラングーン（ヤンゴン）で週一回か月二回、許可をもらって外出して買い物をし、市場で宝石を買ったこともあったと語っている[45]。

文さんは一〇代で二回、慰安婦となった。最初は一六歳だった一九四〇年秋ごろ。大邱で男らに呼び止められた。「日本人と朝鮮人の憲兵や刑事に呼び止められた」[46]とか「軍服を着た日本人に引っ張られた」[47]などと証言している。

旧満州（中国東北地方）北部で日本兵の相手をした。「毎日二〇～三〇人ほどの兵隊が来た」。翌一九四一年秋ごろ、母の病気を口実に列車の切符（乗車券）を買う許可証を軍人からもらって帰郷した[48]。

翌一九四二年夏。「軍の食堂で働けば金が稼げる」と友人に誘われた。船で釜山を出た七月一〇日という日付は、文さんの記憶と米軍の尋問記録[49]が一致する。ビルマ中部のマンダレーに着くと朝鮮人兵士から「だまされて来たんだな、かわいそうに」と言われ、慰安所と知ったという。

文さんは「私はタテ八四〇〇部隊の軍属だった」と語った。香川県の善通寺で編成された陸軍第五五師団「楯《たて》」の司令部が「八四〇〇部隊」だった。日本軍が侵攻してマンダレーに師団司令部が置かれた[50]直後の一九四二年六月、近郊の町にも慰安所が開設されたことが元兵士の手記[51]に残っている。

文さんがプローム（現ピイ）にいたときの慰安所の名は「乙女」。森川さんがピイで一九九七年に会った元日本軍兵補ウ・サンぺさん（故人）は、第五五師団で通訳を務め「慰安所にオトメという朝鮮人グループが来ていた」と言い、「オトメ」として使われたピイ市内の住宅に森川さんを案内した。木造二階建てで警察官舎として使われていた。森川さんは一九九七〜九八年、通算一年二カ月間、ミャンマーに滞在し、ヤンゴン、マンダレーなど一三都市で、日本軍慰安所だったとされる建物計二二軒を、住民の証言や軍の資料などをもとに確認した。「『乙女』という慰安所の名が一致するなど、文さんの記憶の確かさを実感することになりました」

吉見義明・中央大学教授は文さんの「逃げられなかった。外出は許可制」[52]との証言から「性の相手を拒否する自由、廃業の自由、外出の自由など重大な自由が剝奪された状態だった」とみている。

---

38 文玉珠・語り、森川万智子・構成と解説『文玉珠　ビルマ戦線　楯師団の「慰安婦」だった私』（梨の木舎、一九九六年、新装増補版二〇一五年）

39 一九九六年五月二七日　文玉珠「陳述書」（東京地裁民事第一七部　平成三年（ワ）第一七四六一号、平成四年（ワ）第五八〇九号「アジア太平洋戦争韓国人犠牲者補償請求事件」甲四八号証の二）一頁、一九九六年五月二七日　文玉珠「速記録」（東京地裁民事第一七部　平成三年（ワ）第一七四六一号、平成四年（ワ）第五八〇九号「アジア太平洋戦争韓国人犠牲者補償請求事件」第一七回口頭弁論での原告本人尋問）二五〜二六頁、『文玉珠』一六、六〇頁、文玉珠「二度も同じ目にあうなんて」：韓国挺身隊問題対策協議会・挺身隊研究会編、従軍慰安婦問題ウリヨソンネットワーク訳『証言　強制連行された朝鮮人軍慰安婦たち』（明石書店、一九九三年）一六〇頁、文玉珠「二度も同じ目にあうなんて」：アクティブ・ミュージアム「女たちの戦争と平和資料館」

編『証言　未来への記憶　アジア「慰安婦」証言集Ⅱ』（明石書店、二〇一〇年）一一〇頁
40 『文玉珠』五九頁
41 「陳述書」五頁、「速記録」二二頁、『強制連行された朝鮮人軍慰安婦たち』一七一頁、『アジア「慰安婦」証言集Ⅱ』一一〇頁
42 一九四三年五月二六日「マンダレー」駐屯地司令部「駐屯地慰安所規定」：『政府調査「従軍慰安婦」関係資料集成④』二九一頁
43 「日本人捕虜尋問報告第四九号」四四三〜四四四頁、「心理戦　尋問報告第二号」四六〇〜四六一頁
44 『文玉珠』五九頁、『強制連行された朝鮮人軍慰安婦たち』一七〇頁、『アジア「慰安婦」証言集Ⅱ』一二〇頁
45 『文玉珠』一〇七頁
46 『文玉珠』二八頁、「陳述書」一頁、「速記録」二頁
47 『強制連行された朝鮮人軍慰安婦たち』一六二頁、『アジア「慰安婦」証言集Ⅱ』一一二頁
48 『文玉珠』三六〜四〇頁、「陳述書」二〜三頁、「速記録」八〜一〇頁、『強制連行された朝鮮人軍慰安婦たち』一六六頁、『アジア「慰安婦」証言集Ⅱ』一一六頁
49 「心理戦　尋問報告第二号」四五九頁。のちほど紹介する慰安所管理人の日記「ビルマ・シンガポールの従軍慰安所」四一頁の記述も、出発の日を「七月一〇日」としており、記録と一致する。崔吉城『朝鮮出身の帳場人が見た慰安婦の真実』（ハート出版、二〇一七年）四七、一一三〜一一四頁
50 防衛庁防衛研修所戦史室『戦史叢書　ビルマ攻略作戦』（朝雲新聞社、一九六七年）三八五〜三八八、四六〇〜四六四頁
51 河村勇「山砲兵第八中隊ビルマ戦記（二）」：香川県ビルマ会『パゴダに捧ぐ　ビルマの夕映え（続）』五三〜五四頁
52 『文玉珠』六四、一〇六頁

2　軍事郵便貯金の記録

文さんは一九九二年、日本に損害賠償を求める訴訟に加わった[53]。戦時中にためた軍事郵便貯金

の支払いを求め、「貯金には悲しい歴史が込められている」と訴えた。郵便局員だった森川さんは、文さんが貯金支払いを求める運動を支援する中で、聞き書きを始めた。

一九九二年五月には郵政省熊本貯金事務センター（当時）が日本名「文原玉珠《ふみはらぎょくしゅ》」名義の口座を確認。文さんの記憶が一つ裏付けられたが、貯金を受け取れぬまま、一九九六年に七二歳で亡くなった[54]。

占領地では軍などが発行した手形「軍票」や「南方開発金庫券」[55]が現金代わり。兵士から切符（引換券）を受け取り、慰安所経営者に代金に換えてもらう仕組みだったが、文さんは「経営者の朝鮮人『マツモト』は、切符をなかなかお金（軍票）に換えてくれなかった」と語った[56]。米軍の尋問報告書でも、慰安婦は慰安所で稼ぎの五〇～六〇％を楼主に渡し、さらに食料や物品代金として多額を請求され、生活困難に陥ったと書かれている[57]。

文さんは日本語が話せて日本の歌も歌えたため、将校らの宴会で歌や踊りを披露してチップをためることができたという。「私だけ大金を持っているのは都合が悪い」と、野戦郵便局の軍事郵便貯金口座に預けた[58]。預入額合計は二万六一四五円で、戦後に利子が加算され、日韓条約締結時の一九六五年現在で残高は五万一〇八円になっていた。「故郷に五千円送った」とも語っているが、貯金の記録からは送金の形跡はたどれない。

元慰安婦の軍事郵便貯金記録が開示された数少ない例だったため、貯金の価値をめぐって論争が起きた。現代史家の秦郁彦氏は「今なら一億円前後の大金」と主張。一九四三年の勅令「大東亜戦争陸軍給与令」をもとに、二等兵は月給七円五〇銭、中将でも年俸五八〇〇円だったとして、文さんが「在ビルマ日本軍最高指揮官より多く稼いだ」と書いた[59]。

これに対して吉見氏は、元金の八割にあたる二万五六〇円分が一九四五年四〜五月の預け入れであることに注目。ビルマは戦況悪化でインフレが進み、物価が一九四五年に東京の約一二〇〇倍と急激に悪化した[60]ことを踏まえ「貯金の大半は、日本がビルマ撤退を決めて軍票がほぼ無価値になった時期にもらったもの」と解説する[61]。

元慰安婦の多くが「お金をもらったことはない」と語っており、吉見氏は文さんについて「チップでお金を稼いだ例外的存在だった」とみている。秦氏も、元兵士が満州で朝鮮人慰安婦から「一銭ももらっていません。全部親方が取り上げてしまいます」と聞いたとの回想記を紹介し、「楼主の不払いは意外に多かったとも思われる」と分析している[62]。

53「速記録」四二頁
54『文玉珠』三、一七二、二〇六〜二一〇、二四六〜二五七頁。文玉珠さんの聞き書きを手がけた森川万智子さんも二〇一九年一〇月五日、文さんの享年と同じ七二歳で逝去した。二〇一九年一〇月八日朝日新聞朝刊三〇頁「森川万智子さん死去」
55小林英夫『日本軍政下のアジア――「大東亜共栄圏」と軍票――』（岩波書店、一九九三年）一一〇〜一一三、一五六〜一五八頁
56『文玉珠』七五、七八、一〇二、二五九〜二六一頁、「陳述書」五頁、「速記録」二一頁
57「日本人捕虜尋問報告第四九号」四四五頁
58『文玉珠』七五〜七六頁、「陳述書」五、六、八、九頁、「速記録」二六〜二八、四〇〜四二頁
59『慰安婦と戦場の性』三九四頁
60『日本軍政下のアジア』一七九頁、安藤良雄編『近代日本経済史要覧』（東京大学出版会、一九七五年）一三七頁、日本軍「慰安婦」問題webサイト制作委員会編『Q＆A　朝鮮人「慰安婦」と植民地支配責任　あなたの疑問に答えます』（御茶の水書房、二〇一五年）四〇〜四四頁、『日本軍「慰安婦」制度とは何か』四六〜五一頁

61『文玉珠』二五六〜二五七頁、『Q&A 朝鮮人「慰安婦」と植民地支配責任』四三頁、『日本軍「慰安婦」制度とは何か』四六〜五一頁
62『慰安婦と戦場の性』三九四頁

3 慰安所管理人の日記

文さんらのビルマでの暮らしは、慰安所の帳場係をしていた朝鮮半島出身の民間人男性がつけていた日記からもうかがえる。一九四三年から二年分が「日本軍慰安所管理人の日記」の題で二〇一三年に韓国で出版され、文さんの証言に出てくるのと同じ名前の人も登場する。

いったん慰安所を出た女性二人が「兵站の命令で再び慰安婦として戻るようになった」（一九四三年七月二九日）[63]。一九四三年三月一〇日には軍からの移転指示に慰安婦一同が反対した。三月一四日には「司令部の命令に逆らえず、移すこと」がいったん決まるものの、一六日には移動がしばらく中止された[64]。慰安婦の求めで「六〇〇〇円を本人の貯金からおろして送った」（一九四四年一〇月二七日）[65]ことも書かれている。

一九四三年三月二五日には、ビルマで「乙女亭」という慰安所を経営する「松本恒」なる人物も登場する[66]。文さんの証言と一致しており、韓国の研究では場所、人物とも同一とみられている。

日記はハングルや漢字表記が中心だが、日本語の仮名も交えて書かれていた。連隊本部での避妊具（千個）の受け取りなど、軍の統制のもとに慰安所が存在していたことをうかがわせる。日記を

調べ、著書にまとめた安秉直《アンビョンジク》・ソウル大学名誉教授は「慰安所は兵站の一部である実態が日記で鮮明になった」と指摘する。

男性は長年にわたり日記をつけてきた。安氏は「日記の大半は、どこで寝起きしどこへ行ったという日常の記述。慰安所の様子を後世に伝えようという意識はないだけに、かえって信頼できる。一九四二年の分が見つかると、業者が女性を募集した実態がわかる可能性がある」と語る。

---

63 安秉直解題、堀和生・木村幹監訳「ビルマ・シンガポールの従軍慰安所（日本語仮訳版）」四五頁。韓国で安秉直解題『日本軍慰安所管理人の日記』（韓国語、イスプ出版社、二〇一三年）が出版され、日本では二〇一三年に研究用の「日本語仮訳版」がつくられ、韓国・落星台経済研究所のサイトに掲載されたが、その後削除された。二〇一九年一二月二四日現在では「テキサス親父日本事務局」のサイト（http://texas-daddy.com/comortwomendiary.pdf）に残っている。

64 「ビルマ・シンガポールの従軍慰安所」一五～一六頁、『朝鮮出身の帳場人が見た慰安婦の真実』一五三～一五四頁

65 「ビルマ・シンガポールの従軍慰安所」一五〇頁、『朝鮮出身の帳場人が見た慰安婦の真実』一四四頁

66 「ビルマ・シンガポールの従軍慰安所」一八頁、『朝鮮出身の帳場人が見た慰安婦の真実』一二六頁

4　元兵士らの回想記

慰安婦らは戦争の最前線に送り込まれた。生還した元兵士らの回想記には、多くの慰安婦も命を落とした様子が記されている。

「慰安婦たちは看護婦がわりに働いている。『どこでもいい、この場から一緒に連れて逃げて』と

すがりつくが、どうにも仕様がない[67]」。新聞記者出身でビルマの激戦地から生還したという品野実氏は、下士官から聞いた一九四四年秋の状況をこう書いた。

ビルマ戦線は日本兵三二万人のうち一九万人が戦死や戦病死、行方不明となった激戦地だった。一九四三年秋以降、連合軍の大規模な空爆による反撃が本格化した。文さんも、空襲に遭ったという。次のように証言している。「毎日のように爆撃された。いったん空襲が終われば、また慰安婦の仕事をしなければならなかった[68]」

軍楽隊奏者としてビルマ戦線で演奏したという斎藤新二氏は一九四五年七月の風景をこう描いた。「哀れを誘うのは慰安婦の集団だった。体を張って稼いだ軍票の束を体にくくりつけて、筏を河に乗り入れた。水をふくんだ札束はあまりにも重かった。彼女らはことごとく水に流された」[69]。慰安婦らが必死に抱えていた軍票は、日本の敗戦で紙切れ同然となった[70]。

67 品野実『異域の鬼―拉孟全滅への道―』（谷沢書房、一九八一年）三二二頁
68 『文玉珠』九五、九九頁
69 斎藤新二『軍楽兵よもやま物語―第二十八軍軍楽隊ビルマ戦記』（光人社、一九九五年）一五三頁
70 『慰安婦と戦場の性』三九四頁

5　徴集形態を四分類

日本軍の慰安所は一九三〇年代に中国でつくられ、アジア各地の占領地に広がった。慰安婦の出身地もさまざまで、日本本土のほか、朝鮮半島や台湾の出身者もいた。

元アジア女性基金専務理事の和田春樹・東京大学名誉教授は、慰安婦を徴集形態で四分類した。（一）軍人が暴力的に拉致監禁（フィリピン人など）（二）収容所で拘束された女性を軍人が強制的に慰安所へ連行（オランダ人）（三）軍の依頼を受けた業者が主に詐欺的手段で集めて軍が運ぶ（朝鮮人・台湾人）（四）軍の依頼で業者が女性を慰安婦として働くよう説得（日本人）。

日本軍が直接、暴力的に連行した（一）の例はフィリピン政府の二〇〇二年の報告書にある。兵営とされた病院などに現地女性を監禁し、集団で強姦した事例もあったと記された[71]。（二）は、インドネシアで抑留所に入れられた女性が慰安所に送り込まれた例が、戦後の戦犯裁判の記録に複数残っている[72]。

慰安所での生活をめぐっては、韓国人や中国人、オランダ人の元慰安婦らが日本政府を相手取り日本の裁判所に提訴した裁判で、賠償請求を退けつつ、戦時中の被害事実を認定した判決もいくつか出た。「一日三〇〜四〇人の相手をさせられたが金銭は渡されなかった」「兵士から軍靴で蹴られ、刀で切りつけられ傷痕がいまも残る」などと判決文に記された[73]。

慰安婦は何人いたのか。総数を示す公式記録はなく、当時の日本兵の総数とかけあわせた研究者の推算値ぐらいしか、参考になる数字はない。秦郁彦氏は二万人前後、吉見義明氏は五万人以上と推算している[74]。

71「危機的状況に置かれたロラたちへの支援（ALCS）事業に関する評価的研究」二二頁
72「日本占領下インドネシアにおける慰安婦」一〇七～一四一頁
73 坪川宏子、大森典子『かもがわブックレット186　司法が認定した日本軍「慰安婦」―被害・加害事実は消せない！』（かもがわ出版、二〇一一年）一六、二三頁
74『慰安婦と戦場の性』四〇六頁、『日本軍「慰安婦」制度とは何か』五四～五六頁

Ⅳ　植民地支配下の戦時動員（二〇一六年一一月）

戦時中に朝鮮半島で慰安婦を数多く集めることを可能にしたのは、日本の植民地支配下で人を動員する仕組みがあったからではないかと、日韓の研究者は指摘している。慰安婦問題の背景として、植民地支配とは何だったのか、女性たちを動員するシステムはどうだったのか、といった点について考えた[75]。記事の取材・出稿は中野晃記者とともに担当した。

75 二〇一六年一一月三〇日朝日新聞朝刊一八頁「（慰安婦問題を考える）植民地『総動員』の下で」

1 総動員体制で農村は疲弊

日本は一九一〇年、大韓帝国を併合。朝鮮人は一九一九年の「三・一独立運動」などの抗日運動で抵抗したが、警察に鎮圧された。二〇～三〇年代は比較的穏健な統治で「文化政治」と呼ばれたが、歴代総督は軍人で、警察官の数はむしろ増やされた[76]。

日本の植民地支配を理解するための言葉の一つが「総動員体制」だ。植民地朝鮮での総動員体制を研究する庵逧《あんざこ》由香・立命館大学教授（朝鮮近代史）によると、日本は第一次世界大戦直後から政治や経済、社会など国家のあらゆる力を戦争遂行に結集させ「総力戦」を戦う「総動員体制」を構想。朝鮮・台湾などの植民地を組み込み、鉄道敷設や鉱山開発、ダムや工場建設などの整備を進めた[77]。

動員は人や物資など多岐にわたった。一九三七年に日中戦争が始まると、日本政府は一九三八年に国家総動員法を制定。職業紹介法も改正し、戦争遂行のためどの業種にどんな人材を配置するかを政府主導で決めた。一九四四年には国民徴用令が朝鮮にも全面発動されたが、それ以前から「募集」「官斡旋《あっせん》」の方式で労務動員がされた。

食糧をめぐっては、朝鮮の人口の八割がいた農村が米供給地と位置づけられ、日本内地への移出用に強制供出も行われた。

朝鮮史研究家の樋口雄一・高麗博物館長（東京）によると、朝鮮の米は一九三九年や一九四二～

四四年に凶作となり、インフレと食糧不足で農村の貧困が深刻化。天候不順に加え、当局が軍需物資供出を優先し、肥料や農具が不足した。朝鮮内外の工場や炭鉱、南洋の占領地などに働き手が多数労務動員された結果、農業が維持できなくなり一家離散するなどの例が相次いだ[78]。

戦時下の農村の悲惨な状況は、内務省嘱託職員が一九四四年六月に日本から朝鮮へ出張し、七月にまとめた「復命書」に描かれている。

当局に命じられた供出量に足りず、家屋や牛を売って補う農家や、食糧が底をつき草や木の皮で食いつなぐ農家もあると報告。「戦争に勝つ為《ため》」に「国家の至上命令に依って無理にでも内地へ送り出さなければならない」としつつ、朝鮮人労務者の「人質的掠奪的拉致等が朝鮮民情に及ぼす悪影響」に触れ、労務者を送り出した農村は老父母と女性ばかりとなり「悲惨な状態」と強調している[79]。

一九三〇年代末に戦時色が強まると、朝鮮総督府は一〇戸前後を一班とする「愛国班」を組織。米の配給や勤労報国隊結成など日本内地の「隣組」と同様、国策を行きわたらせる単位とした[80]。神社参拝や日本語使用など、朝鮮人の日本臣民化を進める皇民化政策を推進。「創氏改名」で日本式の氏をつくらせた[81]。志願兵制度や徴兵制を導入し、朝鮮人への選挙権付与も進めようとした[82]。

日本の敗戦後、朝鮮人の不満の矛先は朝鮮在住の日本人や行政組織末端の朝鮮人に向けられ、警察署や役所などが襲撃された。朝鮮半島外に動員された朝鮮人は戦後帰郷すると、日本人官吏に「強制的に徴用された」として慰謝料を要求したという[83]。日本の支配に、内心では反発していた朝鮮人が少なくなかったとみられる。

韓国ＡＲＧＯ人文社会研究所の李淵植《イヨンシク》・研究理事によると、朝鮮にいた日本人の多くは朝鮮人を「従順な人々」と思い込んでいた。日本支配からの解放を喜んで「万歳」を叫んだり、日本人をののしったりする心情が理解できなかったという[84]。

76 趙景達『植民地朝鮮と日本』（岩波書店、二〇一三年）五九〜六〇頁
77 庵逧由香「朝鮮における総動員体制の構造」：和田春樹ほか編『岩波講座　東アジア近現代通史第六巻　アジア太平洋戦争と「大東亜共栄圏」一九三五―一九四五年』（岩波書店、二〇一一年）二四〇〜二五八頁
78 樋口雄一『日本の植民地支配と朝鮮農民』（同成社、二〇一〇年）五八〜六〇、一〇九、一二八、一七七〜一七八、二〇四〜二〇六、二二三〜二二四、二三三頁
79 一九四四年七月三一日　小暮泰用「内務省管理局長宛『復命書』」（外務省外交史料館所蔵・アジア歴史資料センター・レファレンスコードB02031286700、https://www.jacar.archives.go.jp/das/meta/B02031286700）二一一〜二一五頁
80『アジア太平洋戦争と「大東亜共栄圏」』二五四〜二五五頁
81『植民地朝鮮と日本』一九一〜一九二頁
82 浅野豊美『帝国日本の植民地法制』（名古屋大学出版会、二〇〇八年）五〇四〜五一八頁
83 李淵植著、舘野晳訳『朝鮮引揚げと日本人』（明石書店、二〇一五年）三五〜四四、八四〜八五頁
84『朝鮮引揚げと日本人』三八〜四四頁

2　直接的暴力なき動員

植民地での女性の動員はどのように行われたのか。

台湾には、慰安所に女性を派遣するよう台湾総督府が依頼した文書が残る。一九三六年に設立された国策会社「台湾拓殖株式会社」が一九三九年に出した「海南島海軍慰安所の件」。中国南部・海南島の海軍慰安所に台湾から芸娼妓《げいしょうぎ》計九〇人を派遣するよう総督府から依頼があったとされる[85]。

鳥取県知事が一九四四年、県内警察署や内務大臣、朝鮮総督府にあてた文書もある。飛行機工場建設で朝鮮人労務者が鳥取に約千人来ていた。その一方、鳥取市内の遊郭に約一〇〇人いた日本人酌婦が半減していたため、打開策として朝鮮人酌婦を二〇人移入した、との内容だ[86]。

米軍がビルマ(現ミャンマー)で捕虜とした朝鮮人慰安婦らの尋問記録[87]には、一九四二年に七〇三人の朝鮮人女性が釜山を出航して東南アジアに送られたとの記述があり、朝鮮人慰安所管理人の日記にも符合する記述がある[88]。吉見義明・中央大学教授は「戦時中に女性を多数、船に乗せて戦地に運ぶことは民間業者だけでは不可能。移送は軍が主導したことは明らか」とみる。

軍需動員や労務動員については、軍や朝鮮総督府による計画が道、郡の行政機構を通じて地域に割り当てられた[89]。慰安婦の動員について庵逧教授は、元慰安婦らが「役所の職員や地元の巡査が来ていた」などと証言していることに着目。「業者だけで集落の状況を把握するのは難しい。家族構成を細かく知る地元の公務員や、地域の有力者が女性集めに加担した可能性はある」とみる。

米軍が朝鮮人捕虜を一九四五年三〜四月に尋問した調書には、慰安婦問題についての質問がある。「日本軍が朝鮮女性を売春婦として募集したと知っているか。この制度に対する平均的な朝鮮人の態度はどうか。制度から生じた騒乱や衝突を知っているか」

調書は米ハワイに収容された日本軍捕虜約二六〇〇人のうち朝鮮人約一〇〇人を尋問し、うち三人から詳しく聞き取ったものとみられる。捕虜らは「朝鮮人慰安婦は自ら志願したか、親に身売りされた。日本による強制的な徴集があれば許しがたい暴挙とされ、怒り狂った蜂起で日本人は殺されただろう」と答えている[90]。

調書を米公文書館で確認した浅野豊美・早稲田大学教授（日本政治外交史）は「朝鮮人捕虜らは、慰安婦を業者による詐欺や、家父長制下でのやむにやまれぬ人身売買の犠牲者とみていた」としている。

外村大・東京大学教授（日本近現代史）も、官憲を直接出動させて暴力的に連れて行く方法については「朝鮮統治への影響や要員確保のコストを考えると、あったとしても例外的。日本人の役人が直接手を下さなくても、現地職員や地域の有力者、業者が動いて動員できた」とみる。「支配する日本人が支配される民族の上に立ち、思うように朝鮮人を用いることができるよう制度や社会を作り上げたこと自体が、植民地支配の核心だった[91]」

女性たちの意思はどうだったのか。日本政府は一九九三年八月の河野洋平官房長官談話で「甘言、強圧など本人の意思に反して集められた事例が数多い」との認識を示した。元慰安婦らの証言集には「路上で軍服を着た日本人に腕をつかまれ引っ張られた」とか「工場に就職させる」と言われてだまされた、といった内容が記されている[92]。

85 朱徳蘭『台湾総督府と慰安婦』（明石書店、二〇〇五年）一一四〜一一六頁、「海南島海軍慰安所ノ件」（台湾省文献委員会所蔵）・

86 『日本軍「慰安婦」関係資料21選』四四〜四五頁
87 福井譲編『在日朝鮮人資料叢書七〈在日朝鮮人運動史研究会監修〉在日朝鮮人警察関係資料1』(緑蔭書房、二〇一三年) ix、一六〇〜一六四頁
88 「心理戦　尋問報告第二号」四五九頁
89 「ビルマ・シンガポールの従軍慰安所」四一頁、『朝鮮出身の帳場人が見た慰安婦の真実』一一三〜一一四頁
90 『アジア太平洋戦争と「大東亜共栄圏」』二四六〜二五五頁
91 一九四五年四月二四日　Military Intelligence Service Captured Personnel & Material Branch "Composite report on three Korean Navy civilians, list no. 78, dated 28 Mar 45, re "Special questions on Koreans." (米公文書館所蔵)、二〇一六年六月一〇日毎日新聞朝刊一頁「『朝鮮人捕虜』米調書発見　日本支配の過酷さ記録　米公文書館」
92 外村大「戦後日本における朝鮮植民地支配の歴史認識」:『神奈川大学評論』第八一号(二〇一五年)八九〜九〇頁
『強制連行された朝鮮人軍慰安婦たち』二六〜二七、五九、九五〜九六、一〇五〜一〇六、一六二、一八三頁

3　韓恵仁氏に聞く

韓国政府機関の調査官として、多くの元慰安婦や労務動員の事例を調査した成均館大学東アジア歴史研究所客員研究員の韓恵仁《ハンヘイン》さんに慰安婦がどう集められたのかを聞いた。

韓さんによると二〇〇一年、元慰安婦に、朝鮮から連れて行かれる前に何をしていたかを聞いた調査がある。対象者一九二人のうち家事(手伝い)や家政婦、子守をしていた、と答えた人が計一二二人。食堂や妓生(キーセン)などの接待業で働いていた、との回答者は九人だった。

農村の集落などから連れ出された経緯について、女性たちの証言を検証すると、日本の炭鉱や軍

需工場に動員された青年らと重なる点が多かったという。

人集めをする業者らに植民地統治機関の末端の職員や警察官、地域の有力者が協力していた。統治機関から人集めの許可を受けた業者は労務動員の対象者を集める一方、酌婦や女給などの募集をすることもできた。「女給募集」などを掲げ、慰安婦にする女性が集められたとみられる。「紹介所の慰問団募集に応募した」という元慰安婦もいる。野戦病院で洗濯など身の回りの世話をする旨の説明で応募し、中国などに送られ、軍人の性の相手もさせられたというものだ。形としては「募集に応じた」ことになるが、元慰安婦の立場からすれば「だまされた」ことになる。

労務者も慰安婦も、動員の主な対象は支配言語の日本語も十分理解できず、だましやすい貧しい農村の青年や女性だった。「無理やり引っ張られた」と証言した元慰安婦もいて、末端では強引な手法が取られたと推定される[93]。

93 朝日新聞「(慰安婦問題を考える) 植民地『総動員』の下で」

4　植民地とは

本国の外にあって支配下にある地域。武力によって獲得される場合が多く、本国から国民の一部が移住して現地住民を従属させ、開拓や開発が行われる。一六〜二〇世紀、欧米列強や日本などによりアジア、アフリカや中南米の大部分が植民地とされたが、第二次世界大戦以降に次々と独立した。

日本は日清戦争により、一八九五年の下関条約で清（現在の中国）から台湾の割譲を受けた。朝鮮（今の韓国と北朝鮮を合わせた朝鮮半島全域）に対しては、日露戦争以来、しだいに支配を強め、一九〇五年に大韓帝国の外交権を奪った。一九一〇年の「韓国併合に関する条約」では、大韓帝国の皇帝が統治権を日本の天皇に「譲与」すると書かれた。いずれも、一九四五年の敗戦まで日本が植民地として支配した。

一九六五年、日韓基本条約仮調印のため訪韓した椎名悦三郎外相が「両国間の長い歴史のなかに不幸な期間があったことはまことに遺憾で深く反省する」と発言。一九九五年の村山富市首相談話では「植民地支配と侵略」により「とりわけアジア諸国の人々に多大の損害と苦痛を与えました」とし、「痛切な反省」と「心からのお詫《わ》びの気持ち」を表明した。

V 裁かれた戦時の性暴力（二〇一七年三月）

第二次世界大戦後に、米英などの連合国が敵国だった日本やドイツの戦争犯罪を裁いた法廷で、慰安所や性暴力の問題がどう扱われたかを振り返る。戦時の性暴力に対する国際社会の認識がその後、どのように変わってきたかについても考えた[94]。記事の取材・出稿は中野晃、守真弓両記者とともに担当した。

94 二〇一七年三月二一日朝日新聞朝刊一〇頁「（慰安婦問題を考える）戦時の性暴力　どう裁かれた」

1　東京裁判の研究者に聞く

二〇一一年二月、資料集『東京裁判――性暴力関係資料』（現代史料出版）が出版された。戦後に連合国が日本政府や軍の指導者らを裁いた極東国際軍事裁判（東京裁判）の膨大な証拠書類から、日本軍の性暴力に関連した供述書など四〇点を収録。研究は内海愛子・恵泉女学園大学名誉教授の問題意識から始まり、宇田川幸大《こうた》・一橋大学特任講師ら三人が加わった。

Q1　研究のきっかけは。

内海　一九七九年、研究者らが「東京裁判研究会」をつくり、東京裁判に提出された証拠書類や判決書などを調べ分析しました。私も参加しましたが、性暴力関係について証拠資料を体系的に調べた研究者はいなかった。私を含め問題意識が希薄だったのです。一九九〇年代に元慰安婦の証言を聞き、衝撃を受けました。「戦争裁判が戦時中の性暴力をどう裁いていたのか、資料をまとめなければ」と思いました。

二〇〇〇年に東京で市民団体が「女性国際戦犯法廷」を開き、元慰安婦の女性らが各国から来日して被害を訴えました。それまでに資料をまとめたいと思いましたが、間に合いませんでした。その後も作業を続けましたが、メンバーが入れ替わり、中断もあって、今回の資料集出版で「宿題」を果たすまでに約一〇年かかりました。

Q2 資料をどう分析しましたか。

宇田川 四人の研究者が分担し、裁判速記録や証拠書類を読み込み、強姦《ごうかん》や強制売春などの記述を拾い出しました。東京裁判の参加国は欧米が中心。法廷では中国やフィリピンなどの住民に対する残虐行為の一部が取り上げられましたが、審理全体で最も重視されたのは連合国軍捕虜への虐待の問題でした。

内海 性暴力に関しては、元日本陸軍幹部が「忌まわしい犯罪の発生を防ぐため、軍紀風紀の違反者は厳罰にする一方、慰安隊の設備には十分注意した」と述べた宣誓供述書を出しています。「慰安隊」を犯罪予防の手段に位置づけた供述です。元陸軍省法務局長の供述書には風紀取り締まり強化の証拠として一九四二年に陸軍刑法を改正し、強姦罪を重罰化したと書かれています。

これに対し、連合国で構成される検察側は法廷で「非常に多くの陵辱事件があったことが動機となって陸軍刑法が改定されたのではないか」と尋問。元法務局長は「戦地に強姦の罪が相当あり、厳重に処分すべきことを要求された」と答えました[95]。重罰化の背景として、戦地で強姦が多発していたことを認めたと言えます。

Ｑ３　東京裁判資料には性暴力の記述が多く見つかるのですか。

宇田川　いいえ、むしろ逆です。東京裁判の判決では、中国の桂林の事件についてこう書かれています。「桂林を占領している間、日本軍は強姦と掠奪のようなあらゆる種類の残虐行為を犯した。工場を設立するという口実で、かれらは女工を募集した。こうして募集された婦女子に、日本軍隊のために醜業を強制した[96]」

しかし判決でこうした記述は例外的です。裁判で性暴力の問題が詳しく扱われた例は少ない。女性の裁判官が一人もいないという問題もありました。性暴力の問題は軽視され、被害の実態が見えなくされた側面があると思います。

Ｑ４　ＢＣ級戦犯裁判で慰安所が問題となった代表例にはオランダ領東インド（現インドネシア）のスマラン事件などがありますね。戦後にオランダがジャワ島のバタビア（現ジャカルタ）で開いた法廷で、日本軍将校や業者らが死刑や禁錮刑などを宣告されています[97]。

内海　スマランで日本軍が「敵国人」として抑留していたオランダ人女性を連行し慰安所を開いた事件です。事件を知った軍司令部の命令により二カ月で閉鎖されました。戦争裁判では連合国の捕虜や民間人への虐待を訴追した例が多く、総じてアジア住民被害の裁判は限られていました。スマラン事件は、被害者が連合国のオランダ人だったから裁判になったのです。

まったく取り上げられなかったのが、朝鮮人や台湾人女性の被害です。朝鮮や台湾の植民地支配は、戦争裁判で審理されなかったのです。

Q5　戦時の性暴力に対する認識はその後、どのように変化したのでしょうか。

内海　戦時の性暴力が女性の人権を侵害する重大な戦争犯罪であり「人道に対する罪」であることが世界的に明確になったのは一九九〇年代以降のことです。日本の慰安婦問題が顕在化し、元慰安婦の女性が被害を訴え、補償や謝罪を求めたのが一つのきっかけでした。歴史研究でも、被害当事者の視点を踏まえた調査・研究が進められるようになりました。

---

95 大山文雄・元陸軍省法務局長の一九四七年五月七日付宣誓供述書「日本陸軍刑法には従来強姦罪の規定なく一般刑法に準拠して居り親告罪でありましたが斯くては軍の風紀取締上不十分であるために昭和一七年二月二〇日法律第三号を以て陸軍刑法の改正をなし強姦罪を非親告罪として其の刑罰をも加重せしめたのであります」『極東国際軍事裁判速記録第五巻』（雄松堂書店、一九六八年）三〇二〜三〇三頁

96 『極東国際軍事裁判速記録第一〇巻』（同、一九六八年）七七〇頁、『日本軍「慰安婦」関係資料二一選』八四頁。「醜業」とは売春のこと。

97 「被告は一九四四年二月二六日頃か、同年同月のある日、スマラン市内カナリラーンにある建物において三五人程の女性たちを慰安所として設備された四カ所の建物に輸送することを命じた」「二月二九日、ないしは同年同月のある日の午後、（中略）女性ら五人に対して、もしそのクラブを訪れる不特定多数の日本兵との自発的な性交を拒否し続けるならば彼女達は殺されるか、あるいは彼女達の親族が報復を受けるであろうと脅迫して売春を強制した」。新美隆解説「オランダ女性慰安婦強制事件に関するバタビア臨時軍法会議判決」：日本の戦争責任資料センター「季刊戦争責任研究」三号（一九九四年）四六頁、『日本軍「慰安婦」関係資料二一選』九五〜九九頁

2　インドネシアで証言調査

慰安婦をめぐる学術調査が、インドネシアで続いている。

鈴木隆史・桃山学院大学講師らは、太平洋戦争中に日本海軍が軍政を敷いたインドネシアのスラウェシ島（旧セレベス）南部で二〇一三年から調査。「日本軍の性の相手をさせられた」と訴える女性を訪ね、約三〇人から聞き取りをした。

日本軍占領時に、そうした施設を目撃したという住民らの話も聞いた。「工場からの帰り道に兵隊につかまった」など、本人の意思に反して慰安婦にさせられたとの証言が相次いだ。性暴力を受けたという現場は、竹とヤシの葉でつくられた長屋や飛行場近くの地下壕《ごう》などだった。

現地では、性暴力の被害を「恥」とみなす意識が強く、女性たちは沈黙を余儀なくされたという。元慰安婦のチンダさんは初来日した二〇一六年の集会で「真実を明らかにし、正義を実現してほしい」と訴えた。鈴木氏は「彼女たちの声を、生きているうちに記録することが私たちの使命」と話す。

日本の敗戦後、現地の日本軍政機関「セレベス民政部」の海軍司政官が作成した「南部セレベス売淫施設（慰安所）調書」[98]には、民政部監督下の二三施設とそれ以外の七施設の記録があり、計約二八〇人の女性がいたとみられる。

鈴木氏らの現地調査では数カ所が、調書にある地名と一致した。吉見義明・中央大学教授は「スラウェシ島南部の慰安所は軍直営か事実上の直営だったことがうかがえる。末端の部隊が現地の判断で設け、民政部が把握していなかったケースもありうる」と指摘する。

98 一九四六年六月二〇日 セレベス民政部第二復員班長（海軍司政官）「セレベス民政部第二復員班員復員に関する件報告」「南部セレベス売淫施設（慰安所）調書」：『従軍慰安婦資料集』三六五～三七五頁

3 ドイツの研究者に聞く

ドイツのハンブルク社会研究所研究員、レギーナ・ミュールホイザーさんは二〇一〇年、第二次世界大戦中のドイツ兵による性暴力についての研究を発表し、旧ソ連の国々で女性を強姦し、軍専用の売春施設を設けたことを示す資料を著書[99]で紹介した。

戦時性暴力の研究を始めたきっかけは、一九九四年に三カ月間、研究のため韓国に滞在したこと。元慰安婦の女性たちが「体験を伝えなければ」という使命感から、公の場で自発的に話していることに驚いた。

性暴力被害者が声を上げる困難さの中で、韓国の女性たちから、戦時下の性暴力が共同体や社会全体の出来事であり、経験を語ることは恥でも罪でもないと教わったという。

それまでは、ソ連兵から性暴力を受けたドイツ人女性ら被害者に焦点をあてた研究をしていた。しかし二〇〇〇年に東京で「女性国際戦犯法廷」に立ち会い、元日本兵が加害の証言をするのを見て、祖父の世代のドイツ兵はどうだったのかを考え、調査するようになった。

ドイツの戦時の性暴力については、連合国がドイツを裁いたニュルンベルク裁判で、ソ連が提出して採用された証拠文書「USSR51」に「ドイツ軍司令部があるホテルに将校用売春施設を開設し、何百人もの少女と女性が連れ込まれた」との証言が記されている。ソ連の外務人民委員が証言し、ドイツ軍の「野蛮さ」を立証する意図で提出されたが、事実関係を調査しようという動きは出なかった。性暴力が「戦争の副作用」の一つとして軽視されていたからだとみられる。

さらにドイツ軍の資料からも、ソ連の占領地域で軍専用の売春施設を設けた実態を明らかにした。ドイツ兵が各地で軍専用の売春施設を設置し、スモレンスク（現ロシア）など少なくとも一五カ所に一六施設があったことが判明した。軍は兵士の性欲を管理しなければならないという考え方があったとみられる。

自国の過去を発掘するのは、戦時下の性暴力を防ぐためだという。「どの国、どの時代でも起こりうることだからこそ、社会問題にしなければなりません。『他国でもやっていたことなのに、なぜ自国ばかり反省しなければならないのか』という声は世界中にある。そのことこそ、社会全体の問題として考えるべきではないでしょうか」

99　レギーナ・ミュールホイザー著、姫岡とし子監訳『戦場の性　独ソ戦下のドイツ兵と女性たち』（岩波書店、二〇一五年）二一一〜二一三、一一四〜一一五、二二六〜二二七頁

4 戦時の性暴力は「人道に対する罪」

冷戦が終結した一九九〇年代、強姦や強制売春など戦時の性暴力が国を超えた「人道に対する罪」だとの意識が世界に広がった。

韓国在住の元慰安婦として、金学順さんが初めて名乗り出たのは一九九一年。一九九三年には、ウィーンの国連世界人権会議関連のシンポジウムで元慰安婦が証言に立った。同じころ、旧ユーゴスラビアでボスニア・ヘルツェゴビナ紛争が起き、性暴力被害が問題になった。

戦時下の女性の問題を研究するロンドン大学経済政治学院のクリスティーン・チンキン名誉教授（国際法）は「過去にも同様の犯罪は起きていたが、全く追及されなかった。一九九〇年代になり、ようやく国際社会が重大性に気づいた」と振り返る。

ボスニア紛争時や、ルワンダ内戦下での行為を裁く国際法廷が相次いで設置され、一九九八年にローマで採択された国際刑事裁判所（ＩＣＣ）の設置条約には、戦時下の性暴力は「人道に対する罪」と明記された。

「戦時性暴力は国を超えた犯罪との認識が一気に広がり、窓が次々と開くように制度が発展した」とチンキン名誉教授は振り返る。

戦時下の性暴力は今も続く。国連は、二〇一六年七月に南スーダンであった大規模な戦闘の際に二一七人が強姦の被害にあったとの調査結果を二〇一七年一月に報告。二月には、安保理がこうした性暴力をふくむ市民への攻撃について「深刻な懸念」を表明した。

第6章　保守・右派の提訴

1 「すべては朝日新聞から」（二〇一四年）

この章からは、慰安婦問題、とくに朝日新聞の慰安婦報道について、保守・右派がどのように批判・非難してきたかを、訴訟の経過とともにたどる。問題にきちんと向き合うために、法廷や集会、メディアなどで展開された主張を、語り口も含めて極力そのまま記録することを心がけた。集会での発言は、受付で名刺を出したり主な関係者にあいさつしたりして、朝日の記者という身分を明かして取材したものや、ウェブ上の動画や活字媒体で公開されているものを紹介することとした。

慰安婦問題の起源を保守・右派がどうみているかは、これまでに出版された本の題名に表現されている。たとえば『すべては朝日新聞から始まった「慰安婦問題」』（山際澄夫著、ワック、二〇一四年）、あるいは『「慰安婦問題」は韓国と朝日の捏造だ』（黄文雄著、ワック、二〇一二年）。産経新聞が二〇一四年に展開したキャンペーン報道をまとめた本の題も『歴史戦　朝日新聞が世界にまいた「慰安婦」の嘘を討つ』（産経新聞社、産経新聞出版、二〇一四年）である。

だから、「慰安婦を暴力的に狩り出した」などと語っていた吉田清治氏の証言報道を「虚偽だった」として朝日新聞が取り消した二〇一四年八月五日の特集記事は、単なる一新聞の訂正報道という意味には終わらない。朝日新聞の慰安婦報道をめぐって、朝日新聞社を相手取り約二五〇〇人が二〇一五年二月に起こした集団訴訟「朝日・グレンデール訴訟」の原告弁護団長である徳永信一弁護士は、二〇一六年八月一五日に「日本会議」と「英霊にこたえる会」が靖国神社の参道で開催した「第三〇回戦歿者追悼中央国民集会」で講演し、こう語った。

朝日新聞が最初の報道から三〇年たって、慰安婦の報道について間違いがあったと認めました。国内においては、慰安婦問題をめぐる歴史戦というものは決着がついた[1]。

そして、訴訟についてこう意義づけた。「仕上げとしての、けじめとしての朝日新聞に責任を問う訴訟だった」

「朝日・グレンデール訴訟」とは別に、「朝日新聞を糺す国民会議」が呼びかけ、朝日新聞社を相手に起こされ、約二万五千人が加わった集団訴訟で原告の一人となった外交評論家の加瀬英明氏は、提訴後間もない二〇一五年二月二三日、日本外国特派員協会で記者会見し、提訴のねらいについてこう語った。

慰安婦報道もそうですが、私たちが集団訴訟を行うことによって朝日新聞はこういった報道を行うときには、これから注意するだろう。非常に臆病になるだろう。教訓を与えるためにも集団訴訟が成功することを願ってその一員となっています[2]。

慰安婦問題に関する朝日新聞の誤報で「日本人の名誉が傷つけられた」などとして、朝日新聞社を相手取り集団訴訟を起こしたグループは三つあった。二〇一五年一月から二月にかけて相次いで提訴され、地方裁判所や高等裁判所の判決が七回、最高裁判所の決定が一回出されたが、いずれも原告側の請求が退けられ、二〇一八年二月までにはすべてで原告側敗訴判決が確定し、一連の訴訟は終わった。本書はその経過を詳しくたどる。

1 第9章Iの9参照
2 二〇一五年二月二三日動画「Press Conference: Hideaki Kase & Satoru Mizushima "The National Citizens Council for Investigating the Asahi Shimbun"」(http://www.fccj.or.jp/events-calendar/calendar/icalrepeat.detail/2015/02/23/2590/-/press-conference-hideaki-kase-satoru-mizushima-the-national-citizens-council-for-investigating-the-asahi-shimbun.html)、動画「2015/02/23 日本外国特派員協会主催 加瀬英明氏・水島総氏記者会見」(https://youtu.be/He0x5SbmMO4)、動画「【生中継】「朝日新聞を糺(ただ)す国民会議」の加瀬・代表呼びかけ人と水島事務局長が記者会見」(https://youtu.be/IxT_eia9QgE)

2 産経「歴史戦」連載(二〇一四年)

慰安婦問題に対する「歴史認識」をめぐる論争は一九九〇年代から何度かピークがあったが、とくに二〇一二年一二月に第二次安倍政権が発足して以来、報じられる頻度が増えた。

二〇一三年五月には橋下徹大阪市長(当時)が「慰安婦制度は必要なのは誰だってわかる」などと発言して批判された。同年七月、米カリフォルニア州グレンデール市に慰安婦を象徴する少女像が設置されると、反対する在米日本人らが翌二〇一四年二月に「歴史の真実を求める世界連合会」(GAHT)を設立。グレンデール市を相手取り、少女像撤去を求める裁判を米国の裁判所で起こした。

四月からは産経新聞が「歴史戦」と題して連載企画を始め、一〇月には『歴史戦　朝日新聞が世界にまいた「慰安婦」の嘘を討つ』の題で出版した。書籍のサブタイトルが示す通り、報道の主眼は、朝日新聞の慰安婦報道への批判だった。

連載企画「歴史戦」の第一部は、一九九三年八月四日に河野洋平官房長官が慰安婦問題について「強制性」を認めて謝罪した「河野談話」への批判から始まった。

産経新聞が「歴史戦」企画で示した朝日新聞の慰安婦報道に対する批判には、以下のような記述がある。その後、朝日新聞社を相手取り提訴された集団訴訟でも、記事と同様の主張が展開された。

朝日新聞が少なくとも一六回、吉田清治を記事で取り上げたこともあり、朝鮮半島で女性を強制連行したとする吉田の嘘は、海外にも拡散していった[3]。

慰安婦への国家補償などを勧告した九六年四月の国連人権委員会のクマラスワミ報告書は、吉田の著作から「千人もの女性を『慰安婦』として連行した奴隷狩りに加わっていた」との内容を引き、慰安婦を「性奴隷」だと認定した[4]。

二〇〇七年七月、米下院本会議は慰安婦問題での対日非難決議を採択した。（中略）決議内容には吉田証言が反映したとされる[5]。

吉田の「強制連行」証言には一九九二年四月の段階で重大な疑義が生じていた。その時点で朝日新聞が記事の誤りを認めていれば、事実誤認に基づく対日批判がこれほどまでに広がることはなかっただろう[6]。

二〇一五年一〇月一日には、米グレンデールの慰安婦像撤去を求めて米裁判所に訴えているGAHTが主催し「~海外では慰安婦問題は、解決していない~今後、『歴史戦』をいかに戦うべきか」と題するシンポジウムが東京・永田町の憲政記念館で開催された。

米カリフォルニア州弁護士でタレントのケント・ギルバート氏らが登壇し、慰安婦問題についてこう提案した。

こういうややこしい問題があるときにね、「そうじゃないのよ」と言っても終わんない。いちばんいいのは問題をすり替えることです。ですからね、私が思うには、慰安婦はあった、強制連行はなかったとぼくたちは言いますけれども、あったという人がいる。であるならば、それはさておいて、戦争時における女性の権利を考える国際会議を日本が主催して全世界、とくに韓国を、なんですか招待して開催すべきだ。これ東京でやるべき（拍手）。大々的にこういうことをやる。そしたらですね、過去に、いろんなことあったかもしれないけれども、日本は積極的に女性の権利を守る、積極的な運動を行っているという、すごいすばらしい国だというイメージを作れるんではないかなあと思いますね。水掛け論ではキリがないので、まったく別の方向に行ったほうがいいと思います[7]。

シンポは産経新聞社が後援。「歴史戦」取材班主力記者の阿比留瑠比・産経新聞編集委員も登壇し、政府・外務省の姿勢についてこう述べた。

外務省が無力なのは、外交官の中に正しく歴史問題を反論できる知識と能力、意思を持った人の数が限られている。これを少しずつ変えなければならない。時間がかかるがけっこう簡単なこと。保守の政権が何年も続けば、中央省庁の官僚は計算高いから、保守派でなければ偉くなれないとなれば、みなそっちへ行く。左翼リベラル系は局長になれないと。このやり方が、迂遠ではあるが有効性がある。

歴史問題が難しいのは、一度にことをひっくり返そうとしても相手が受け付けないということですね。相手が受け入れられるラインはどこかということを考えながら、少しずつ切り崩すっていう手法も時によっては必要だと思います。安倍総理自身は、「歴史問題は匍匐《ほふく》前進で行くしかない」ということを以前、私に語ったことがあります。匍匐前進、まどろっこしいかもしれませんが、安倍政権、この三年間、匍匐前進してきましたし、またあと三年間、匍匐前進すれば、振り返ればずいぶん、ここまで来たなと言うところまで行けるんじゃないか[8]。

この後、外務省をはじめ日本政府では慰安婦問題をめぐって、国連や米国の裁判所などの場で、強制連行や性奴隷を否定したり、朝日新聞を名指しで批判したりする発言がみられることになる。

3 産経新聞社『歴史戦　朝日新聞が世界にまいた「慰安婦」の嘘を討つ』(産経新聞出版、二〇一四年)三七頁
4 同三八頁
5 同三八頁
6 同三九頁
7 動画「【歴史戦】サンフランシスコ慰安婦碑はなぜ採決されたのか？［桜H27/10/6］」(https://nico.ms/so27309713)。インターネットテレビ「日本文化チャンネル桜」の番組は、「ユーチューブ」サイト上で視聴できたが、二〇二〇年に入って動画の多くが削除された。「ニコニコ動画」サイト上には動画が残っている。
8 同

第7章　「朝日新聞を糺す国民会議」の訴訟

Ⅰ　一審・東京地裁

保守・右派の運動も、産経新聞が示した論点に沿う形で主張が展開され、朝日新聞に対する集団訴訟が相次ぐこととなった。三つの集団訴訟を、提訴された順に紹介していくことにする。

まず「朝日新聞を糺す国民会議」が呼びかけた訴訟。提訴後出版された本『朝日新聞を消せ！』に経緯がまとめられている。提訴を呼びかけた「朝日新聞を糺す国民会議」の事務局長を務める水島総《さとる》・「日本文化チャンネル桜」代表取締役社長によると、二〇一五年一月の提訴後、三月二日に締め切った原告団への参加者数は二万五七〇〇人以上。水島氏はこう述べる。

これは平成における「歴史的事件」でもある。

なぜならその本質は日本の「戦後体制」そのもの対して[1]、草莽の日本国民二万五千七百人が決起し、反旗を翻した「事件」だからだ。朝日新聞は、単なる左翼リベラルの新聞社ではない。敗戦後、占領軍のＧＨＱ（連合国最高司令官総司令部）の推進した「東京裁判史観」の最強最大の謀略宣伝機関だったのであり、この訴訟は反日プロパガンダ機関に対する、本来の「日本」から、明確な「異議申し立て」がなされたのだ。同時に、戦後体制に正面戦を挑む「日本軍」の登場であり、朝日新聞という「反日軍」との情報戦争の宣戦布告というのがその本質なのである[2]。

1　原文ママ。「に」が抜けている。
2　朝日新聞を糺す国民会議編『朝日新聞を消せ！』（ビジネス社、二〇一五年）三頁

1　国民大集会（二〇一四年一〇月）

二〇一四年一〇月二五日には東京で「『朝日新聞を糺す国民会議』結成国民大集会」が開かれ、主催者発表で一二〇〇人が参加した。集会の模様を記録した本『朝日新聞を消せ！』やインターネット上に掲載された動画から、登壇者の発言を紹介する。

まず「朝日新聞を糺す国民会議」議長として冒頭に発言し、翌二〇一五年一月提訴の訴訟でも筆頭原告となった渡部昇一・上智大学名誉教授は、以下のように発言した。

日本を絶えず国際的におとしめようとして努力してきた団体が朝日新聞であります。大きなところを挙げましても、教科書問題もそうでした。今回の問題[3]もそうです。いま日本を、歴史戦争の時代と言われていますが、中国も昔のことを持ち出して、日本を批判しようとしておりります。その基になっているのは、慰安婦問題だとか南京大虐殺だとか、根も葉もないことを

世界的に広め続けてきたのは朝日新聞です[4]。

杉田水脈《みお》・衆議院議員は朝日新聞の「二〇一四年検証記事」をめぐる記事の訂正や朝日新聞の謝罪について、こう述べた。杉田氏は当時は「次世代の党」所属だったが、その後自民党議員となる。

（朝日新聞が）謝罪すべきはですね、朝日新聞の読者ではないんです。われわれ名誉を傷つけられた、一億二千万人の国民に向かって謝罪をしていただいて、初めて謝罪があったと言えるのではないかと私は思っております[5]。

元航空自衛隊空将の佐藤守氏は、北京を訪問した際に中国政府の役人と交わした会話を紹介するなかで、在日コリアンと朝日新聞について下記のように語った。

私は朝鮮人を悪く言うわけじゃありません。公平でいるつもりです。しかし日本には「郷に入らば郷に従え」「共存共栄」という言葉があるんです。日本国に住んで、日本国内で税制から何からいい思いをしておきながら、何でチョウニチ新聞だけが日本の悪口を言うか。これが許せないんです。彼らと同期は、彼らの同期は、芸能界もスポーツ界も全部取り仕切っているじゃないですか。彼らは、われわれとともに喜んでいる。日本人も喜んでいるじゃないですか。彼らがいなければ、ＮＨＫの紅白歌合戦なんか成り立たないじゃないですか。
　でも日本人は、そんなことしませんから。キリスト教でもイスラム教でもみんな入れる。日本人独特の包容力で、彼らを抱擁しているじゃないですか。経済力だってそうですよ。ＩＴ産業といい、パチンコ産業といい、焼き肉産業といい、金貸し産業といい、日本経済の底辺を支えているのは彼らじゃありませんか。地方に行けば、ゴミ収集車はみんな彼らですよ。一緒にやっているじゃないですか。しかしなぜチョウニチ新聞だけは、そういう誹謗中傷をわが国民にするのか。嫌だったら出て行けって言うんです。
　これ以上言うとヘイトスピーチになるそうですから、言ってもここで止めますけれども、私はですね、そういう人たちのＤＮＡがどうしても騒ぐというんだったら、ハイジャックされた朝日新聞社から、そういう人たちを排除していただきたい。自浄作用ができないんだったら、外部から武力を加えてでも彼らを追い出さないといけない。「赤い、赤い、朝日は赤い」。このことをお忘れなく[6]。

「新しい歴史教科書をつくる会」の杉原誠四郎会長は、世界に慰安婦像が建っていることに触れ、こう述べた。

　慰安婦の問題で申し上げますと、今、アメリカをはじめ、世界中に日本の従軍慰安婦の像がいっぱい建っております。そういうふうに、日本の名誉が三十二年間にわたって傷つけられてきたわけですけども、これは観念的には国家転覆罪にあたると思います。そこで考えてほしいんです。この国家転覆罪の主犯は、朝日新聞に違いありません。しかし共犯者がいる。誰でしょうか。日本の外務省です。たとえ朝日新聞の捏造報道があったとしても、新しい歴史的事実が発見されるたびに、外務省が外務省の役割として正しい事実を日本の国家声明として世界に発信していたら、慰安婦像が建っておりますか？　建つはずがないんです。この慰安婦問題において、外務省は明らかに共同正犯、つまり共犯者なんですね[7]。

キューバ大使やウクライナ兼モルドバ大使を務めた元外交官の馬渕睦夫氏は戦後の占領軍の日本支配に触れ、こう述べた。

今般の朝日新聞記事捏造事件は、今日までわが国を封じ込めてきた「戦後東アジアレジーム」の終わりの始まりを象徴する事件といえます。大東亜戦争に軍事的に勝利したアメリカは、ＧＨＱ占領時代を通じて日本国民を精神的にも敗北させようと、洗脳工作を実施してきました。その有力な手段が、わが国のメディアなどの言論を検閲して日本人の思想を統制してきた、悪名高いプレスコードと呼ばれる言論検閲指針です。

公的にはプレスコードは失効しました。しかし、プレスコードの精神は生き残ったのです。その理由は、検閲指針を墨守することがわが国のメディアの既得権益となっていたからです。

このメディアの既得権益こそ、敗戦利得者の自己増殖を招来し、今日に至る巨大な利権構造をつくり上げたのでした。政治その他の権力の横暴を批判する建前のメディアが、自らの権力の源泉である既得権益の侵害は絶対に許さないという横暴を続けてきたのです。彼らの既得権益とは言うまでもなく東京裁判史観であり、既得権益の擁護とはプレスコードを遵守することであったのです。私たちがメディアの洗脳に気づかなかったことが、メディアの度を過ぎた暴走を許す結果になりました。メディアの暴走とは、日本をおとしめる報道姿勢のことです。その最たるものが、朝日新聞であり、ＮＨＫなのです[8]。

文芸評論家の小川榮太郎氏は、安倍晋三首相の名前に言及した。

私は本当に必要があれば、捨て石でＯＫなんです。ただ私の場合、命の捨てどころを決めているんです。これは安倍晋三。私は決めております。あの方を支えないと、日本における、こういう朝日との戦いそのものの土俵も終わってしまうんですね[9]。

ジャーナリストの大高未貴氏は、在米華僑の抗日連合や、慰安婦像を建てている在米韓国人に取材したときのことに触れ、こう述べた。

元は全部、朝日新聞発信の捏造、インチキ情報じゃないですか。ですからアメリカや海外で嘘ばっかり言って反日活動をやっている連中を解らせるための第一歩は、朝日新聞を追い込んで、一旦、廃刊。丸坊主にさせて、「日本人をなめると、ただじゃおかないぞ」というメッセージを発することなんです。今がいいチャンスです。がんばりましょう[10]。

朝鮮問題研究家の松木國俊氏は、「朝日新聞はまさに狂信的なカルト集団といえる」とまで断言した。

日本さえ戦争を起こさなければ、アジアは永遠に平和である。日本人が愛国心を持つくらいならむしろ、日本が滅びたほうがいい。そういうふうに朝日は思っていると、そういうふうに、ぼくは間違いないと思っております。したがって、朝日新聞はまさにカルト。狂信的なカルト集団というふうに、私は言えると思います（場内から拍手）。

そして二一世紀は、やはり弱肉強食の世の中が続くというふうに思っております。日本人が自らの国を守る気概を持って、国を愛する気持ちを持っていなければ、隣の中国からいつ日本は奪い取られてしまうかもわかりません。

このまま朝日新聞に、日本人の自信と誇りを、そして愛国心をむしり取られてしまったら、ほんとうに日本という国はつぶれてしまうのではないでしょうか。そうはさせてはいけませんね。この美しい日本を、朝日ごときにつぶされてなるものですか（場内拍手）。

今こそ私たちはお互いにみんなで一緒に力を合わせて、朝日に鉄槌を下し、そしてとどめを刺そうではありませんか（場内拍手）。一緒に朝日新聞に、の、お葬式を出してあげましょう[11]。

原告弁護団の一人、荒木田修弁護士は慰安婦の強制連行を否定し、こう述べた。

ここにいらっしゃる皆さんは、慰安婦の強制連行なんていうのはあるわけがない、ありたわけがないと固く思っていらっしゃるし、まったくその通りなんですが、これは誰も言わないから私が言います。日本人は実に順法精神に富んだ、生真面目で規律正しい民族なんですよ。法治の国です。お隣の国、さらにその隣の国とは全然違うんです[12]。

強制連行という、吉田なにがしの書いたものを読みますと、ある日突然、村だか町だかにトラックでやってきて、そこらにいる若い女性をさらってトラックに放り込んで連れていって強姦したという話なんでしょう。しかし、あの当時、半島は日本帝国の一部だったんじゃないですか。そうすると帝国憲法が施行されていたはずなんです。半島人も日本臣民だったはずなんですよ。それが証拠に、「内鮮一体」とか「一視同仁」とかいう言葉が使われていたじゃないですか。同じように扱ってきたはずなんですよ。それにもかかわらず、あんなに明白に憲法・刑法・刑事訴訟法を無視するやり方をするわけがないし、できるわけがないですよ[13]。

荒木田弁護士は、朝日新聞社に対する訴訟を起こす弁護士のなかで意見の相違が生じて、訴訟が複数起こされることも明らかにした。

しかし実は急遽、同志の弁護士が集まったところ、弁護士間に訴訟方針について意見の相違が生じました。私の考え、また水島総さんの考えは、日本の「オール保守」でやろうと思っている。ところが、「そういうやり方は左翼のやり方だ」という意見が出まして、まあ私は違うと思うんだけれども、結局、別々にやることになりました。だから、これからどの時点か分かりませんけど、訴訟が少なくとも二本起こります[14]。

台湾研究フォーラム会長の永山英樹氏は、「朝日以外のメディア攻撃」について、こう述べた。

朝日以外のメディア攻撃はやらなくていいのかという問題があるんですね。これは、やらなければなりません。しかし朝日解体運動においては、朝日攻撃に集中しなくちゃいけない。なぜかと言うと、朝日新聞は難攻不落の敵の城。まずわれわれが力を結集し、集中していきましょう。

それから朝日を攻撃するということは、痛がっているのは朝日だけじゃなくて、NHKも毎日も中日新聞もみんな痛がっているんです。それほど意義のある運動なんです。朝日解体を叫ぶことはNHKから受け取れば、NHK解体に聞こえる。反日プロパガンダに対する大きな抑止力を、朝日解体運動は発揮するわけなんです[15]。

---

3 慰安婦問題のこと。

4 集会の模様は、二〇一四年一〇月二七日の動画「【草莽崛起】「朝日新聞を糺す国民会議」結成国民大集会 Part1［桜H26/10/27］」(https://nico.ms/so24781536) などで見ることができる。集会の発言を収録した『朝日新聞を消せ！』一〇〇頁には「こうした根も葉もないことを」と書かれているが、動画を見ると渡部氏は「こうした」とは言っていない。書籍化する際に付け加えたとみられる。

5 杉田水脈氏は原告。『朝日新聞を消せ！』一〇七頁では、杉田氏の発言は「謝罪すべき相手は朝日新聞の読者ではないんです。名誉を傷つけられたのは、祖国を守るため、命を投げ出して戦った英霊の方々であり、その遺志を受け継ぐわれわれ一億二千万人の日本国民なのです。日本国全体に向かって謝罪をしていただいた時に、初めて謝罪があったと言えるのではないかと思っています」と記されている。「祖国を守るため、命を投げ出して戦った英霊の方々であり、その遺志を受け継ぐ」というくだりは、配信された動画の発言場面にはない。動画の編集作業で削除されたか、または書籍化する際に書き加えられたかのいずれかとみられる。

6 佐藤守氏は原告。『朝日新聞を消せ！』一二四〜一二五頁では、佐藤氏の発言は以下のように記されている。本に収録される際に編集されたものとみられる。

〈私は朝鮮人を悪く言うわけじゃありません。公平でいるつもりです。しかし日本には、「郷に入れば郷に従え」「共存共栄」という言葉があるんです。日本国に住んで、日本国内で税制から何からいい思いをしておきながら、何で日本の悪口を言うのか。これが許せないんです。彼らの同朋は、芸能界もスポーツ界もほとんど取り仕切っているじゃないですか。彼らがいなければ、NHKの紅白歌合戦なんか成り立たないじゃないですか。

経済力だってそうですよ。IT産業といい、パチンコ産業といい、焼き肉産業といい、金貸し産業といい、日本経済のかなりの部分を支えているのは彼らであり、日本人と一緒にやっているじゃないですか。しかしなぜそれでいて、日本国民を誹謗中傷するのか。嫌だったら国に帰ったらって言うんです。

そういう朝鮮人のDNAがどうしても騒ぐというんだったら、ハイジャックされた朝日新聞社の木村社長は、そういう人たちを排除していただきたい。自浄作用がないんだったら、外部から実力ででも彼らを追い出さないといけない。「赤い、赤い、朝日は

赤い」。このことをお忘れなく〉

元自衛隊幹部の佐藤氏は、動画では「武力を加えてでも」と発言しているが、本では「実力ででも」と書き換えられている。動画では「チョウニチ新聞」という言葉を少なくとも二回使っているが、本では削除された。「日本経済の底辺」「ゴミ収集車」「嫌だったら出て行け」「ヘイトスピーチになる」といった生々しい表現も、本では書き換えられたり、削除されたりしている。「ヘイトスピーチになる」ことを懸念したのだろうか。

7 杉原誠四郎氏は原告。『朝日新聞を消せ！』一二八〜一二九頁

なおこの『朝日新聞を消せ！』の表紙は、朝日か夕日の光に赤々と染まった海の写真に、本の題名が書かれ、その下に小さな赤い字で「アカイ　アカイ　アサヒ　アサヒ」と、戦時中の国民学校の国語読本で使われた冒頭の言葉が書かれている。

8 馬渕睦夫氏は原告。同一三二〜一三三頁。動画に収録された馬渕氏の発言には、当該部分はない。動画編集の際に削除されたとみられる。

9 小川榮太郎氏は原告。発言は同一四〇頁からの引用。小川氏以降の発言は、以下の動画（二〇一四年一〇月二八日動画「【草莽崛起】「朝日新聞を糺す国民会議」結成国民大集会 Part2［桜H26/10/28］」〈https://nico.ms/so24787641〉）で見ることができるが、小川氏の発言のうち、今回引用した箇所はこの動画にはない。編集の際に削除されたとみられる。

10 大高未貴氏は原告。同一四四頁

11 松木國俊氏は原告。同一四八〜一四九頁。ただし松木氏の発言は本に収録された際、動画で紹介された部分の発言がかなり加筆修正されたものとみられる。『朝日新聞を消せ！』一九三頁に収録された訴状では、松木氏の名前は「松本國俊」と誤記されている。

12 同一五五頁

13 同一五五〜一五六頁の荒木田氏の発言には、「そうすると帝国憲法が施行されていたはずなんです」の一文の後に「帝国憲法は世界に冠たる近代憲法で、日本臣民は居住・移転の自由が認められ、また法律によらずして逮捕・監禁されることはなかったんです」と書かれているが、動画にはない。この箇所は動画配信前の編集で削除されたか、本にする際に加筆されたとみられる。

14 同一五七頁。動画に今回の引用部分はない。

15 永山英樹氏は原告。同一六九頁

2　提訴（二〇一五年一月）

「朝日新聞を糺す国民会議」が呼びかけ、翌二〇一五年一月二六日、第一の集団訴訟が東京地裁に提訴された。朝日新聞社を相手取り、一人一万円の慰謝料や謝罪広告を求めた。

以下、訴状[16]の内容を紹介する。

原告らは「加害行為」と題する項目で、朝日新聞について下記のように述べた。

朝日新聞は、戦後、一貫して、社会主義幻想に取りつかれ、反日自虐のイデオロギーに骨絡みとなり、日本の新聞であるにもかかわらず、祖国を呪詛し、明治維新以来の日本近代史において、日本の独立と近代化のために涙ぐましい努力をしてきた先人を辱めることに躊躇することはない。旧軍の将兵を辱めるときは、ことさらそうである。実際のところ、明治の建軍以来、日本の軍隊は、国際法を遵守し、世界で最も軍律が厳しく道義が高かったにもかかわらずである。客観報道・事実の報道をするわけではなく、国論の分かれる問題については、「報道」ではなく「キャンペーン」を張るのが常であった。朝日新聞は、これまで、クオリティーペーパー（高級紙）、社会の木鐸などというもおこがましく、国家・国民を誤導してきたものである[17]。

さらに、朝日新聞の記事のうち、吉田清治氏の証言にかかわる報道一二本と、植村隆氏が元慰安婦の証言について伝えた記事一本の計一三本を列挙[18]。訴状の末尾にはこの一三本の記事本文を「朝日新聞虚報目録」と題して添付した[19]。

これらの記事について訴状は「赤面するか憤るか、驚倒すべきことに、有り体にいうと、これが全部嘘なのである[20]」と主張。一本目から一二本目までについては「素性も定かではない故吉田清治なる詐話師の言動に基づくもので、同人の証言（以下「吉田証言」という）は全くの作り話、嘘言であった[21]」と断定。さらに植村氏の記事について「女子挺身隊の名で戦場に連行された従軍慰安婦ということはあり得ず、これまた完全な虚報である[22]」とした。

両者を合わせて、「加害者側の吉田証言報道と被害者側の植村報道が出そろうことにより、『慰安婦強制連行』の虚構の構図が完成した[23]」とまとめた。

訴状は、「慰安婦問題の本質」について、以下のように論じた。

つまり、日本の官憲による強制連行の有無こそ慰安婦問題の本質なのである。なぜなら、日本の官憲による強制連行がないのであれば、それは、古今東西の売春問題一般に帰着し、ことさら「従軍慰安婦」あるいは「性奴隷」などのおどろおどろしい名称を附して問題にする根拠を失うからである。

しかるところ、いわゆる「従軍慰安婦」については、今日に至るまで、日本の官憲が強制連行したという検証された一片の証拠もあがっていない。官憲による強制連行の事実がないのであるから、当然ながら今後も証拠が出てくることはない。永遠にない[24]。

そのうえで、

したがって、別紙朝日新聞虚報目録記載の記事が朝日新聞の自認により虚報であることが明らかになった時点で、「慰安婦問題は終わった」のである。強制連行はなくとも「強制性」があっただの「女性の人権問題」であるなどというのは、問題のすりかえ以外の何ものでもない[25]。

と述べた。さらに、朝日新聞記事の国際的影響について主張を展開した。

朝日新聞の本件一連の虚報は、多くの海外メディアにより転電され、「日本軍に組織的に強制連行された慰安婦」というねじ曲げられた歴史を国際社会に広汎に拡散させ、戦後七〇年を経た現在も、わが国がことさら激しい故なき非難を浴びる原因になっている[26]。

そして一九九六年の国連クマラスワミ報告や一九九八年の国連マクドゥーガル報告、二〇〇七年の米下院決議、世界各地の慰安婦像建立に触れ、こう述べる。

日本の旧軍将兵たちは、アジア各地で多くの女性を強制連行し、性奴隷として野蛮な集団強姦をした犯罪者集団であるとの汚名を着せられたのである。

そして、旧軍将兵らはもとより、原告らを含む誇りある日本国民は、その集団強姦犯人の子孫との濡れ衣を着せられ、筆舌に尽くし難い屈辱を受けている。原告らを含む日本国民は、本件一連の虚報以来、朝日新聞の加害行為を現在進行形で受けている。

最後に、断言したい。「朝日新聞の本件一連の虚報なかりせば、今日の事態は絶対にあり得なかった」と[27]。

原告の損害について訴状は、以下のように述べた。

朝日新聞の本件一連の虚報により、日本国及び日本国民の国際的評価は著しく低価し、原告らを含む日本国民の国民的人格権・名誉権は著しく毀損せしめられた[28]。

朝日新聞社に対し、以下の謝罪広告を掲載するよう求めた。まず吉田清治氏の証言報道については以下の文案を提示した。

吉田清治の証言は、東京裁判においても、日韓基本条約締結に際しても何ら問題にされていなかったにもかかわらず、当社は、この吉田証言を具体的で詳細であるという点だけに依拠して、客観的な裏付けをとることなく朝日新聞紙上に発表しました[29]。

一九九二年一月一一日朝日新聞朝刊「慰安所　軍関与示す資料」の見出しの記事については、以下の文案を提示した。

昭和一三年三月四日付陸軍省から派遣軍あて通牒を「これこそ国の機関である軍が慰安婦募集に関与した証拠である」として、当社紙面一面トップに大きく取り上げたところ、証拠であるどころか、それとは逆に、日本軍が、「募集において悪徳女衒などが誘拐に類する方法をとることがあるので、憲兵と警察は（悪徳売春業者を）取り締まれ」という内容であって、悪徳業者が「強制連行」しないよう軍が関与したことを証するものでありました[30]。

そのうえで、

「日本軍が、素人の娘たちを強制連行し、戦場に送り込み、無償で日本兵士たちの慰めものにした」という虚構が、全世界に広まってしまうこととなったのは、偏に、当社が一六回にわたり、吉田清治の証言を繰り返し真実であるとして報道し続けてきたからでありました。

当社が報道し続けた吉田清治の虚偽証言が、国連クマラスワミ報告　平成八年（一九九六年）、国連マクドゥーガル報告書　平成一〇年（一九九八年）において日本軍による慰安婦の強制連行（日本軍による朝鮮人二〇万人以上の性奴隷化）の論拠とされたのであります[31]。

と述べ、日本軍の慰安婦について伝えた一九九六年の国連クマラスワミ報告書や九八年の国連マクドゥーガル報告書について、「当社が報道し続けた吉田清治の虚偽証言が論拠」と主張した。

さらに原告側は、謝罪広告で「スマラン事件」に言及するよう求める文案を示した。

当社は、吉田証言を裏付ける証拠として、インドシナ[32]における日本軍兵士によるオランダ人婦女子への強制売春をとりあげましたが、このスマラン事件（白馬事件）は軍紀違反として、慰安所は軍の命令で閉鎖されたのであり、これは、むしろ、「『国家・軍の命令』によって強制連行したわけではない」という事実を証明するものであります[33]。

ここに出てくる「スマラン事件」とは、ジャワ島スマランで戦時中、日本軍が「敵国人」として抑留していたオランダ人女性を連行し慰安所を開いた事件である。訴状の謝罪広告文案にある「インドシナ」は誤りで、正確には「旧オランダ領東インド（現インドネシア）」で起きた事件だった。

原告が指摘した通り、事件を知った軍司令部の命令により慰安所は二カ月で閉鎖されている。ただし、慰安所開設にかかわった将校らは日本軍内部では処罰されず、事件当時少将だった部隊の責任者は、終戦までに中将に昇進している[34]。戦後にオランダがジャワ島のバタビア（現ジャカルタ）で開いたBC級戦犯裁判で、この中将をはじめとする将兵や業者らが、死刑や禁錮刑などを宣告されている。戦犯裁判の判決文で以下のように認定されている。

被告は一九四四年二月二六日頃か、同年同月のある日、スマラン市内カナリラーンにある建物において三五人程の女性たちを慰安所として設備された四カ所の建物に輸送することを命じた。（中略）

二月二九日、ないしは同年同月のある日の午後、（中略）女性ら五人に対して、もしそのクラブを訪れる不特定多数の日本兵との自発的な性交を拒否し続けるならば彼女達は殺されるか、あるいは彼女達の親族が報復を受けるであろうと脅迫して売春を強制した[35]。

訴状に戻る。原告は訴状の謝罪広告文案で、以下のように謝罪するよう求めている。

当社は、昭和五七年（一九八二年）から三二年も経過した昨年に至り、ようやく、吉田清治氏の証言は虚偽であることを確認しました。また、朝鮮半島において、日本国軍及び日本国政府が、軍ないし政府の方針として、暴力を用いて朝鮮人の女性を慰安婦にしたという事実はなく、慰安婦は民間業者が集めた売春婦であったことを確認いたしました。

これらの事実に反した報道により、日本国及び日本国民の名誉を毀損したことを深く謝罪するものであります。また、大韓民国国民と日本国国民の間の円滑な関係に障害を生じさせたことについてここに深くお詫び申し上げます[36]。

原告のうち主要な人物の名は、訴状の冒頭にリストが記された。以下は訴状に記された名前と肩書の抜粋である。

渡部昇一（上智大学名誉教授＝のちに死去）、小川榮太郎（文芸評論家）、小田村四郎（元拓殖大学総長）、加瀬英明（外交評論家）、小堀桂一郎（東京大学名誉教授）、杉原誠四郎（新しい歴史教科書をつくる会会長）、すぎやまこういち（作曲家）、田母神俊雄（元航空幕僚長）、西尾幹二（評論家）、藤岡信勝（拓殖大学客員教授）、馬渕睦夫（元駐ウクライナ兼モルドバ大使）、水島総（株式会社日本文化チャンネル桜代表・頑張れ日本！全国行動委員会幹事長）、目良《めら》浩一（元南カリフォルニア大学教授）、山本優美子（「なでしこアクション」代表）[37]。

現職国会議員の長尾敬・衆議院議員のほか、杉田水脈、中山成彬、西村眞悟各氏らが「前衆議院議員」として名を連ねた。その後杉田、中山両氏は衆院選で当選して国会に復帰。一審原告は当初は八七四九人。追加提訴も含め、判決時には計二万五七二二人になった。

原告弁護団長は二〇一五年一〇月に「新しい歴史教科書をつくる会」会長に就任した高池勝彦弁護士。慰安婦問題をめぐっては、桜内文城・元日本維新の会衆院議員の発言で名誉を傷つけられたとして吉見義明・中央大学教授が提訴した訴訟の被告・桜内氏側の代理人や、植村隆・元朝日新聞記者による名誉毀損訴訟での被告・櫻井よしこ氏代理人を務めた。

高池氏は旧日本軍の将校が一九三七年の南京攻略戦の最中に「百人斬り競争」をしたとする新聞報道や書籍をめぐり、将校の遺族が「虚偽の事実を書かれて名誉を傷つけられた」として、朝日、毎日両新聞社などを相手取り訴えた訴訟で、稲田朋美弁護士（のちに防衛相）とともに原告代理人を務めた。二〇〇六年一二月、最高裁で原告側敗訴が確定している。日本の台湾統治を検証したＮＨＫ番組によって名誉を傷つけられたとして、出演した台湾人と日本の視聴者ら約一万人がＮＨＫを相手取り提訴した訴訟の原告代理人でもある。

---

16 二〇一五年一月二六日提訴「朝日新聞を糺す国民会議」の東京地裁への「訴状」（原告・渡部昇一外　被告・朝日新聞社　平成二七年（ワ）第一八三七号、東京地裁民事第四四部合議一Ａ係）（http://www.asahi-tadasukai.jp/sojyo.pdf）、『朝日新聞を消せ！』一九二～二〇七頁
17 訴状六～七頁、『朝日新聞を消せ！』一九四頁
18 訴状七～八頁、『朝日新聞を消せ！』一九四頁
19 訴状一二～三〇頁、『朝日新聞を消せ！』一九七～二〇六頁
20 訴状八頁、『朝日新聞を消せ！』一九四頁
21 訴状八頁、『朝日新聞を消せ！』一九五頁
22 訴状八頁、『朝日新聞を消せ！』一九五頁
23 訴状八頁、『朝日新聞を消せ！』一九五頁
24 訴状八～九頁、『朝日新聞を消せ！』一九五頁
25 訴状九頁、『朝日新聞を消せ！』一九五頁
26 訴状九頁、『朝日新聞を消せ！』一九五頁
27 訴状一〇頁、『朝日新聞を消せ！』一九五～一九六頁
28 訴状一〇頁、『朝日新聞を消せ！』一九六頁。なお、訴状の原本も、『朝日新聞を消せ！』に収録された「訴状全文」でも、この箇所は「低価」と表記されている。正しくは「低下」。
29 訴状三〇頁、『朝日新聞を消せ！』二〇七頁
30 訴状三〇頁、『朝日新聞を消せ！』二〇七頁

31 訴状三〇～三一頁、『朝日新聞を消せ！』二〇七頁
32 原文ママ
33 訴状三一頁、『朝日新聞を消せ！』二〇七頁
34 外山操編『陸海軍将官人事総覧（陸軍篇）』（芙蓉書房、一九八一年）三一六頁、福川秀樹編著『日本陸海軍人名辞典』（芙蓉書房出版、一九九九年）三七五頁
35 「オランダ女性慰安婦強制事件に関するバタビア臨時軍法会議判決」四六頁、一九九四年
36 訴状三一頁、『朝日新聞を消せ！』二〇七頁
37 訴状三～六頁、『朝日新聞を消せ！』一九二～一九三頁

3 記者会見（二〇一五年一～二月）

一月二六日、東京地裁への提訴後、記者会見が司法記者クラブで開かれた。筆頭原告の渡部昇一氏はこう語った。

たとえば最初の検討会議みたいなの、記事を出したころの社長さんがですね、アメリカのほうぼうの街で、従軍慰安婦と称するものの銅像が建てられた市に行きましてですね、その市長さんにお会いして、あるいはその議員でもかまいません。「あなたがここにこういう像を建てられたのは、おそらくコリア系市民の動きによるものでありましょうけれども、その人たちはすべて私の新聞のインチキ記事によるものでございますから、ぜひ、恥ずかしいことでご

ざいましょう、ございますので、どうぞ取り外しください」と各都市を回ってもらいたかった。また外交筋を通して、アメリカの議会でも特別になんか証言の機会を与えてもらって、「いま問題になってます、いわゆる従軍慰安婦の問題は、すべて私の新聞の誤報、虚報、捏造によるものです」ということを言ってもらいたかった[38]。

渡部氏は質問に答える形で、こうも述べた。

こんなことは今言ったって実行もされるわけもないんですし、することを要求するわけでもありませんが、私はやはり国連の人権問題のところに行って、朝日の社長が腹をかっぱさいてですね[39]、「すべての日本人がこうむった恥は、私の新聞のインチキ記事によるものです」と言ったらね、そりゃまあ一気に晴れると思いますが、まあそこまでは要求しませんけどね、それくらいの恥をそもそも感じないということがね（と言いながら机をたたく）、いちばん恐ろしいですよ。そして、感じない人が、あまりにも多いんじゃないですか、という印象を受けますね。

明治のころにこんなことが起こったら、どんなだっただろうと。まあ、起こらなかったと思いますけどね[40]。

同じく原告の小堀桂一郎・東京大学名誉教授もこう言葉を継いだ。

とにかく朝日新聞が、日本の国家と国民の名誉を、虚報によって深く傷つけたということは確かです。それを償ってもらうにはどうしたらいいか。私は話は簡単で、「これこれのわが社の報道はすべて誤りであった」ということを、はっきり大きな広告でも出していただければ、もうそれで話は解決に向かうと思うのです[41]。

本来ならば私ども、いわば言論の力で朝日新聞に対して、そのような申し入れをして、その大きな、つまり世界に向けての朝日の虚報を告白する報道に踏み切ってもらいたかったのですけれども、それはどうも無理のようでありますから、せめてこのような訴訟の形でもって朝日に「あなた方の出した虚報で日本国民はこれだけ傷ついている」という訴訟に勝てれば、私どもの言い分であります「朝日の虚報が日本の恥の原因になった」という主張には根拠が得られると思います。そこで私も及ばずながら、原告の一人に加わっているわけでございます[42]。

提訴後の二月二三日、東京・有楽町の日本外国特派員協会[43]で原告の水島総氏と加瀬英明氏が記者会見した。

加瀬氏は冒頭、記者会見の英語の案内文に「歴史家の主流の見方では、慰安婦は強制されたものとするのが歴史的通説」とあることに、私は自分が「main stream」だと思っています。「women forced into brothels」が「main stream historical facts」だとは、私はとうてい思いません。これは大きな間違いだと思います[44]。

と反論。さらに、

私の紹介の中で、「revisionist」（歴史修正主義者）と書かれているが、みなさん戦後の日本の歴史はご存知だと思いますけれども、日本がアメリカによって占領されて、アメリカによって「revised history」が押しつけられている。私は決して修正主義者だとは思っていません[45]。

と主張した。水島氏も、

この二万三千人の原告団はいわゆるライトウイングとかそういう人たちではありません。ごく普通の日本国民であり市民であります。かく言う私も別に右翼でもありませんし、歴史修正主義者でもありません。コンサバティブな人間といえばそれは肯定します。今回の朝日新聞の訴訟は歴史修正主義というイデオロギーや理念で語ってもらいたくない。私たちが求めているのは歴史の真実でありまして、いわゆる従軍慰安婦問題。戦場に慰安婦、売春婦がいるのは今でもそうですが、当時、強制的に朝鮮人女性が慰安婦にさせられたかが問題だったと思います[46]。

と持論を展開し、

私たちは歴史を修正するのではなく、歴史の事実の正しいことを世界中にアピールしたい。朝日新聞はまったく逆の、日本の国民と国を貶める、辱めるウソ報道をした。私たちは国民として許すことができない。何も言えない先祖のみなさんに代わって、朝日新聞のウソ報道を世界中にもアピールさせなければならない。朝日は読者に謝罪するだけではなく、世界中の新聞やテレビに「私たちはウソをつきました、ウソ報道をしました」と謝罪・訂正させなければならない、というのが今回の裁判のメーンの目的であります[47]。

とも強調した。外国人記者が、

私の理解では、朝日新聞の報道のほうが国際社会でポジティブ（肯定的）に受け入れられている。「朝日新聞の報道が日本の評判を貶めた」というみなさんのメッセージのほうが、国際社会がネガティブ（否定的）に受けとめているが、それはなぜだと思うか[48]。

と質問すると、これに対し加瀬氏は、

国際社会とか、抽象的な言葉を使っていただきたくないと思います。ここに来ているアメリカ、ヨーロッパの記者の方も、日本についてまったく無知で不勉強です[49]。

と主張した。水島氏も、

朝日新聞は戦後、ＧＨＱ、占領軍司令部の意図のもとに動き出したのが現在まで続いていると私たちはみております。日本人は残虐で野蛮で、武器を持たせれば何をするかわからない、女性に対しては強制連行、拉致をして性奴隷にしてしまう。こういった報道を、朝日新聞はしてきました[50]。

と強調。

日本人は野蛮でも残酷でもない。女性を不当に扱っているわけでもない。むしろ日本の女性は大変強い女性であり、男のほうが逆に言うことを聞いている。職場とかに働きに出ている女性は少ないかもしれないが、実際の日本人の家庭をコントロールしているのはむしろ奥様である。女性である。そういった独特の文化を持っている国であります[51]。

と言葉をついだ。さらに、

私は「南京の真実」という、南京大虐殺はフィクションであるという映画を作りました。日本の歴史のなかで何十万人も殺すような、カルタゴのような例は日本の歴史上ありません。戦争のなかでお互いの殺し合いはあっても、住民を大虐殺するような文化も伝統も日本人にはありません。南京大虐殺は完全に中国のプロパガンダです。東京裁判で持ち出されたものでございますが、歴史の例として、日本人には敵も味方も全員殺すような虐殺の習慣はないということを言っておきたい[52]。

と述べ、南京事件を否定した。

加瀬氏や水島氏の発言に対しては、支持者とみられる日本人の出席者から笑いや拍手が出る一方、外国人記者らの中には不快な表情を見せ、「聞いていられない」とばかりに耳をふさいだり、手を振ったりする格好をしながら退席する人もいた。

加瀬氏は記者会見の後半、提訴の目的についてこう述べた。

私がこの集団訴訟に加わってその一員になった理由を申し上げますと、朝日新聞はこれまで有害で「poisonous」な報道をたくさん行ってきました。

慰安婦報道もそうですが、私たちが集団訴訟を行うことによって朝日新聞はこういった報道を行うときには、これから注意するだろう。非常に臆病になるだろう。教訓を与えるためにも集団訴訟が成功することを願ってその一員となっています[53]。

38 会見は二〇一五年一月二七日の動画「【史上最大の集団訴訟】ついに始まった！朝日新聞集団訴訟記者会見［桜H27/1/27］」（https://nico.ms/so25437582）で配信されている。会見が収録された本『朝日新聞を消せ！』七八～七九頁では、渡部氏の発言は以下のように書かれている。
〈たとえば現在、アメリカの各地にいわゆる従軍慰安婦の銅像や碑が建てられている事実があるのですが、朝日の社長がそこの市長などに会って、「あなたがここにこういう像を建てられたのは、恐らくコリア系市民の働きかけによるものでしょうけれども、それはすべて私の新聞のインチキ記事によって勘違いをした人々ですから、恥ずかしいことでもありますので、どうぞ撤去してください」と言って回ればよかったんです。また外交筋を通して、アメリカの議会でも特別に証言の機会を与えてもらって、「いわゆる従軍慰安婦の問題は、すべて私の新聞の誤報、虚報、捏造によるものです」ということを言えばよかったんです〉

39 『朝日新聞を消せ！』九七頁では「腹を切って」と表記されている。

40 同九六～九七頁

41 同八〇頁

42 「本来なら」で始まる発言部分は、『朝日新聞を消せ！』八〇～八一頁では「本来ならば朝日新聞は、広く国際社会に向けて、自らの虚報を告白する報道に踏み切るべきなのですが、それはどうもやる氣がないようですから」と記されている。

43 東京都千代田区有楽町にあった日本外国特派員協会（The Foreign Correspondents' Club of Japan）は二〇一八年一〇月、東京都千代田区丸の内に移転した。

44 動画「Press Conference: Hideaki Kase & Satoru Mizushima "The National Citizens Council for Investigating the Asahi Shimbun"」、動画「2015/02/23 日本外国特派員協会主催 加瀬英明氏・水島総氏記者会見」、動画「【生中継】「朝日新聞を糺（ただ）す国民会議」の加瀬・代表呼びかけ人と水島事務局長が記者会見」

45 同

46 同

47 同
48 同
49 同
50 同
51 同
52 同
53 同

4 被告答弁書（二〇一五年九月）

被告の朝日新聞社は九月二四日付で東京地裁に答弁書を提出した。挺身隊と慰安婦の混同について、以下のように説明した。

韓国においては、日本の植民地支配下の「慰安婦」を指す言葉として「挺身隊」が使われており、慰安婦問題を扱う団体も「韓国挺身隊問題対策協議会」の名称を使用していたことや、当時は慰安婦問題について研究が進んでいなかったことから、「女子挺身隊の名で」と記載したものである。これについては、被告は、慰安婦と挺身隊の混同があったことなどから、「『女子挺身隊』の名で戦場に連行され」の部分を訂正した[54]

原告側が訴状で「慰安婦の強制連行はなかった」と主張したことに対し、被告・朝日新聞社は答弁書で以下のように反論した。

被告が誤りを認め取り消したのは、前記の「吉田強制連行証言」に関する記事である。これによって朝鮮人慰安婦の募集や慰安所における将兵への性的な奉仕について強制の要素がなかったことになる訳ではなく、また、日本軍が駐留していた各地の慰安所の開設や運営について日本政府や日本軍の関与がなかったことになる訳でもない。

すなわち、韓国の多くの元慰安婦たちが、戦場で軍隊のために自由を奪われて性行為を強いられ、暴力や爆撃におびえ、性病、不妊などの後遺症に苦しんだことを証言している（乙一・二〇一四年八月五日付朝日新聞朝刊一六面記事、乙三・二〇一四年八月二八日朝日新聞朝刊三面記事）。

また、日本政府の内閣官房長官談話（乙六・河野談話）は、「慰安所は、当時の軍当局の要請により設営されたものであり、慰安所の設置、管理及び慰安婦の移送については、旧日本軍が直接あるいは間接にこれに関与した。慰安婦の募集については、軍の要請を受けた業者が主としてこれに当たったが、その場合も、甘言、強圧による等、本人たちの意思に反して集められた事例が数多くあり、更に官憲等が直接これに加担したことも明らかになった。また、慰安所における生活は、強制的な状況の下での痛ましいものであった。」「当時の朝鮮半島は我が国の統治下にあり、その募集、移送、管理等も、甘言、強圧による等、総じて本人たちの意思に反して行われた。」などとしている。

東京高等裁判所平成一二年一一月三〇日判決（判例時報一七四一号四〇頁）及び同平成一五年七月二二日判決（判例時報一八四三号三二頁）も、従軍慰安婦の募集、輸送、慰安所の設置・運営・管理・維持について、旧日本軍の関与があったことを認定している。

さらに、最近の歴史学者の調査によって、慰安所は軍が設置した軍の施設であったことが、多数の公文書によって実証されている（乙七・二〇一五年七月二日付朝日新聞朝刊一七面記事）[55]。

さらに訴状での原告の主張について、以下の通り反論した。

・本件記事が多くの海外メディアに転電された事実はない[56]。
・原告らはクマラスワミ報告、マクドゥーガル報告、米下院決議一二一号が本件記事によるものだとは主張はしていないが、念のため述べると、これらの報告及び決議は被告の記事に依拠したものではない[57]。
・原告らが集団強姦犯人の子孫との濡れ衣を着せられた事実はない。また、朝日新聞の記事によってそのようにさせられたという事実もない[58]。
・本件記事によって原告らの人格権・名誉権が毀損されたと言えない[59]。
・本件記事掲載が原告らの人格権や名誉権を侵害するものでないことは明らかである[60]。

原告は訴状で以下のように主張していた。

朝日新聞は、同紙の「読者ら」にお詫びするばかりで、国際社会における日本国の尊厳と原告らを含む日本国民の名誉・信用を回復するために国際社会に向けて何らの真摯な努力をしようともしない[61]。

原告側が「国際社会に何らの真摯な努力をしようともしない」と主張したことに対し、朝日新聞社は以下のように反論した。

被告は、二〇一四年八月五日付朝日新聞朝刊一六面記事（乙一）及び一七面記事（乙二）を英訳して、これを朝日新聞デジタルに掲載し（http://www.asahi.com/topics/ianfuministry/wokangaeru/en/）、「朝日新聞による慰安婦報道を検証する第三者委員会」の報告書に関する二〇一四年一二月二三日付朝日新聞朝刊一面記事及び同面掲載の被告の渡辺雅隆社長の談話記事（乙四）についても、これを英訳し、朝日新聞デジタルに掲載した。

http://www.asahi.com/english/articles/AJ201412220088.html

http://www.asahi.com/english/articles/AJ201412220092.html[62]

さらに、同第三者委員会の報告書についてもその要約版を英訳し、朝日新聞のコーポレートサイトに掲載し、そのことを朝日新聞の紙面で告知した（乙九）。また、第三者委員会報告書の要約版の英訳文を、国連本部、同広報センター、米国議会、在日米国大使館、韓国大使館、グレンデール市などに送付した[63]。

朝日新聞社は答弁書で、「被告の主張」として以下のように述べた。

原告らの本訴請求は、本件記事が原告ら各自の社会的評価を低下させるものでなければ請求は成り立たないところ、本件記事によって原告ら各自の社会的評価が低下したとはいえず、原告らの請求は失当である。

すなわち、原告らが、原告らの名誉を毀損する誤報であるとしているのは、吉田清治の慰安婦強制連行証言等を紹介した朝日新聞の記事（記事①〜⑫）、及び慰安婦が女子挺身隊の名で戦場に連行されたとの朝日新聞の記事（記事⑬）であるところ、朝日新聞の本件記事は、原告らが慰安婦を強制連行したとしたものでは全くない。したがって、原告ら指摘の本件記事が原告らの社会的評価を低下させ原告らの名誉を毀損したとはいえない。

また、原告らは、本件記事が日本国民の名誉を毀損したと主張するが、本件記事が、慰安婦を強制連行したとの吉田の証言を紹介したものであり、あるいは慰安婦が女子挺身隊員の名で動員されたかの印象を与えるものであるとしても、今から七〇年以上も前の戦時下の事実についての報道であり、これによって現在の日本国民一般の社会的評価が低下するとはいえないし、いわんや原告ら個々の社会的評価が低下するとは到底いえない[64]。

54 二〇一五年九月二四日付被告・朝日新聞社「答弁書」（原告・渡部昇一外　被告・朝日新聞社　東京地裁平成二七年（ワ）第一八三七号）三頁、被告乙二号証・二〇一四年八月五日朝日新聞朝刊一七頁
55 朝日新聞社「答弁書」三～四頁
56 同四頁
57 同四～五頁
58 同五頁
59 同五頁
60 同六頁
61 「朝日新聞を糺す国民会議」の「訴状」一〇頁
62 これらのURLはその後変更され、「english」の部分を「ajw」に置きかえることで、それぞれ接続可能となっている。
63 朝日新聞社「答弁書」五～六頁
64 同六～七頁

5　第一回弁論（二〇一五年一〇月）

第一回口頭弁論は二〇一五年一〇月一四日に開かれた。東京地裁の一〇三号大法廷で開かれたが、傍聴券の行列には二〇〇人を超える希望者が並び、抽選は二倍以上の倍率となった。

弁論後の報告集会は西新橋の貸し会議室で開かれた。筆頭原告を務めた渡部昇一氏は集会で持論

を展開した。

強制連行、そんなものはあるわけないんですよ。日本軍人でありますから、徴兵は軍人だけです。徴用も男だけです。それから人間が足りなくなると学徒勤労動員といわれたんです。男の学生は同じ中学生でも勤労動員っていうんですよ。同じことをする女学生は勤労動員っていわれないんです。挺身隊という。それは日本の男の考えで、ものすごくシャープに分けているんですよ。強制連行で女を連れ出すなんていう発想はないんですよ[65]。

原告の一人として法廷で意見陳述した英語学者の山岸勝榮・明海大学名誉教授は、弁論後の報告集会で「これは懺悔です」と発言した。

私は若かったので、二〇代でしたし、ついつい調子に乗って朝日新聞の記事をまともに受けて、教えてきました。

そのときにやはり南京大虐殺というのはあったんだという前提で教えました。それから当然ご存じの方多いと思うんですけれども、入試にはですね、朝日、天声人語が多く出されるんです。英語もその英語版が出されるんですね。

過去五〇年間。でも最後の三年か四年はですね、「チャンネル桜」、水島社長のおかげで私は、この年になって初めて、私より若い人から覚醒させていただきました。ほんとうにチャンネル桜がなかったら、私はこのままうそをつき続けた人生を送ったろうと思うんですね。

これは懺悔です。ほんとうに懺悔です。このまま死んでも死にきれないんですね。私はぜひ原告に加えさせていただきたいということで、これで何らかの形で少しだけでも気が楽になって、あとどのくらい生きられるか知りませんけれども、生きている限りはやっぱり行脚を続けてですね、学生たち——おそらく数万人教えたと思います——に対するお詫びをしたいと思っています。と同時に、お詫びだけではなくて、何らかの形で形に残しておきたいと思ってですね、辞書の実害とそれから私という一人の人間が、本多勝一、それから植村隆が書いたことを信じたばかりに、学生たち、いくら法政大学が左翼で受けがいいと言っても、それに乖った私のバカさ加減ですね。ほんとこの年になって、恥ずかしく思います。

しかし人間は、死ぬときぐらいは少しぐらい身ぎれいにして死にたいなと思っています。私の余生は、反省の余生にしたいなと思っていますので、どうかみなさん、わからないところが多いんですけれども、ぜひお導きいただいてですね、私のこの罪科を軽くしていただければ幸いです[66]。

原告弁護団の荒木田修弁護士も発言した。

朝日新聞を倒そうと思ってやりはじめているんですけど、ああいう金持ちどうやって倒せばいいんですかね。私たちは、まあいずれにせよちょっと終わりにしなきゃいけない。あの、この裁判に対する私のスタンスなんですけれども、これはこないだの日米戦争と同じなんですよ。追い込まれた日本は、やむなく開戦せざるを得なかったでしょう。追い込められて。これもそうですよ。だからどなたかが、何が何でも勝たなきゃいけないし。勝つべきであるといっている。その通りではあるんですが、勝つか負けるかよりも何よりも、これ放置できないから。訴えを起こしてがんばるしかないじゃないですか（参加者が拍手）。で、私どもは内心ひそかに期待していることは、この裁判の係属中にまた何かやらかしてくれないかなと思っている。という願望を持っています[67]。

荒木田氏は筆者の存在に気づいたらしく、「朝日新聞ですよね。朝日新聞の人がここにいるんですよね。ちょっと言いたいことがいいにくいんだな[68]」とも語った。このグループの訴訟の集会では後日、筆者が朝日の記者として名指しされて発言を促されることになる。ただ、この日はまだ名指しされることはなかったので、筆者はとくに手を挙げたり立ったりせず、取材を続けた。

朝鮮問題研究家という松木國俊氏は朝日新聞を「悪魔」と呼んだ。

今日の意見書で、朝日新聞は常に歴史上、日本を貶める、間違った方向へ国を導いていく、といったことがありました。確かにそうです。いま、安保法制ですね。これは若者を戦場に送るな、あるいは戦争法案だと言っています。これは実は、何も知らない、頭の中の真っ白な一般の人を洗脳する、非常に怖い悪魔のささやきなんですよね。これは情緒に訴えているんです。朝日新聞は常に、理論ではなくって情緒に訴える。安保法制だって、これは情緒に訴えて感情に訴える。これは国は滅びるんですよ。ナチスドイツだってそうでした。国民が理性を失って国民が情緒に走って国民が感情に走ったときには、滅びてしまう。いま朝日新聞は、本当にですね、日本を滅ぼそうとして、悪魔のささやきをささやいているんですよ。こんな悪魔に美しい日本が滅ぼされてなるものですか。私たちの子どもや孫のために断固、朝日新聞に日本がつぶされる前に、日本が朝日新聞をつぶしましょう[69]。

65 動画「【朝日追撃】2万5千人集団訴訟、第一回口頭弁論と報告集会［桜H27/10/15］」(https://nico.ms/so27376031)
66 同
67 同
68 同
69 同

6　第二回弁論（二〇一五年一二月）

一二月一七日の第二回口頭弁論では、傍聴希望者は一〇〇人を超える程度で、抽選の倍率も一倍

に立ち、

原告らは本来被告[70]の不法行為により傷つけられた日本国と日本国民の名誉回復を求めて本件訴訟を提起したものであり、この意味で本件訴訟は原告らの已むに已まれぬ愛国心の発露である[71]。

を少し超える程度となった。

原告側は、オーストラリア在住日本人らが意見陳述した。また花見忠・上智大学名誉教授が法廷

と述べた。自身が西ドイツに留学していた当時の経験として、ベルリンの五輪競技場で、三段跳びで優勝した日本選手の銅板を見たとき「不覚にも涙を流し、真に遅まきながら初めて愛国心らしきものを自覚した[72]」と述べたうえで「愛国心が法益として守られるべきことをご理解頂きたい[73]」と主張した。

花見氏は言論界や「国民の教育」に対する朝日新聞の「影響力は強大[74]」などと述べたうえで、「朝日新聞の虚偽報道の世界的インパクト」として、朝日新聞ではなく、二〇一五年一一〜一二月のジャパンタイムズの記事を三本あげて、

英文の提携紙であるThe Japan Timesがわが国の英字新聞の中では、最も評価の高いquality paperとされているところから、これを通じて朝日新聞の誤報・捏造報道が在日外国人のみな

らず世界中の読者に拡散されることになっている[75]。

と述べた。

ジャパンタイムズ社は過去に朝日新聞社と提携関係にあったことはあるが、花見氏が記事をあげた二〇一五年当時、記事を配信・共有する関係にはなかった。朝日新聞にも英語版があるのに、朝日と直接関係ないジャパンタイムズの記事を花見氏が紹介したのはなぜなのか。また朝日新聞記事がどのようにジャパンタイムズ記事に影響したのか、といった点について、記事内容に即した具体的な説明はなかった。

原告側はさらに準備書面や書証を提出。準備書面とは、相手方の主張に対する反論や自分たちの主張を述べた書面のことだ。「朝日新聞の英語版記事についての立証や、海外の日本人が受けた嫌がらせ」などについて立証活動を続ける意欲を示した。

70　朝日新聞社のこと。
71　二〇一五年一二月一七日付原告・花見忠「陳述書」一頁（原告・渡部昇一外　被告・朝日新聞社　東京地裁平成二七年（ワ）第一八三七号、甲第一〇号証の一）
72　同二頁
73　同二頁
74　同四頁
75　同四頁

7　準備書面（二〇一六年一月）

原告側が一一月九日付で提出した「第一準備書面」に対し、被告・朝日新聞社側は一月二五日付で反論の「準備書面（一）」を提出した。

原告側は「第一準備書面」で、朝日新聞の記事取り消し・訂正が遅れなければ一九九六年の国連クマラスワミ報告が採択されることはなかったなどと主張し、以下のように述べた。

　仮に、朝日新聞が、上記時点[76]で上記虚報を取り消し及び訂正していれば、その後の国内外における吉田証言の慰安婦狩りを真実であるとする報道や挺身隊と慰安婦の混同に基づく強制連行の報道は抑制されたはずであり、慰安婦問題を巡る日本の立場に対する国際社会の事実誤認の決定的なきっかけとなった「クマラスワミ報告」が国連人権委員会で採択されることはなかったのである[77]。

これに対し、被告・朝日新聞社側は以下のように反論した。

　被告の、朝鮮半島において女性を慰安婦として強制連行したとの吉田の発言に関する報道及び挺身隊と慰安婦を混同したとされる報道によって、クマラスワミ報告書が国連人権委員会で採択されたとはいえない。クマラスワミ報告書（甲三）は、多数の被害者等の証言や資料に基づくものであり、吉田証言はその一つに過ぎないが、同報告書は吉田証言については吉田清治の著書「私の戦争犯罪　朝鮮人強制連行」を根拠としており、朝日新聞記事を根拠としているものではない（甲三・七〜九頁）[78]。

原告はさらに、朝日新聞の訂正や取り消しが行われていれば、一九九八年の国連マクドゥーガル報告書の提出や、慰安婦問題をめぐる二〇〇七年の米下院決議、また近年の慰安婦碑・像が設置されることもなかった、と主張した。

せめて、朝日新聞の平成九年三月三一日付検証記事で、平成二六年検証記事においてなされた程度の取り消しないし訂正が行われていれば（もっとも、同検証記事も不十分なものではある）、クマラスワミ報告を引き継いだ平成一〇年の国連マクドゥーガル報告書が国連委員会に提出されることも、平成一九年に米下院決議一二一号が可決されることも、世界各地で慰安婦の碑や慰安婦像が設置されることもなかったはずである[79]。

朝日新聞社側は以下のように反論した。

マクドゥーガル報告が国連委員会へ提出されたこと、米下院決議一二一号が可決されたこと及び慰安婦の碑や像が設置されたことは、被告の報道によるものとはいえない。

米下院決議一二一号については、二〇〇六年・二〇〇七年の米下院決議案の説明資料を作成したラリー・ニクシュ氏、二〇〇六年に米下院国際関係委員会の上級スタッフであったデニス・ハルピン氏（以下「ハルピン氏」という）、二〇〇六年・二〇〇七年の決議案作成に関与した米国の研究機関アジア・ポリシー・ポイント代表のミンディ・コトラー氏（以下「コトラー氏」という）、議員のアドバイザー役を務めたマイク・モチヅキ教授（ジョージ・ワシントン大学）の四名は、連名で、二〇一四年九月二五日に「Joint Response to Mainichi article on Congress and the Comfort Women Resolution」（議会と慰安婦決議に関する毎日新聞への共同見解）との声明文（乙一一の一・声明文、乙一一の二・訳文）を発表し、吉田証言やそれを報じた朝日新聞の記事については、米下院一二一号決議案の検討段階から、決議案を作成し、擁護するまでの過程において何らの要素にもならなかったとしている。そして、ニクシュ氏は、上記二〇一四年一〇月一一日付毎日新聞記事（乙一〇）のインタビューにおいて、「吉田証言が慰安婦問題の国際世論に影響を与えた決定的な要素だったという主張はほとんど正当化されない」と述べ、コトラー氏は「吉田証言は全く参考にしていない。」と述べ、ハルピン氏も「吉田証言や朝日報道が審議に影響したことは全くない」と述べている[80]。

ラリー・ニクシュ氏やマイク・モチヅキ氏ら米議会の専門スタッフ経験者らが声明文を出したのは、毎日新聞の記事に対する抗議のためだった。

毎日新聞は米国でニクシュ氏らに取材し、朝日新聞の木村伊量社長が記者会見する当日の二〇一四年九月一一日朝刊に「国際社会に誤解広める」との見出しで記事を掲載。そのなかで、二〇〇七年の米議会決議をめぐって、「この決議案の議員説明用の資料にも途中段階で吉田氏の著書が出てくる[81]」と書いた。

ニクシュ氏ら四人はこれに対し、九月二五日に連名で毎日新聞に対する抗議声明を発表した。概要は以下の通り。

（毎日新聞九月一一日付の記事を見て）私たちはみな驚愕した。

私たちは記者に対して、吉田証言やこれに関する朝日の報道が今回の決議案の検討や下書きの際に考慮した要素ではないことを明快に述べていたからだ。

私たちは、議会による調査が一つの疑わしい証言だけを基礎とすることはないということを強調した。

毎日の記者は、ニクシュ博士が二〇〇六年に書いたメモに注目していた。このメモの中では議員らの質問に答えるため、吉田証言について触れた部分があったからだ。しかし実際にこのメモを要求した議員はいない。

ニクシュ博士は二〇〇七年段階のメモでは、信憑性が薄い吉田証言についての言及部分を削除し、政府が関与した慰安婦制度の存在を裏付ける多くの文書を加えている。毎日の記者にも二〇〇七年段階のメモを渡している。

私たちは毎日の限定的な報道に失望している。毎日新聞は「朝日新聞が報じた吉田証言が慰安婦問題に対するすべての理解の基礎になっている」という日本の歴史修正主義者や安倍政権の考え方を論駁すべく、すべての事実や証拠を検証すべきだ。

毎日新聞には、ニクシュ博士が二〇〇七年に発表した報告など、我々のインタビューや調査をより良く反映させた続報を出すよう期待する[82]。

この抗議に対応する形で、毎日新聞は二〇一四年一〇月一一日、ニクシュ氏のインタビュー記事を掲載した。

――下院外交委員会は〇六年九月にも同様の決議案を可決したものの、本会議に上程されず廃案になりました。委員会可決前の〇六年四月にあなたが作成した議員用メモは吉田氏に言及しています。その時点で虚偽との認識はなかったのですか。

◆あのメモは九三年二月の雑誌に掲載されたジョージ・ヒックス氏（豪ジャーナリスト）の記事から引用した。当時、経験豊富な研究者が吉田証言に疑問を持っていることを私は知らなかった。メモは約一カ月と短い期間で作成したが、それでも疑問が示されていることを見つけ出すべきだった。知っていたら引用しなかった。

――証言への問い合わせはありましたか。

◆議会調査局に議員の事務所から照会は一件もなかった。〇七年四月に出した改訂版のメモでは吉田氏の本の記述を削除した。吉田証言に疑問を持ったか、より信頼できる証拠を発見したからだ。〇六年メモでは一ページにも満たなかった慰安婦の証拠に関する章が、〇七年メモでは六ページになった[83]。

米議会スタッフ経験者らと毎日新聞の一連のやりとりは、米ニューヨーク・タイムズ紙の元東京支局長、マーティン・ファクラー氏も以下のように書いている。

毎日新聞の記者はワシントンで四人の元スタッフに取材した。

記者は彼らに「朝日新聞報道と吉田清治氏の証言は、謝罪要求決議案の根拠になったのか」と尋ねた。記者は彼らから、朝日新聞がどんなに悪い新聞か裏づけるコメントを引き出したかったのだろう。

ところが四人の元スタッフは口を揃えて「いや、謝罪要求決議案と朝日新聞はまったく関係ない」「そもそも私たちは朝日新聞を読んでいない」「吉田清治という人の存在は、朝日新聞の記事取り消しが話題になった一四年八月までほとんど知らなかった」という趣旨のことを答えた。

マイク・ホンダ議員が提出した謝罪要求決議案には、「朝日新聞の報道も『吉田証言』もまるで関係ない。影響はゼロだ」とスタッフたちは言った。決議案の根拠になったのは朝日新聞でも「吉田証言」でもなく、一〇〇人以上の元慰安婦による証言だった。

にもかかわらず、毎日新聞は取材とはまったく正反対の記事を書いた。取材を受けた彼らは

「これは完全にウソだ」と怒った。決議の草案を作った四人の元スタッフは、毎日新聞に対する長文の抗議声明を発表した[84]。

法廷上の論争に戻る。準備書面で原告側は、新聞などマスメディアには誤報を早期に訂正する義務があり、この義務を果たさない場合は国民の知る権利を侵害する、と主張した。

新聞等マス・メディアが誤った報道をした場合、できる限り早期に誤りを訂正する法的義務が生じるというべきであり、これを果たさない場合には、国民の知る権利を侵害するものとして違法であるというべきである[85]。

これに対し朝日新聞社は、国民に対し訂正する法的義務があるとはいえないと主張した。

「国民の知る権利」が主張されることがあるが、これは国民が国政について知る自由を妨げられないという、主権者としての権利を指すものである。また、報道機関はこの「国民の知る権利」に奉仕するものであると指摘されることがあるが、これは報道機関の機能について述べるもので、報道機関に対し国民に情報を提供する法的義務があるとするものでは全くない。したがって、報道機関が誤った報道をした場合に、国民に対し訂正する法的義務があるとはいえない[86]。

76 一九九三年一月時点のこと。
77 二〇一五年一一月九日付原告「第一準備書面」（原告・渡部昇一外　被告・朝日新聞社　平成二七年（ワ）第一八三七号）八頁
78 二〇一六年一月二五日付被告・朝日新聞社「準備書面（一）」（原告・渡部昇一外　被告・朝日新聞社　平成二七年（ワ）第一八三七号、第八一九五号）三頁
79 原告「第一準備書面」六頁
80 被告「準備書面（一）」三～四頁
81 二〇一四年九月一一日毎日新聞朝刊七頁「朝日『慰安婦報道・点検』をめぐって：吉田清治証言　国際社会に誤解広める　国連報告などが引用、朝日は影響に触れず」
82 "Scholars adamant that Yoshida memoirs had no influence in US -Joint Response to Mainichi article on Congress and the Comfort Women Resolution" (http://newasiapolicypoint.blogspot.com/2014/10/scholars-adamant-that-yoshida-memoirs.html)
83 二〇一四年一〇月一一日毎日新聞朝刊八頁「慰安婦問題――米国内はどう受け止めたか　東アジア専門家　ラリー・ニクシュ氏『吉田証言のウソ』歴史修正主義者が利用」
84 マーティン・ファクラー『安倍政権にひれ伏す日本のメディア』（双葉社、二〇一六年）八一～八二頁
85 原告「第一準備書面」九頁
86 被告「準備書面（一）」五～六頁

8　結審（二〇一六年三月）

二〇一六年三月一七日の第三回口頭弁論は、東京地裁一階の一〇三号大法廷への傍聴希望者が約九〇席の傍聴席数を下回り、抽選なしで全員に傍聴券が交付された。

弁論は、最初は淡々と始まった。原告と被告双方が提出した準備書面を「陳述」した。陳述とは法廷で書面の内容を口頭で述べたことにする、という意味の裁判用語。実際は原告・被告双方の代理人の弁護士が、あらかじめ提出していた書類について、裁判長に促されて「陳述します」と発言するだけのことが多く、法廷で書面を朗々と読み上げる場面はそう多くない。原告弁護団長の高池勝彦弁護士が、二月二九日付で提出した「第三準備書面」の要旨を述べた。原告側が今後さらに主張や証拠を出すことを確認したうえで、東京地裁の脇博人裁判長が「進行について合議しますので、しばらくお待ち下さい」と述べ、三人の裁判官がいったん退席。二分後に法廷に戻ってきて、

> 裁判所としては弁論を終結したい。判決期日は追って指定したい。七月中の判決を見込んでいます[87]。

と述べた。

まだ原告側が立証を終えていないと主張する状況で結審するとの訴訟指揮に、原告側は反発。高池氏は「裁判長の忌避を申し立てます」と述べた。尾崎幸廣弁護士が立ち上がって、「進行協議や次回口頭弁論の期日も決めたじゃないですか」と詰問した。これに対し裁判長は「それも検討して、結果を申し上げた。それでは終結しますね」と言って結審を告げ、法廷を後にした。

傍聴席はどよめき、「逃げるな」「インチキだ」「ばかやろう」「むちゃくちゃだ」「司法は死んだ」「裁判所なんかなくなれ」「ふざけるな」「左寄りが蔓延している」「まともなものじゃない」な

どとヤジが飛んだ。

結審後、弁護士会館で開かれた集会でも不満の声が噴出した。荒木田修弁護士は吉見義明　中央大学教授が桜内文城・元衆議院議員を相手取り提訴した名誉毀損訴訟について言及したうえで、こう言って怒った。

私どもは朝日新聞の悪行を余さず主張・立証しようと思っていたんですが、それをさせないっていうことですね。形式論理としては、法律論として我々の主張は立たないということなんでしょうけれども、裁判所の役割って実は、そうなんだからしょうがないじゃないかとも言えるんだけれども、二万五千人の、朝日新聞に対する怒りのマグマを理解していないなと、私は思うんですよ。これじゃ収まらないでしょう。だから、言うだけ言わせ、立証させるだけさせてきたはずなんですよ、今までのこういう集団訴訟では。そうであれば、NHKのときもそうでしたけども、言うだけ言わせて、立証するだけ立証を尽くさせたから、どういう結果になっても一応しょうがないかとあるいは喜んだり悔しがったりするんですけれども、この裁判部ではフラストレーションがたまるばかりじゃないですか。言っていないんだから全部は[88]。

87　筆者の取材による。この箇所に限らず、脚注で出典が示されていないものは原則として、筆者の直接取材か、活字や録音・動画などの確かな記録で確認できたところから引用している。

88　動画「【戦後レジーム発動】朝日新聞2万5千人集団訴訟・第三回口頭弁論報告会［桜H28/3/18］」(https://nico.ms/so28444963)

9　判決（二〇一六年七月）

原告側の忌避申し立てや五月一八日付の弁論再開申し立てはいずれも却下され、判決は二〇一六年七月二八日に言い渡された[89]。脇博人裁判長は原告らの請求をいずれも棄却した。

報道・論評の客体は、当時の旧日本軍ひいては大日本帝国ないし日本政府であり、原告らを始めとする特定の個々人を対象にしたものではない[90]。

として、「原告らの名誉が毀損されたということはできない[91]」と判示した。

原告らの「国民的人格権や名誉権を侵害された」との主張について判決は、

旧日本軍の行為について誤った内容の報道がされたことにより大日本帝国又は日本政府に対する批判的評価が生じることがあるとしても、このような個々人に保障される人格権等を侵害すると解することには飛躍があり、上記のような報道をもって当該国家に属する国民の憲法一三条で保障される人格権等を侵害するものと解することはできないというべきである[92]。

と否定した。

さらに、朝日新聞が「真実を報道する義務に違反した」「訂正義務を怠り国民の知る権利を侵害

した」との主張について判決は、

国民は、表現の自由（憲法二一条）が保障されている社会の下では、特定の媒体からの情報のみならず様々な媒体からも情報を取得することができ、特定の媒体の報道の真実性については他の媒体からの情報をも踏まえて判断することができるのであり、また報道機関自体が憲法上表現の自由の保障を受けるべき者であることに照らすと、報道機関に対して真実を報道するという作為を求める権利を当然に有するとか、報道機関が一般的に国民に対して誤った情報を訂正して真実を知らせる義務を当然に負っていると解することはできない。

そうすると、被告が報道機関であるという一事をもって、原告らとの個別の関係性を問うことなく、原告らを始めとする日本国民一般に対し、原告らの被告に対する真実を報道する作為を求める権利を認める法的根拠は見出し難く、被告が事実に反する報道をすることそれ自体により直ちに不法行為責任を負うと解することはできない。また、被告が本件各記事を掲載した後これを訂正しなかったからといって、原告らが被告以外のマスメディアから情報を取得することを妨害したとはいえないから、原告らの情報収集の自由が害されたと認めることもできない。

したがって、被告の不法行為により原告ら個々人の知る権利が侵害されたということはできない[93]

と退けた。
判決言い渡しの間、法廷では傍聴人らから「ナンセンス」「不当判決」「税金泥棒」「売国奴」などとヤジが飛んだ。
判決後の集会で、高池弁護団長は控訴の意向を示したうえで、控訴人を絞り込むと述べた。

二万五千人も控訴するわけにはいかないんですよね。いかないっていうのは、カネの面ですね。ですから控訴する人を選別してですね、やりたいと思っています。カネの面というのは要するに、日本はですね、訴額によって印紙代というのがかかるんですね。今回どのくらいかかったかというと、第一次訴訟は一人一万円請求したんですよ。一万円請求したんだけど、一万何千人だからね。一億何千万円請求したことになるわけ。そうすると印紙代が三二万円。第二次訴訟は、やはり二億円くらい請求していますから、五十数万円なんですよ。控訴はね、その倍になります。だから、全員控訴するとなると二〇〇万円くらいかかっちゃう。印紙を貼るだけで。ですからそこは、中身は同じですから、選別してやりたい[94]。

原告の委任状集めについても「控訴は今日から二週間以内なんです。二週間以内に二万五千人の委任状を集めるというのもまた。二万五千人の委任状というとすごいんですよ。ミカン箱三〇箱分くらいだろうね。一人一枚ですよ。A４で一枚なのに、三〇箱分くらいになっちゃうんですよ。それを集めるのは不可能なんで、そういう事情もあります[95]」と説明。

集会参加者から、朝日新聞社を訴えた別の訴訟についての質問が出ると、高池氏は取材中の筆者に向かい「原告は何人でしたっけ」と尋ねてきた。筆者は一瞬、ぎくりとしたが、努めて平静を装い、「二五〇〇人です」と答えた。

尾崎幸廣弁護士は判決を以下のように批判した。

旧帝国軍及び旧日本政府、これが被害者であるかもしれないけれども、個々の原告のみなさん、渡部昇一先生は被害者じゃないと。こういう理屈なんですね。要するにひとごとと思っておるわけですよ。われわれの父親や祖父がいくら批判されても、そんなのはあなた自身に対する批判じゃないですからいいじゃないですかと。

こういう考えが戦後日本の大きな問題だと思うし、スペインやポルトガルがあいう大国から、ヨーロッパの二流国に転落したのはまさにそれなんですよ。スペインやポルトガルのほうがずっと人種差別は少なかったんです。南米で。アングロサクソンは北米でほとんど原住民を全滅させた。それにもかかわらずスペイン、ポルトガルはね、ラス・カサス（スペインによる南米インディオの征服を告発した司祭）みたいな人が「スペインはひどいことをやってインディオをいじめた」と、こんな本を書いた。それに対してスペインは何ら反撃せず、多少の反撃はしたんですよ。徹底的な反撃をしなかった。で、ヨーロッパの貧乏国に成り下がってしまった。

我々はね、微力とはいえども、我々の父親、祖父がね、バカにされ軽蔑され、さんざん濡れ衣を着せられた。これに対して我々が反撃しなければどうしようもないわけで、まさにその気持ちが裁判官にはまったくないんですよ。しょせんひとごとだと。ほんとに憤りに感じていますね。

そして、あの裁判所のいちばん悪いところは、個別立証をしましょうということで二回も期日を決めて、はっきり決定をしたんです。ところがその決定が、まるでないことにして、その決定の手続きの調書というのがあるんですがね、それも白紙になっているわけですよ。裁判の記録をごまかしているんですよ。そこまでして、どうしてこういう。こんな判決だったら最初から決まっているんですから。すぐ判決ができるはずにもかかわらずね、六回、六回も準備手続きをやってね、我々に期待を持たせて、この判決。

本当に何ともかんともどうしようもないなと。日教組の教育の六〇年間の毒が、この裁判官に、この裁判官だけじゃないですけどね。われわれの年代、そういう人が多いですよ。しかし、このままでは引き下がれないっていう気持ちですね[96]。

山口達視弁護士はこう語った。

日本国民の名誉を国内でと海外でと、両方で名誉を回復するというための訴訟だったわけですね。この裁判やらないかと声をかけられたときに、裁判にどうなじむのか、権利の構成が非常に難しいなと思いましたけれども、国民運動の一環として参加する意義はあるだろうと思ったんですね。というのは、ひところ朝日新聞が誤報を訂正したとき、その直後には不買運動があちこちで持ち上がりましたよね。やはり新聞社っていちばんこわいのは部数がどんどん減っていくことだと思うんですね。そうじゃないと真剣に反省しませんよ。朝日の体質はまったく変わってない。だから何としても朝日の体質を変えるという国民運動が私は主戦場だと思っているんですね。裁判はその補助として、きっかけになればいいなという程度にしか、私は考えていなかったんですよ[97]。

原告の一人、藤岡信勝・拓殖大学客員教授はこう述べた。

個人と国家を切り離してその一体性を分断するということが大前提であり、判決によってそれをさらに既成事実化するというね。つまり個々人は国とは関係ない。国が非難されているだけで、あるいは旧軍が批判されているだけ、という論旨だったと思うんですね。それは確かにテーマによっては行為主体として政府と国民を分けるということはあるんですけど、これは日本人がまさに体質として民族的に強姦魔なんだと非難されているわけですから。それはなにも軍が非難されているんじゃなくて、われわれの血のつながった肉親や祖先が非難されているわけですよ。そこのところを完全にごまかしている判決だと思うんですね。そこのところの不当性というものを、私たちはこれから声を大にして、突いていくべきであろうと思います。いくら法的に、裁判所が何回判決を下しても、我々としては、一人ひとりの個人、国民は国の一部なんであって、それを共有しているんだと。そういう観点で議論していくべきじゃないかということを改めて思いました[98]。

ジャーナリストの水間政憲氏も発言。

きょうの判決は、うそを報道する自由を日本の裁判所が与えたということになると思うんですね。それが一番の問題だと思います。裁判官に最後、わーっとなったときに、みんな嫌な顔をしていましたけど、自分は実は陪審員を経験しているんですね。あの一階の法廷で陪審員をやったことがあるんです。けっこう若い裁判官は公平だと思うんですね。ところが真ん中にいた裁判長、あの人の世代はかなり左巻きになっていると思うんです[99]。

評論家で「日本世論の会」会長の三輪和雄氏は、法廷でのヤジは自分の発言だったと明かし、「バカ裁判官」「世間知らず」という言葉を使った。

私、終わったと同時に「不当判決」とか「税金泥棒」とか言いましたけれども、願わくば、原告の方とか傍聴の方もどんどんやじっていただきたい。今さら退廷とかへったくれもないわけです。そうした本当に（と語気を強める）国民が怒っているんだということを知らせないと、ああいう世間知らずの裁判官っていうのは分かんないんですよ。

ご存じのように裁判官って本当に世間知らずなんです。これは左翼的な立場で書かれていましたけれども、産経新聞の「法服の王国」という裁判官の実態を書いた小説があって、あれはイデオロギーは別にして、克明に裁判官のことを書いているんですが、まず世間を知らないんですよ。あるいは皆さん方とカラオケとかに行ったら、いつ裁く立場になるかわからないから、極力世間とは接触を持ちたくないと。実際に忙しいこともあって、ほんとうに世間知らないんですね。

裁判官というのはやたら地方に転勤するんですが、たとえば仙台に行っても河北新報なんていうのは取らないで、朝日新聞。熊本に行っても熊本日日新聞は取らないで朝日新聞。何を言いたいかというと、世間知らずが要するに朝日新聞をもって唯一世間とつながっているんですよ。あのバカ面した裁判官なんかにとってね、朝日新聞というのはもうバイブルなんですよ。その朝日新聞を批判する魑魅魍魎は許さないということが一つあるんですね。

それからあのバカ男が言った、あれが何がおかしいかといって、原告適格性がないみたいな話なんです。たとえば阪神タイガースのことを悪く言って、ファンが怒ったとすれば、それは確かにそうかもしれない。アイドルのことを批判してファンクラブが怒れば、因果関係は一段置くでしょう。しかし国民と国家というのは一体なんですよ。だからあのバカ裁判官も、もし韓国にひれ伏すようなことになったら、オレはこういう判決を下したといっても許されないんですよ。やつも土下座しなくちゃいけない。

そういう、愛国心とかいう以前に、国民意識がないんですね。これはあの裁判官に象徴されていますけれども、日本全体、日教組がやろうとしたことは左翼教育じゃなくて、朝日新聞がやろうとしたことは、国民意識を取り払うことなんですよ。しかし世界各国でね、国のために死のうというやつはそういなくても、少なくともアメリカ人でもフランス人でも国民意識はあるんですよ。だから国のマイナスは自分のマイナスなんですね。国のマイナスというのは歴史を含めてですよ。ところが日本ではああいうバカ裁判官を生んでしまう。あれはまさに戦後教育の申し子ですよ。ふつうの人だったら社会でもまれて、少しはましになるんだけど、裁判官という世間知らずだとああいうことになってしまう。ですからあの男は戦後バカ男のサンプルみたいなやつです[100]。

八月一〇日付で原告のうち五七人が控訴。一審段階から筆頭原告だった渡部昇一氏が控訴後の二〇一七年四月に亡くなり、控訴審判決時の控訴人は五六人となった。

---

89 判決に対する解説として、松井修視「虚偽の新聞記事の掲載等に対し、『国民的人格権・名誉権』及び『知る権利』が侵害されたとして、謝罪広告と損害賠償を求めた事例」（二〇一七年一月二〇日「TKCローライブラリー 新・判例解説Watch◆憲法No.120」、https://lex.lawlibrary.jp/commentary/pdf/z18817009-00-011201445_tkc.pdf）、板倉陽一郎「フェイクニュースへの法規制は劇薬か　根絶されるべき問題だが、立法議論の先行は現実的ではない」（二〇一七年一〇月四日「WEBRONZA」〈現・論座〉、https://webronza.asahi.com/politics/articles/2017100100005.html）などがある。

90 二〇一六年七月二八日言渡　脇博人裁判長、齋藤岳彦、大橋勇也裁判官「判決」（東京地裁民事第四四部　平成二七年（ワ）第一八三七号、同八一九五号）一二頁

91 同一三頁

92 同一三頁
93 同一五頁
94 動画「【Front Japan 桜】「朝日新聞2万5千人集団訴訟」判決～報告会／慰安婦財団、10億円拠出へ?／ネットでGO、リアルでGO！［桜H28/7/29］」(https://nico.ms/so29340639)
95 同
96 同
97 同
98 同
99 同。水間政憲氏は原告。水間氏はここで「陪審員」と述べたが、日本に現在、陪審員制度はない。刑事裁判の「裁判員」を言い間違えたのかもしれない。
100 同。三輪和雄氏は原告。

Ⅱ　控訴審・東京高裁

1　控訴理由書と答弁書（二〇一六年九～一二月）

原告側は二〇一六年九月二〇日付で控訴理由書を東京高裁に提出。被告・朝日新聞社側は二〇一六年一二月二日付で答弁書を提出し、反論した。

原告側は控訴審で「英文での不法行為」についての主張を展開した。

日韓合意を受けて、朝日新聞英語版は、平成二八年一月に入ってから二月八日までに慰安婦関連で一四本の記事を書いている。下記のとおり、ほとんどすべての記事（一二本）に強制売春の説明が判で押したように繰り返されている。それに相当する日本語版記事には一切そのような説明はない。朝日新聞は、朝鮮半島では詐欺的な業者の使用によって女性を集められたので強制連行はなかったが、広義の強制性があったことは否定できないと論点をすり替えているが、英語で補足説明もしないままにForced to provide sexという表現を常用することにより、強制連行があったという印象を現在も海外でばらまき続けている。朝日新聞のこのような行為が、海外における反日活動を増長し、海外在住の邦人に多大なストレスを生じ続けている。在外邦人は、身の危険を感じながら反日活動と闘っている。このような在外邦人の被害と相当因果関係にある[101]。

これに対し朝日新聞社側は以下のように反論した。

記事中にある「forced to provide sex」という表現が、強制連行があったという印象を与えることはない。日本政府と国民が協力して設立した「女性のためのアジア平和国民基金」（アジア女性基金）は「慰安婦」について、「forced to provide sexual services to officers and soldiers.」（将兵に性的な奉仕を強いられた）としており（乙一七の一、二「デジタル記念館慰安婦問題とアジア女性基金」）、上記英文記事の「forced to provide sex」との表記が適切であることは明らかである[102]。

101　二〇一六年九月二〇日付控訴人（原告）「控訴理由書」（控訴人・渡部昇一外五六名　被控訴人・朝日新聞社　平成二八年（ワネ）第一七八四号　東京高裁第二四民事部）八〜九頁

102　二〇一六年一二月二日付被控訴人（被告）「答弁書」（控訴人・渡部昇一外五六名　被控訴人・朝日新聞社　平成二八年（ネ）第四六一六号）八頁

2　第一回弁論（二〇一七年二月）

訴訟を呼びかけた「朝日新聞を糺す国民会議」は、法廷の期日があるたび、街宣車を東京地裁・高裁の門前に止め、街宣活動やビラ配りを行ってきた。控訴審の第一回口頭弁論が二〇一七年二月二一日に東京高裁であった際は、水島総事務局長がこう演説した。

私たちは朝日新聞に対して不買運動、そして二万五千人の裁判史上最大の原告団を結成して、ただいま裁判をたたかっております。本日は高等裁判所の第一回口頭弁論でございます。二人の方が証言台に立ちます。そして意見陳述をなさいます。

二万五千人という、それも単に署名活動をしたわけではありません。裁判における原告になるという、原告になって立つ。こういったことがどれだけ重いことか。その強い意志と、日本をよくしたい、嘘報道を許したくない、まともなメディアを日本に育てたい、反日のメディアを滅ぼしたい、このごく当たり前の普通の思いを持った国民が二万五千人以上、決意をもってたちあがりました[103]。

筆者は法廷や集会に毎回のように足を運んできたため、原告や支援者に顔を覚えられるようになっていた。継続的に取材している記者がきわめて少ないこともあって、裁判所門前で取材していると、支援者らから「どちらの記者さんですか」と声をかけられた。「朝日新聞です」と答えると「朝日のウソ報道についてどう思いますか」と聞かれた。

筆者はその問いには直接答えず、朝日新聞を非難する趣旨で支援者らが裁判所前で配布しているチラシについて、こんな指摘をした。「最近はチラシが更新されていないようですね。きょう配ったチラシにも、提訴前から同じ文面のものがある。新しくしたらどうですか」。相手が「朝日新聞が変わらないし、通る人は日々変わるので、チラシを新しくする必要はないんです」と答えたので、「私のように何度も受け取り、詳細に拝読している者もおります。ぜひ最新の情勢を踏まえて新しいチラシを作られるようにお伝えください」と伝えた。

その人は数カ月後、裁判の支援者らが毎週火曜日に朝日新聞本社前で行っている抗議行動の際、通りかかった私を見つけ、「新しくしましたよ」と言ってチラシの改訂版をくれた。

口頭弁論は東京高裁一〇一号法廷で開かれた。原告（高裁では控訴人）である元衆議院議員の杉田水脈氏[104]が意見陳述。杉田氏は、二〇一六年二月に外務省の杉山晋輔審議官（のちに事務次官、駐米大使）が「朝日報道が国際的に影響を与えた」と発言したことを紹介し「朝日新聞に責任があるのは明白です」と陳述した。

また国連や欧米などで、慰安婦問題についての主張を続ける「なでしこアクション」の山本優美子代表も原告として法廷に立ち「朝日新聞の虚偽報道が長年訂正されなかった影響で、『残虐な日本軍、悲惨な慰安婦』のイメージが拡散しました」と意見を述べた。

原告代理人の荒木田修弁護士はこう述べた。

私は、昭和二〇年代後半、小学校の高学年のころから新聞を読み始めました。朝日新聞です。以来、今日に至るまで、実に、約六〇年間朝日新聞を読んできました。（中略）しかし、大学に入り、新聞各紙は、それぞれ意見・論調が違うことを知り、ほかの新聞も読むようになりました（中略）。

朝日新聞は、ひたすら、日本の過去の暗黒を報道します。特に旧日本軍の悪業と聞くや、裏付けもとらず、検証もしないまま、すぐ、これに飛びつき、嘘の報道をしてきました。本訴のテーマ「従軍慰安婦強制連行＝性奴隷」報道は、その最たるものです[105]。

弁論後の原告側報告会が虎ノ門の貸し会議室で開かれ、荒木田氏はこう語った。

私の朝日新聞に対する不信と憎悪は強固なものがあります。だから話していると代理人なのか本人なのかわからなくなるんです。本当は代理人なんです。彼女たちのような原告、控訴人のために仕事するのが仕事なんですけども。いまや代理人じゃなく本人なんですよ。

私たちの究極の目的は、日本国民に対して仇なすあの新聞社を絶え間なく攻撃し続けて、あそこを廃刊に追い込むまで、あらゆる方法をとりたい（場内から拍手）。もちろん裁判は勝ちたいですけれども、判決を書くのは私たちじゃなくて裁判所ですから。でも波状的に継続的に、倦まずたゆまずあの新聞社をターゲットにして攻撃し続けましょう。

西尾幹二先生という哲学者というか学者さんがいらっしゃいますね。「先生、実は私、朝日新聞を今でも読んでいるんですよ」と言ったら、顔をしかめて、まるで朝日新聞を汚物であるかのような。でも読まないと批判できないしなあと。だけどもお金払って読むのはさすがに、あの犯行を自供[106]した一昨年の夏ですか。以後はお金出すのも嫌だって、いまは読んでますけど、一日遅れで、取っている人から、毎日一日遅れで読んでいるんですよ。

言葉巧みに言い逃れ、すりかえ。あの人たちは頭がいいんです。学校の成績的に頭がいい人たちなんですね。文章は上手だし騙されちゃうんだよね。でもよく考えるとおかしい。私たちの経験と直感は、「ここで言っていることは嘘だ」とわかるんですけどね、本当に巧みです。驚くほどに。全部ウソと言っていいですよ。天気予報とテレビ番組の欄ぐらいで。

私ね、高校生のときだったんですよね。安保条約反対でね。アメリカと安全保障条約を結ぶと日本は戦争に巻き込まれると言いつのったんですよ。何十年たった。巻き込まれてないじゃないですか。嘘ばっかり。

最近では特定秘密保護法。これが通ると日本は真っ暗闇になるというんだ。何も変わってないじゃないですか。日本が軍事独裁国家になるだとか嘘ですよ。そんなことあり得ない。そういうのは私たちの直感で分かるでしょう。常識で。でも言いつのるんです[107]。

山本優美子氏は集会では「今日は朝日新聞の関係者もいらしている」と述べた。会場でパソコンを開き、パチパチとキーボードの音を立てて発言内容を打ち込んでいた筆者に、参加者の視線が集まった。

集会終了後、参加者から筆者に「朝日の記者ですか。きょうの集会を見てどう思いますか」などと質問が相次いだ。筆者は「いろんな声を聞いて勉強しなければと思っています」と答えた。

103　動画「【民間防衛】2.21「朝日新聞集団訴訟」控訴審 第一回口頭弁論報告会［桜H29/2/23］」(https://www.nicovideo.jp/watch/so30693591)

104　杉田氏は二〇一七年一〇月の衆院選で自民党公認で比例区中国ブロックに立候補し当選した。

105　二〇一七年二月二一日付控訴人ら訴訟代理人弁護士　荒木田修「意見書」（控訴人・渡部昇一外五六名　被控訴人・朝日新聞社

平成二八年(ネ)第四六一六号)一~二頁

106 「犯行を自供」とは、朝日新聞が二〇一四年八月に慰安婦問題の検証記事を出し、吉田証言を虚偽と認めて記事を取り消したことをさすとみられる。

107 同動画

3 第二回弁論(二〇一七年六月)

二〇一七年六月二日に東京高裁で開かれた控訴審第二回弁論では、豪州在住日本人の江川純世氏が発言した。

弁論後の原告側報告会は弁護士会館で開かれた。荒木田修弁護士がこう語った。

きょうも高裁で江川さんの意見陳述を聞きました。聞くとみなさんそうだと思うんですが、ふつふつと怒りがたぎってきますよね。なぜこういう怒りが裁判所に通じないのかと思いますでしょ。裁判所は無表情ですね。法律家ですからそうせざるを得ないとも思うんですが。どうしてこれが通らないのか。世間の常識がと、思いますでしょ。

私たちは何が害されたのか。「国民的人格権」という呼称を与えているわけですよ。日本国民としての名誉と信用を毀損されたと言って訴訟をしているんですけれども、これちょっと茫洋としていますよね、被侵害利益としては。ところが、ご承知のように、安倍首相その他が靖国神社に参拝した結果、自分たちの「宗教的人格権を害された」と称して、左翼、極左集団、その者たちが裁判所に繰り返し繰り返し損害賠償の訴えを起こしているんですよ。被告を国、内閣総理大臣。さらにそれに加えて靖国神社そのもの。これは「安倍首相が靖国に参拝したことによって私は傷ついたから賠償しろ」という訴えですよ。これは我々が国民的人格権を侵害されたといって起こすものよりも、はるかにわけのわかんない、雲をつかむような話じゃないですか[108]。

と、靖国神社参拝違憲訴訟を引き合いに出して説明した。
尾崎幸廣弁護士はこう述べた。

朝日新聞なんかは自虐じゃないんですよね。日本というのが嫌いで嫌いでしかたがないわけです。日本が滅亡し落ちぶれて最低の国になる、これがおそらく朝日新聞はうれしいんだろうと。昔、東アジア反日武装戦線というのがありましてですね、三菱重工のビルを爆破したんですが、あれがまさしくそうでした。日本人は消えてなくなれと。そういう思想で爆弾を投げつけたんです。朝日新聞はそこまで行っているんじゃなかろうかと。そういう朝日新聞を徹底的に糾弾するためにこれからもがんばっていきたいと思います[109]。

主だった参加者がひととおり発言し、司会の水島総氏が報告会を終えようとしたところで、男性が手を挙げた。裁判傍聴や朝日新聞本社前での街宣活動に参加し、ビラ配りなどをしている男性の一人だった。「この中に一人、朝日新聞の記者さんがおられます。私、顔を存じあげたんで、先ほど廊下でですね、よくいろいろ事実を見てくださいと。ぜひぜひ正しい記事を書いてくださいと彼にお願いしました。この中に一人おられます[110]。北野さんという記者です」と発言した。これを受けて水島氏から、以下のように呼びかけられた。

もし朝日新聞の方がいらっしゃって、本当に今いろいろとりあげたことで、あえて誰だとか私たちは言いませんけれども、本当にジャーナリストとしての良心とかいうのがあれば、自ら事実を言っていただければと思います[111]。ご意見があればお聞きしますけど。聞いてみたいと思いますけど、やめときますか。

と促された。筆者は立ち上がり、

朝日新聞の北野と申します。毎回、取材させていただいております。勉強になってます。それだけで、あとは特には[112]。

と答えた。水島氏は、

勉強だけだとまずいんじゃないか。勉強した後、どうするかが新聞記者としての、ジャーナリストとしてのことだと思いますんで。がんばってやっていってください。これからどういう記事が書かれていくか、私たちも注目していきたいと思います。いつでも我々は歓迎ですから。北野さん、次もいらっしゃってください[113]。

と話した。報告会は撮影され、筆者が発言する場面には「朝日新聞編集委員　北野隆一」との字幕が入った動画がユーチューブに投稿された。

控訴審の弁論は三回で結審した。

108 動画「【民間防衛】6.2「朝日新聞集団訴訟」控訴審・第二回口頭弁論～街頭演説 及び 報告会［桜H29/6/3］」(https://nico.ms/so31332485)
109 同
110 同
111 同
112 同
113 同

4　判決（二〇一七年九月）

判決は二〇一七年九月二九日、東京高裁一〇一号法廷で言い渡された。一般傍聴席は八一席用意されたが、行列に並んだのは五〇人に満たず、傍聴券の抽選はなかった。開廷前の裁判所門前で原告側の街宣活動を取材していると、筆者は参加者から話しかけられ、こんなやりとりをした。

参加者「どこの社ですか」
筆者「朝日新聞です」
参加者「取材しても書かないんでしょ」
筆者「記事を出すかどうかは記者の一存だけでは決められませんので」
参加者「テレビとかでいろいろ言っているじゃないか」
筆者「私は新聞社員なので、テレビのことはわかりません」
参加者「そういうこと言っているからだめなんだ」
筆者「なぜですか。自分に関係ないことは責任もって答えられないというだけですよ」
参加者「慰安婦問題についての本は読むんですか」
筆者「左右あらゆる本を読みますよ」
参加者「正しいと思って読むんですか」
筆者「正しいかどうかはその人の考え方ですから、一冊一冊読んでから判断しています」

参加者「長谷川（熙）という元朝日記者の本は」
筆者「もちろん読んでいます。長谷川熙さんは一九九七年に、産経新聞と同着で拉致問題をいち早く報じた人だから、拉致問題について社内で話を聞きに行ったこともあります」
参加者「朝日は拉致問題も認めていないいんでしょ」
筆者「そんなことはないですよ。北朝鮮が認めた拉致を朝日がまだ認めてないというのはおかしな話ですよね」
参加者「あまり報道していないでしょ」
筆者「私は拉致問題を一九九八年から一九年間担当しています。きのうも安倍首相と拉致被害者家族の面会を首相官邸で取材しました。記事も多く出しています」
参加者「拉致で安倍首相は何もしていない、と報道している」
筆者「そんな報道はしていません」
参加者「朝日の人はわれわれの活動をどう思っているんですか」
筆者「みなさんが毎週本社前で活動されていますから、多くの社員は知っていると思いますよ」

会話を続けているうちに「これを首から提げませんか」と言われて、「朝日反日捏造新聞」「朝日を糺す2万5千人訴訟」などと書かれたプラカードを手渡された。いったん受け取ったものの、ずっと持っているわけにはいかないので、一、二分ほどで返した。

午前一一時開廷。村田渉裁判長は控訴を棄却した。裁判長の法廷での発言は「おはようございます。それでは判決文を読み上げます。本件控訴をいずれも棄却する。控訴費用は控訴人らの負担とする」。傍聴席からは「あっけにとられて何も言えない。何が裁判だ。不当判決。オレの運賃返せ」とのヤジが飛んだ。

判決[114]は、朝日記事による名誉毀損の成立について以下のように判示した。

本件各記事には、控訴人ら自身やその関係者やその行為等を直接又は間接に対象としたと認められる記載は一切ない。記載されているのは、第二次世界大戦終結前の旧日本軍の非人道的行為及び戦後の日本政府がこれに対して補償等真摯な対応をしていないことを指摘する内容であり、控訴人らは、日本人であるという以外に本件各記事の対象との間に何らの関係も認められないのであるから、仮に旧日本軍という集団及び日本政府が本件各記事により国際的非難を受けその評価が低下した事実があったとしても、控訴人らを対象とした記事であるということはできず、本件各記事によって控訴人ら個々人についての社会的評価が低下すると認めることはできない[115]。

海外在住の原告らが嫌がらせなどを受けて精神的損害を被ったとの主張については、判決は以下のように述べた。

仮に本件各記事により慰安婦問題に関して控訴人らが主張するような国際世論が形成、定着し、日本人に対する否定的評価に基づき海外在住の控訴人らが嫌がらせ等を受けたとしても、それは、嫌がらせ等を行った当該行為者の意思形成、思想形成の問題であり、当該行為者自身が責任を問われるべき問題であって、当該行為者が本件各記事を読んで日本人に対する否定的評価を持ったとしても、本件各記事が控訴人ら個々人の名誉権等を侵害するものということはできない[116]。

原告側は日本新聞協会の新聞倫理綱領をもとに、朝日新聞社には訂正義務があると主張した。これに対して判決は以下の判断を示した。

新聞倫理綱領が、その制定主体である一般社団法人日本新聞協会に属する被控訴人においてこれを遵守し尊重すべき行動指針であるとしても、これをもって、一般国民に対して誤報を訂正すべき法的義務、換言するならば、訂正を怠ったり遅滞したときに広く一般国民に対する法的責任が発生することを基礎付けるものとはいえない。そして、他に被控訴人が控訴人らを含む国民一般に対して誤報等を訂正すべき法的義務があることを基礎付ける法令上の根拠は存在しない[117]。

「知る権利」の侵害という主張には以下の通り述べた。

国民の「知る権利」は、本来表現の自由、報道の自由と表裏一体をなすものであり、その権利の性質等からすると、国民一般が、当該報道機関との間の個別の関係を前提とせずに、私企業である報道機関に対し、「知る権利」を根拠として、真実の報道を求めたり、誤った報道の訂正を求める私法上の作為を請求する権利や法的利益を有するとは解されないから、報道機関が誤った報道をしたり、誤報を訂正しなかったことのみから、一般国民に対する不法行為責任が発生するとは認められない[118]。

また、控訴審段階で原告が新たに付け加えた英語表記「forced to provide sex」をめぐる主張については、以下のように判断した。

控訴人らが権利侵害行為と主張する被控訴人の報道がいずれも控訴人らに対する不法行為とならないことは、前述のとおりであるから、控訴人らの上記主張は、被控訴人に不法行為責任は発生しないとの前記結論を左右するものではない[119]。

判決後の原告側報告会は弁護士会館で開かれた。高池勝彦弁護団長は、

判決取ってきたんですけど、中身も何のリップサービスもなくてですね。朝日新聞の誤報があったとしても、個々の国民の名誉権を侵害するもんじゃないんだと。それから英文についても同じようなことを言っています。さらに除斥期間といいまして、これはまあ名誉権を侵害していないんだから、これは判断してもしょうがないんだけど付け加えておくといって、除斥期間。新聞記事が載って二〇年以上たっているから、仮に名誉権が侵害したことがあっても、損害賠償を請求できないんだということを朝日新聞が主張していたんですけれども、それについても、特段の事由がないんだから、もう二〇年で除斥期間も満了していると。以上のことが書いてあります。ですから一審と同じで新味がない判決でした[120]。

と判決について評した。荒木田修弁護士はこう語った。

暗くなる必要はないと思いますよ。全然ないです。法律的には、この裁判は左翼が、安倍首相や靖国神社を被告として提訴し続け敗訴し続けている、いわゆる靖国訴訟とまったく同じ構造ですから、こういう結果は法律家的にはわかっていたといえばわかっていたのであって、別の効果を考えてやってきたわけです。

前にも申し上げたように、朝日新聞訴訟というのは、余儀なくされたものだと私は考えていまして、法廷の場に持ち込まないわけにはいかない裁判だったと思います。

私たちの究極の目標は打倒朝日新聞ですから。朝日新聞は、この事件といいますか、この誤報が報道される前、約七四〇万部の発行部数でしたけれども、これをきっかけとして、この誤報をきっかけとして、その他の要因も加わって、七六〇万だったのが、いま六四〇万と聞いています。一〇〇万部以上、部数を減らしています。これは私たちの努力も、そのうちの何割か、何パーセントでもいいですけど、寄与していると私は思っています。

慰安婦性奴隷説を主唱して、学問的粉飾を施した慰安婦性奴隷説を主張していた吉見義明中央大学教授が起こした裁判は私たちが勝ちました。慰安婦は性奴隷であるということを裁判所に、国家機関に認めさせようとした企てはくじかれたんです。確定しました、最高裁判所で。

慰安婦問題については、国内的には強制性がなかったということで決着がついて、これに異を唱える人はもういなくなったんですから。国際的には違った展開もありますけれども。もう性奴隷だという声高な主張は聞かなくなりました。それだけでも決着がついたと思っています[121]。

原告の一人、吉田康一郎・元東京都議は「現行の法律が裁けない朝日新聞のような、本日いらっしゃるかもしれませんが、犯罪行為、これはやっぱり正さなきゃいけない。法律を変えて、法律によってきちんと裁けるようにしなきゃいけない。立法府、議員の役割が大きいので、そういうことに問題意識を持てる、洗脳されていない人を国会に送る一つのチャンスになっている[122]」と発言した。

マイクを持った発言者の何人かが、取材に来ている筆者に言及した。「今日は朝日の人がいらっしゃっているようですけど[123]」「朝日新聞の方いらっしゃるんで…あなたたち、社内から革命を起こせばいいんですよ[124]」

原告の一人で台湾研究フォーラムの永山英樹氏はマイクを持つと、会議室後方席に座る筆者に話しかけてきた。カメラが筆者に向けられる。

永山氏「朝日の方いらっしゃっているというので、一つ確認させていただきたいんですけど、英語サイト、中国語サイト、朝日新聞社さんありますよね。韓国語のサイトあるんですか」

筆者「かつてはありましたが、今はありません」

永山氏「いつごろなくなったんでしょうか」

筆者「知りません」

永山氏「中国語サイトはまだ慰安婦の、慰安婦報道の訂正記事は出していませんよね。英語のほうは出しましたけど」

筆者「中国語はちょっと、私は読めないのでわかりません」

永山氏「ありがとうございます[125]」

結局、原告側は上告せず、判決は一〇月に確定した。

114 二〇一七年九月二九日言渡　村田渉裁判長、一木文智、住友隆行裁判官「判決」（東京高裁第二四民事部　平成二八年（ネ）第四六一六号、http://www.asahi-tadasukai.jp/asahikosohanketsu.pdf。裁判所のサイトで検索すると判決文が以下のＵＲＬで表示される。https://www.courts.go.jp/app/files/hanrei_jp/707/087707_hanrei.pdf）

115 同一一二頁
116 同一一三頁
117 同一一三～一一四頁
118 同一一五頁
119 同一一七頁
120 動画「【民間防衛】9.29「朝日新聞集団訴訟」控訴審判決～街頭演説 及び 報告会［桜H29/9/30］」（https://nico.ms/so32017361）
121 同
122 同
123 同
124 同
125 同

第8章　「朝日新聞を正す会」の訴訟

1 提訴（二〇一五年二月）

第二の集団訴訟は二〇一五年二月九日、「朝日新聞を正す会」の呼びかけで東京地裁に提起された[1]。朝日新聞の購読者九人を含むという東京都や山梨県などの計四八二人が、一人一万円の損害賠償を求めた。

訴状はまず「事案の概要」として以下のように要約した。

被告が朝日新聞に掲載した、いわゆる「吉田証言」に関する記事及びに[2]これに基づく従軍慰安婦強制連行に関する記事の信憑性に合理的な疑義が生じたにもかかわらず、長年に亘ってそのような合理的な疑義があることを報道せず、かつ、そのような合理的な疑義が生じた後においても、そのような疑義を示すことなく従前と同様の記事を掲載したことにより、原告らが有する、いわゆる「知る権利」を侵害されたとして、不法行為に基づく損害賠償を求める事案である[3]。

この「疑義」が生じた経緯について、訴状はこう記した。

産経新聞社は、その発行する「産経新聞」の平成四年四月三〇日付け朝刊において、「加害者側の告白　被害者側が否定」などの見出しのもと、「戦時下で朝鮮人従軍慰安婦を自ら強制連行した、とする当時の労務報告会[4]幹部の証言が朝日新聞をはじめとする多くのマスコミに紹介され、日韓両国民に大きな衝撃を与えているが、この証言は極めて疑わしい、という研究結果を日本近現代史の権威、秦郁彦・拓殖大教授がまとめ、五月一日発売の雑誌『正論』六月号で発表する」とのリードで始まる記事を掲載した[5]

原告らは訴状で、新聞が果たすべき責務として、以下のように主張する。

新聞は、過去において自らが掲載した記事の内容に合理的な疑義が生じたときは、速やかに同記事内容の正確性に関する検証を行い、また、その検証によって当該報道内容の正確性が確認できなかったときは、その旨を自らが発行する新聞等において明らかにする措置を講じるべき責務を負うというべきである[6]

過去に掲載した記事についての「責務」に加えて、これから掲載する記事についても「責務」がある、と原告らは訴状で主張する。

新聞は、報道しようとする記事内容に合理的な疑義がある場合には、仮に、そのような記事を掲載する場合であっても、その記事内容に合理的な疑義が示されていることもあわせて報道すべき責務を負うというべきである[7]

原告の損害については、

原告らは、被告が本件措置を講じなかった不法行為により、それぞれが有する「知る権利」を侵害された[8]。

と訴えた。

訴状には朝日新聞の吉田証言記事一五本と、二〇一四年一二月二二日に発表された朝日新聞社第三者委員会報告書などが証拠として添付された。

---

1 二〇一五年二月九日提訴「朝日新聞を正す会」の東京地裁への「訴状」(原告・真辺吉角外　被告・朝日新聞社　平成二七年(ワ)第三三三八号、東京地裁民事第四部合議B係)(http://hodotokushu.net/kaiin/%E8%A8%B4%E7%8A%B6%E3%80%80%E5%AF%BE%E6%9C%9D%E6%97%A5%E6%96%B0%E8%81%9E%E3%80%80150209.pdf)
2 原文ママ
3 同二頁
4 原文ママ。正しくは「労務報国会」。
5 同四頁
6 同六～七頁
7 同七頁
8 同九～一〇頁

2　答弁書（二〇一五年五月）

被告の朝日新聞社は五月八日付で、東京地裁に答弁書を提出した[9]。

原告が訴状で、「記事内容に疑義がある場合、速やかに検証し、正確性が確認できなかったときは、その旨を明らかにすべき責務を負う」などと主張したことに対し、朝日新聞社は日本新聞協会の新聞倫理綱領を紹介しつつ、こう反論した。

同綱領[10]は、各新聞社が新聞を発行するにあたって依るべき倫理的規範もしくは指針を示したものであり、同綱領の「責務」とは、報道機関として倫理上めざすべきものという意味であって、個々の購読者や国民に対する法的義務ではない[11]。

さらにこのようにも主張した。

原告らが主張する被告の「責務」は、個々の購読者や国民に対する法的義務ではない。したがって、被告が、「個々の購読者や国民に対し、新聞が過去に掲載した記事の内容に合理的な疑義が生じ、検証によって当該記事内容の正確性が確認できなかったときにその旨を明らかにする措置」及び「記事内容に合理的な疑義がある場合にその疑義をあわせて報道する措置」をとる法的義務を負うことはない[12]。

原告は訴状で以下のように述べ、朝日が「合理的疑義」に触れなかった、と主張した。

被告[13]は、八月五日記事[14]の掲載に至るまで、記事①から記事⑫までの各記事[15]を朝日新聞に掲載したことにつき、朝日新聞上において、吉田証言及び慰安婦狩りに合理的な疑義が示されていることに全く触れなかった[16]

これに対し、朝日新聞社は答弁書で「一九九七年には、疑義があることに言及している」と反論した。

一九九七年（平成九年）三月三一日付朝日新聞特集記事「従軍慰安婦消せない事実」（乙二）において、「軍の命令により朝鮮・済州島で慰安婦狩りを行い、女性二百五人を無理やり連行した」とする「吉田証言」について、「間もなく、この証言を疑問視する声が上がった」「済州島の人たちからも、氏の著述を裏付ける証言は出ておらず、真偽は確認できない。吉田氏は『自分の体験をそのまま書いた』と話すが、『反論するつもりはない』として、関係者の氏名などデータの提供を拒んでいる。」としており、被告は、二〇一四年（平成二六年）八月五日付朝日新聞記事を掲載する以前に、「吉田証言」に疑義があるとの見解があることに言及している[17]。

9 二〇一五年五月八日付被告・朝日新聞社「答弁書」（原告・真辺吉角外　被告・朝日新聞社　東京地裁平成二七年（ワ）第三三三八号、東京地裁民事第四部合議B係）
10 新聞倫理綱領のこと（https://www.pressnet.or.jp/outline/ethics/）。
11「答弁書」五頁
12 同八頁
13 朝日新聞社のこと。
14 二〇一四年八月五日の検証記事のこと。
15 吉田清治氏の証言記事のこと。
16 朝日新聞を正す会「訴状」八頁
17「答弁書」七頁

3　第一回弁論（二〇一五年五月）

「朝日新聞を正す会」のグループは五月一五日に開かれた第一回口頭弁論の際、支援者や記者ら十数人を対象に、弁護士会館で説明会を開いた[18]。事務局長の佐藤昇氏は、

日本の名誉を毀損しつつある朝日新聞への闘いが始まった。一日も早く裁判を開始したかったが、その間にも慰安婦像が建ち続け、捏造により日本の尊厳が損なわれていることを防ぐ訴訟が始められてうれしい。

と述べた。

原告代理人の米山健也弁護士は、

一連の吉田証言報道について、平成四年に秦郁彦さんの論文によって、記事に対する合理的な疑義が生じたのに、修正をするなり、事実を報道するなりしなかった。報道の自由は新聞社の権利ではなく、国民の知る権利に奉仕するもの。強制連行の根拠に疑義が生じたら、それまでと同程度の量で報道する義務があった。報道しなかったことで、購読者や国民の権利が侵害された、という訴訟です。

と説明した。また米山弁護士は自身の経験に触れ、

祖父は軍人だった。原体験として「韓国で自分の親や祖父が悪いことをした」と刷り込まれていた。大人になって「実は違うんだ」と知った。刷り込まれたのは、一つは朝日の報道。正しい情報を知って、早い時期に「なかった」と報道していただければ、変な原体験を持つことはなかった。

とも述べた。

18 週刊報道サイト「第一回公判の実況中継（27/5/19）」（http://hodotokushu.net/kaiin/kiji20150519b.html）

4　原告側第一準備書面（二〇一五年七月）

原告側は七月一二日付で第一準備書面を提出し、「知る権利」について以下のように主張した。

報道機関の「報道の自由」は、国民の「知る権利」に奉仕するものである。
本訴訟においては、国民の「知る権利」と報道機関の「報道の自由」をどのように調和させるかが最も大きな問題となる[19]

これに対し、被告の朝日新聞社は翌二〇一六年三月四日付で「準備書面」を提出し、以下のように反論した。**民法七二三条とは名誉毀損に関する条文のことだ。**

「国民の『知る権利』」とは、主権者としての国民の、国政に関与することについての、政府に対する権利である。そして、報道機関が国民の知る権利に奉仕するものとは、報道機関の機能について述べたもので、報道機関の国民に対する法的義務を述べたものではない[20]

マスメディアは私人であり、民法七二三条のような法律上の根拠がない限り、国民にはマスメディアに対して具体的な権利はなく、したがって法的権利として「知る権利」はない[21]。

19 二〇一五年七月一二日付「原告第一準備書面」（原告・真辺吉角外四八一名　被告・朝日新聞社　東京地裁平成二七年（ワ）第三三三八号）三頁
20 二〇一六年三月四日付被告「準備書面」（原告・真辺吉角外四八一名　被告・朝日新聞社　東京地裁平成二七年（ワ）第三三三八号）一～二頁
21 同二頁

5　原告陳述書（二〇一六年一月）

原告の一人で「朝日新聞を正す会」事務局長の佐藤昇氏は二〇一六年一月一五日付で「陳述書」を提出。ジャーナリストとしての仕事を始め、「週刊報道サイト」の編集長兼発行人として、インターネット上で記事を無料で公開している[22]などと述べたうえで、朝日新聞とのかかわりについて以下のように記した。

私は、朝日新聞に「日本は第二次世界大戦中に朝鮮半島の人たちに酷いことをしたんだ」という意識を植え付けられました。そのような意識を植え付けられた大きな理由が、旧日本軍が、第二次世界大戦中に朝鮮半島の女性を強制的に徴用したという、衝撃的な事実でした。

このような意識を植え付けられたことによって、私に何か具体的な実害があったかというと、「具体的にこのような実害があった」ということは言えません。

しかし、私が、朝日新聞の誤った報道によって、誤った意識を植え付けられ、そのような意識に基づいて、長年に亘り生きてきたという事実は消えません[23]。

原告らの「怒り」について、佐藤氏はこう述べた。

今回の裁判の原告の人たちや、今回の朝日新聞の問題に興味を持っている方たちと話をすると、「朝日新聞は謝罪すべきだ」という意見がほとんど一〇〇％です。そのような人たちの話をよくよく聞くと、「なぜ、朝日新聞はもっと早く訂正の記事を出さなかったのか」という怒りがあり、その怒りが「朝日新聞は謝罪すべきだ」という気持ちにつながっているようです[24]。

22　二〇一六年一月一五日付佐藤昇氏「陳述書」（原告・真辺吉角外四八一名　被告・朝日新聞社　東京地裁平成二七年（ワ）第二三三八号）（甲第二五号証）二頁
23　同四～五頁
24　同五頁

6　第二回弁論・結審（二〇一六年六月）

「週刊報道サイト」の題でメールやウェブサイトで情報を流している佐藤昇氏は「朝日新聞を正す会」の名で二〇一六年六月二一日付で発信したメールニュースで、四月一九日に東京地裁であった非公開の弁論準備手続きについて報告している。

北澤純一裁判長から「次回は、公判の弁論で、六〇六号法廷で行いますが、傍聴席は四二席しかない法廷ですが大丈夫ですか？」と尋ねられたので、事務局長の佐藤昇は「自分（佐藤昇）が言えば、四八二名の原告団でも、出廷人数を四二名以内に収められます」と返答した。

そして、北澤純一裁判長から「原告側は意見陳述を行うとの申し出を受けていましたが？」と尋ねられたので、事務局長の佐藤昇は「四八二名の原告団は、団体的な行動はしないとの趣旨で、意見陳述は取り止めることにします」と返答した[25]。

意見陳述をしないことにした理由について佐藤氏は、

「朝日新聞を正す会」が団体的な活動を好む原告団であるとの誤った判断を裁判所から受けないようにする意図からであります[26]。

などと説明している。

原告団の中で、大勢の原告団で出廷して、公判の場において意見陳述を行うことを強く希望している原告の方もおりましたが、全ての非難は、事務局長の佐藤昇まで、お寄せ下さるように申し上げます[27]。

とも書いた。

このグループは、事前に告知して支援者を集めて集会を開くようなことはなかった。六月二四日、東京地裁六〇六号法廷で第二回口頭弁論が開かれ、結審した。原告側の出廷は米山弁護士だけで佐藤氏は欠席。傍聴席も朝日新聞社関係者以外とみられる参加者は数人にとどまった。

25　二〇一六年六月二一日付「週刊報道サイト」一四七号二四頁、週刊報道サイト「第七回の進行協議の弁論準備２『朝日新聞を正す会』はリベラルな終結へ（28/6/20）」（http://hodotokushu.net/kaiin/kiji20160620e.html）
26　同二四頁
27　同二四頁

7 一審判決（二〇一六年九月）

北澤純一裁判長は二〇一六年九月一六日の判決で、原告の請求を棄却した。まず原告側が、朝日新聞の報道によって、憲法二一条にもとづく「知る権利」を侵害されたとの主張についてはこう判断を示した。

憲法二一条等のいわゆる自由権的基本権の保障規定は、国又は地方公共団体の統治行動に対して基本的な個人の自由と平等を保障することを目的としたものであって、私人相互の関係については、たとえ相互の力関係の相違から一方が他方に優越し事実上後者が前者の意思に服従せざるをえないようなときであっても、適用ないし類推適用されるものでない（中略）。したがって、憲法二一条一項に基づく知る権利を侵害されたとする原告の主張は、採用することができない[28]。

また、新聞社の「報道の自由」については、まず以下のように判示した。

報道機関の報道は、民主主義社会において、国民が国政に関与するにつき、重要な判断の資料を提供し、国民の「知る権利」に奉仕するものであるから、報道機関には、憲法二一条一項に基づき、思想の表明の自由とならんで、事実の報道の自由も、表現の自由として保障されて

いる[29]

原告側が問題とする「内容に疑義が生じた場合」の報道については、以下のように述べた。

新聞社がどのような内容を報道するかは、表現の自由の保障の下、公共の福祉の適合性に配慮した新聞社の自律的判断にゆだねられているのであるから、過去の報道内容に事後的に疑義が生じた場合であっても、訂正報道の要否、時期、内容、方法、裏付調査の程度等、さらには場合により第三者委員会による検証の実施については新聞社の自律的判断にゆだねられ、同様に、報道予定の内容に疑義がある場合であっても、疑義ある旨を併せて報道するかなどの報道内容等についても新聞社の自律的判断にゆだねられると解すべきである[30]。

さらに、日本には多数の報道機関が存在するとして、以下のように述べた。

我が国には、多数の新聞社及び放送事業者等の報道機関が存在し、通信技術が発達した現代社会においては、様々な情報を様々な手段で入手することが可能であり、その飛び交う情報の中でいかなる情報を信頼するか否かは、情報の受け手側の自律的判断にゆだねられる部分もある。他方、事実の報道内容、報道方法が不適切な者、過去の報道が事実に反するにもかかわらず訂正報道等をしない者などは、報道業界から淘汰される関係にあり、報道機関の自律的判断にゆだねられるとしても、その判断には一定の歯止めが期待し得るのである[31]。

また、以下のようにも述べ、一連の記事について「原告らに損害賠償の対象となり得る法的利益の侵害があったとはいえない[32]」と判断し、原告の請求を退けた。

本件各記事は、（中略）個別の国民に係る事実及び意見の報道ではなく、特定の者の名誉ないしプライバシー等を侵害するものとは認められない[33]。

判決後、東京地裁内で原告側に話を聞いた。米山弁護士は「国民の知る権利の実現のため、マスメディアが果たすべき責務について十分に理解を得られなかった。控訴して、上級審の判断を仰ぎたい」と答えた。

佐藤氏は「原告四八二人が力を合わせて裁判を闘ってきましたが、原告団の感情としては納得いく判決ではないので、信頼する米山弁護士と相談のうえ、控訴して改めて裁判所の判断を仰ぎたい」と述べた。

28 二〇一六年九月一六日言渡　北澤純一裁判長、渡辺力、大瀧泰平裁判官「判決」（東京地裁民事第四部　平成二七年（ワ）第三三三八号）、（http://hodotokushu.net/kaiin/kiji20161024g.html）一〇頁

29 同一〇頁

30 同一〇頁

31 同一〇～一一頁
32 同一一頁
33 同一一頁

8　控訴審判決（二〇一七年三月）

原告四八二人のうち、二三八人が控訴した。控訴審の第一回口頭弁論は二〇一七年一月一八日に東京高裁八二五号法廷で開かれ、即日結審した。原告側で出廷したのはこれまで通り、原告団事務局長の佐藤氏と代理人の米山弁護士の二人。

判決は三月一日に言い渡され、東京高裁の野山宏裁判長は控訴を棄却した。「マスメディアが真実に反する報道をすることが知る権利に与えるインパクトは、公権力による言論統制と異なるところがない[34]」などと原告側が主張した点に対しては、以下のように判断した。

一つのマスメディアが真実に反する報道を繰り返したとしても、国民は別の新聞、雑誌等の報道にも触れることができるのであって、知る権利が根底からおびやかされるような事態は生じない[35]。

また、記事に疑義が生じた際にその旨もあわせて報道する義務があるとの主張については以下のように述べた。

記事の事実関係に合理的な疑義が生じたら速やかに検証を行うこと、疑義が晴れなかったときはその旨を報道すること、記事の事実関係に合理的な疑義が呈されている場合はその旨も併せて報道することは、報道機関の倫理規範の一つのモデル案となり得るものである。しかし、控訴人ら主張のように、これを怠ることが読者や一般国民に対する関係で違法行為になるというには、無理があるというほかない[36]。

高裁判決の言い渡しに佐藤氏は来なかった。米山弁護士は取材に「佐藤さんと相談しなければならない。判決文を受けとったら、読んで検討します」と答えた後、「ところで、高池さんたちのほうはどうなっていますか」と筆者に尋ねた。「朝日新聞を糺す国民会議」の訴訟のことだ。筆者は「あちらの裁判は（二〇一七年）六月に次の弁論があります」と答えた。

二八人が上告したが、最高裁は二〇一七年一〇月二四日付で上告を棄却するとともに、上告審として受理しないと決定し、判決が確定した。決定書で林景一裁判長は以下の通り述べた。

本件上告の理由は、違憲をいうが、その実質は事実誤認又は単なる法令違反を主張するものであって、明らかに上記各項に規定する事由に該当しない[37]。

34　二〇一七年三月一日言渡　野山宏裁判長、布施雄士、大塚博喜裁判官「判決」（東京高裁第一一民事部　平成二八年（ネ）第五〇〇五号）二頁
35　同三頁
36　同四頁
37　二〇一七年一〇月二四日　林景一裁判長、岡部喜代子、木内道祥、山﨑敏充、戸倉三郎裁判官「決定」（最高裁第三小法廷　平成二九年（オ）第八三四号、平成二九年（受）第一〇四五号）一頁

9　甲府地裁へ提訴（二〇一六年八月）

「正す会」は東京地裁の判決が出る直前の二〇一六年八月一九日、一五〇人が原告となって甲府地裁にも提訴した[38]。訴状の内容は東京の訴訟とほぼ同じ。提訴後、山梨県庁で記者会見した佐藤昇氏は、なぜほぼ同内容で甲府地裁にも提訴したのか聞かれ、こう答えた。

　今日ここに来ていただいているメディアの方々も、朝日新聞の報道姿勢に関する問題は、何らかの気持ちがあると思います。（中略）われわれ朝日新聞の記事を読みますけれども、「読んでいる国民には知る権利はない」と平然と言ってのける朝日新聞の報道姿勢に何らか一石を投じたい。まあはっきり言うと、国民には知る権利があるということを裁判所に認めてもらいた

いというのが、ぼくが事務局長をしている「朝日新聞を正す会」の最終的な目的、勝ち取りたいところです。

先月下旬に別の主張をしている「朝日新聞を糺す国民会議」の判決においては、同盟をしている「糺す国民会議」のほうは敗訴となりました。われわれは九月一六日に判決が下りますが、本日、山梨の甲府地方裁判所に提訴したことで、中立公平な、リベラルな判決が出されるんではないかと期待して、きょう提訴いたしました。

東京地方裁判所では、あんまりこういう国民の知る権利なり、そういうのって、公平な判決が出づらい状況にあるのかなというのは思ったんですよね。

甲府の話を聞きますと、きわめて公平な感じが、ぼくの個人的印象では受けたので。

佐藤氏は「朝日新聞を糺す国民会議」による訴訟で東京地裁が二〇一六年七月に原告の請求を棄却した判決にも触れ、

あれはけっこうまあ完敗ですから。やっぱり国民の知る権利は重要だと思っていて、これを火を消さないように、(東京の)判決が出る前に(甲府に)起こしました。

と述べた。

38　週刊報道サイト「同盟軍の『朝日新聞を糺す国民会議』が一審は敗訴。知る権利の侵害の有無の争点についての判決文を公開。『朝日新聞を正す会』への判決は9月16日に下される。そして、平成28年8月19日、『朝日新聞を正す会』山梨支部が甲府地方裁判所で新たに提訴へ！（28/8/22）」（http://hodotokushu.net/kaiin/kiji20160822d.html）

10　甲府地裁判決（二〇一七年一一月）

甲府地裁の訴訟は二〇一六年一一月八日に第一回口頭弁論が開かれた後、第二回口頭弁論期日が二〇一七年一月一七日に指定されたが、「東京の同種訴訟の控訴審の状況を確認したい」などの理由で取り消された。第二回弁論はその後、七月二五日に開かれ、結審。判決は一一月七日に言い渡され、峯俊之裁判長は、

主文　一、原告の請求をいずれも棄却する。二、訴訟費用は原告の負担とする。以下は判決文で。

とだけ述べ、一分ほどで閉廷した。

原告側は東京の訴訟と同様、「知る権利は、国家に対する権利であるのみならず、マス・メディアに対する権利となることがあり、少なくとも法律上保護される利益である[39]」と主張。これに対して判決は以下のように判示した。

憲法二一条等のいわゆる自由権的基本権の保障規定は、国又は地方公共団体の統治行動に対して基本的な個人の自由と平等を保障することを目的としたものであって、私人相互の関係については、たとえ相互の力関係の相違から一方が他方に優越し、事実上後者が前者の意思に服従せざるを得ないようなときであっても、適用ないし類推適用されるものではない[40]

憲法二一条一項の規定が私人である被告に対する関係で適用ないし類推適用されるものではなく、知る権利がマス・メディアに対する権利ともなり得るとの原告らの主張は採用できない[41]。

報道の多様性について甲府地裁判決は、以下のように論じた。

現代社会においては、国民は、新聞、雑誌、放送等、様々な報道機関による多様な報道に触れることができるのであるから、あるマス・メディアが真実に反する報道をしたとしても、それによって直ちに国民の知る権利がおびやかされるとはいえない。加えて、多様な情報が飛びかっている中で何を信頼するかは、情報の受け手の判断に委ねられているのであるから、国民が特定の報道機関の報道によって真実を知る権利を有するとはいえない[42]。

新聞社の「表現の自由」については以下のように述べた。

新聞社には表現の自由が保障されており、新聞社が行う報道の内容は、新聞社の自律的判断に委ねられているのであるから、過去の報道内容について事後的に疑義が生じた場合や報道を予定していた内容に疑義が生じた場合の対応についても、新聞社の自律的判断に委ねられていると解すべきである[43]。

「疑義を報じる義務」についても判断を示した。

原告らが被告の責務として主張するところの、新聞社が、過去に自ら掲載した記事内容に合理的な疑義が生じたときは、速やかに同記事内容の正確性を検証し、その検証によって当該記事内容の正確性が確認できなかったときは、その旨を自ら発行する新聞等において明らかにすること、報道予定の記事内容に合理的な疑義がある場合には、その記事内容に合理的な疑義が示されていることも併せて報道することは、それが報道機関として倫理上目指すべきものであるとしても、それが読者や一般国民に対する法的義務であるとはいえず、それがされないことによって、読者や一般国民の法律上保護される利益が侵害されたということはできない[44]。

そのうえで以下のように述べ、原告側の主張を退けた。

国民の知る権利を被侵害利益とし、報道機関の対応が不法行為の成立要件としての違法性を有するとしたならば、民主主義社会において極めて重要な意味を持つ報道機関の報道の自由に対して重大な影響を及ぼし、ひいては国民の知る権利に応えることができなくなることも懸念されるのであって、このような主張をたやすく認めることはできない[45]。

傍聴したのは八人で、ほとんどが記者だった。原告側は、判決言い渡しにはだれも出廷しなかった。控訴はなく、甲府地裁判決が確定。「正す会」の裁判も終結した。

---

39 二〇一七年一一月七日言渡　峯俊之裁判長、烏田真人、鈴木真理子裁判官「判決」（甲府地裁民事部　平成二八年（ワ）第三三一号）一〇頁、「判例時報」二〇一八年七月一一日号（二三六九号）三九頁
40 甲府地裁判決一〇頁
41 同一〇頁
42 同一一頁
43 同一一頁
44 同一一〜一二頁
45 同一二頁

第9章　「朝日・グレンデール訴訟」

I　一審・東京地裁

1　提訴（二〇一五年二月）

第三の訴訟は二〇一五年二月一八日、東京地裁に提訴された。一審段階で、判決時までに米国や日本など国内外在住の二五五七人が原告となった。提訴当初は、以下の三点を請求した。

1　米ニューヨーク・タイムズ紙、米ロサンゼルス・タイムズ紙、英ガーディアン紙、ＡＰ通信への謝罪広告掲載[1]

2　国内報道機関の読売、朝日、毎日、日本経済、産経、東京各新聞に対し、「慰安婦問題に関する国際世論の誤解を招いたことを謝罪するとともに、速やかにこれを解いて真実を明らかにするために全力を尽くすことの誓約」と題する謝罪広告の掲載[2]

3　損害を受けたとする三人の米国在住原告に一人一〇〇万円の損害賠償[3]

訴状では「原告ら」について以下のように定義した。

原告らは、いずれも日本人としてのアイデンティティと歴史の真実を大切にし、これを自らの人格的尊厳の中心において生きている日本国内外に居住している日本人である[4]。

そのうえで、被告・朝日新聞が原告らに、以下の損害を与えたと主張した。

被告は、三〇年以上前から朝日新聞紙上で吉田清治の慰安婦狩りの証言を繰り返し取り上げ、これを真実として報道し、或いは、女子挺身隊との混同に基づいて慰安婦たちが組織的に公権力によって強制連行されたとの印象を与える記事を報道し、これらを訂正することなく放置することによって、慰安婦問題に関する誤解と偏見に基づく国際世論を形成・定着させ、日本人は二〇万人以上の朝鮮人女性を組織的に強制連行して性奴隷として酷使する二〇世紀最大級の残虐な人権侵害を行い、しかもそれを認めず、度重なる国際世論からの勧告にも従わず、被害者に対する補償も、関係者の処罰も、歴史教育も行わない無責任な民族ないし人種であるという不名誉極[5]な烙印を押されるに至った。この烙印が日本人としてのアイデンティティを自らの人格的生存の中核に置いてきた原告らの尊厳を傷つけ、国際社会における客観的評価を下げてきたことは疑う余地のない事実である[6]。

原告は訴状で、誤報記事として、吉田清治氏の証言（吉田証言）、「挺身隊」と「慰安婦」の混同を列挙[7]。また「誤った国際世論の形成」として、朝日新聞が一九九二年一月一一日朝刊で報じた

「慰安所　軍関与示す資料」の記事をとりあげ、

政府は当時、「民間業者が連れ歩いていた」として国の関与を認めていなかったため、それを覆す文書とされた。しかし、「国の関与」とはいっても、それは日本国内での慰安婦募集に関して「業者がトラブルを起こすので配慮せよ」というものに過ぎず、朝鮮人慰安婦の強制連行とは全く無関係なものであった[8]。

と述べ、この軍の資料について「強制連行と無関係」と主張する西岡力氏らの説を援用した。そのうえで、「従軍慰安婦」の説明として、この九二年記事が、

太平洋戦争に入ると、主として朝鮮人女性を挺身隊の名で強制連行した。その人数は八万とも二〇万ともいわれる[9]

と記述したことを問題視。

朝鮮人慰安婦が「挺身隊」という公的制度によって組織的に強制連行されたとの印象を強く与えたうえ、二〇万人という根拠のない数字が一人歩きする発端となった。そして吉田証言は、このストーリーを具体的に裏付けるものと位置づけられた[10]。

と意味づけた。さらに、

朝日報道をきっかけに、韓国各紙は慰安婦問題を集中的に報道し、韓国世論を憤激させた[11]。

と主張し、一九九二年一月一六日[12]東亜日報では「(一二、一三歳前後で)勤労挺身隊として連行されていった幼い少女たちの一部はその後従軍慰安婦として再度差し出された[13]」と報じたことを指摘。

欧米系メディアについても、米ニューヨーク・タイムズ、英ガーディアン、米ロサンゼルス・タイムズの各紙や米NBCテレビが吉田清治氏の証言を九二～九三年に報じたと指摘した[14]。

何らの裏付けもない吉田清治の慰安婦狩り証言が、欧米で事実として紹介され、軍による組織的な犯罪だと報道されたのは、朝日新聞が吉田証言を繰り返し取り上げて信用性を賦与し、箔付けしていたためである[15]。

としたうえで、

朝日新聞が、速やかに、自らそれが虚構であったことを公表し、これを掲載した記事を取り消していれば、吉田証言を事実として取り上げる報道がなされることもなく、世界に誤解が拡散することもなかっただろう[16]。

と主張した。

また、一九九六年に国連人権委員会に提出された「クマラスワミ報告」について、

挺身隊制度により慰安婦が募集されていたとしており、朝日新聞誤報と同じく挺身隊と慰安婦を混同する誤謬に基づいている[17]。

と主張。さらに報告書が吉田清治氏の証言や、オーストラリア人ジャーナリストのジョージ・ヒックス氏の著書『性の奴隷　従軍慰安婦』からの引用があるとしたうえで「同書は吉田証言に依拠したものであった[18]」と述べた。

クマラスワミ報告に掲載された五人の北朝鮮の元慰安婦の証言について、

証言内容は、いずれも裏付けがなく、正確性を欠く不合理なものであり、俄かに措信しがたいものばかりである[19]。

と述べた。そのうえで、「朝日新聞誤報の影響について」と項目を立て、

クマラスワミ性奴隷報告[20]が慰安婦狩りを虚構した吉田証言に箔を付け、挺身隊を慰安婦と混同した朝日新聞誤報の影響下に生まれたものであることは明らかである。菅義偉官房長官は二〇一四年九月五日、「クマラスワミ報告は朝日新聞が取り消した記事内容の影響を受けている」との見方を示している[21]。

と主張した。

また、訴状で原告は、二〇〇七年七月三〇日に米下院で決議され、慰安婦問題について日本政府に謝罪を求めた「米下院決議一二一号」について、下記のように述べた。

この決議案は、クマラスワミ性奴隷報告の事実認定を基にしており、議員説明用の資料には途中段階で吉田清治の著書が用いられていた。朝日新聞がその慰安婦誤報について速やかな訂正と謝罪を公表し、その拡散と定着を阻止していたら、こうした誤解と偏見に基づく不当な決議が採択されることはなかったであろう[22]。

さらに、二〇一〇年から二〇一四年にかけて、米国内で慰安婦の碑や像の建立が相次いだ実例を列挙したうえで、こう論じた。

これらの慰安婦の碑や慰安婦像の多くは、日本軍による「二〇万人」以上の女性を「強制連行」して「性奴隷」にしたことを碑文に刻んでいる。朝日新聞の慰安婦誤報の影響の大きさとその罪深さを思わずにはおれない[23]。

原告は訴状で、朝日新聞の記事で原告の名誉が傷つけられたとして、名誉毀損を問うことが裁判の焦点であることを踏まえ、名誉毀損裁判の対象について「名誉毀損とプライバシー侵害は主として特定人に対する法益侵害を対象とするもの[24]」との理解に立ち、「差別的ヘイトスピーチなど、不特定多数の集団的帰属を貶め、その構成員の社会的評価を低下させる集団的名誉毀損については原則として不法行為の対象とはならないとするのが通説[25]」との認識を示した。そのうえで、

集団を構成する人数が少数である場合など、各人の人格的尊厳と密接に結びつき、その中核を形成しているアイデンティティに関わる事実が虚偽の報道によって不当に貶められたり、それが誤った風評となって個々の生活関係に具体的な損害を生じさせた場合、不法行為責任を免責する理由はない[26]。

という解釈を展開した。

また、新聞には真実報道義務と訂正義務があると、判例を援用して論じたうえで、慰安婦問題を

めぐる朝日新聞の吉田証言報道や、挺身隊と慰安婦の混同についてとりあげ、

朝日新聞が報じてきた吉田証言が虚偽であることも、別物である挺身隊と慰安婦を混同してきたことについても、被告は、遅くても一九九三年一月当時には認識していたはずであり、速やかに、吉田証言を取り消し、挺身隊と慰安婦との混同を訂正し、読者に詫びるべきであった[27]。

と主張。朝日新聞が記事の取り消しや訂正をしていたならば、と仮定して、

クマラスワミ性奴隷報告の誤謬を引き継いだマクドゥーガル慰安所報告が国連委員会に提出されることも、米下院決議一二一号が可決されることも、慰安婦の碑や慰安婦像が設置されることもなかったはずである[28]。

と結論づけた。また、一九九〇年代に朝日新聞が英字紙「朝日イブニングニュース」を発行し、米ニューヨーク・タイムズ紙と提携していることを指摘したうえで、

朝日新聞に掲載された慰安婦関連記事についてニューヨーク・タイムズ等の海外のマスメディアに引用、転載されることは容易に認識しえたのであるから、ニューヨーク・タイムズ等に

掲載された慰安婦問題にかかる誤報についても共同不法行為責任を負うのは当然のことである[29]。

と述べ、海外紙の「誤報」についても、朝日新聞社が共同不法行為責任を負うのは当然、と主張した。そしてまとめとして、

朝日新聞の慰安婦問題に関する誤報及びそれが真実ではないことを公表する等の誤報訂正義務を尽くすことなく誤報を放置した違法によって慰安婦問題に関する誤った事実と見解が真実として世界に広まり、諸々の国連委員会における勧告や米下院決議一二一号、そして慰安婦の碑・慰安婦像となって定着し、これによって多くの日本人・日系人が蒙った名誉、信用その他の法益侵害に対し、不法行為責任ないし共同不法行為責任を負い、これら日本人の名誉と信用を回復するのに必要な適切な処分（民法七二三条）及び損害の賠償を行わなければならない[30]。

とも述べた。名誉回復のためには、謝罪広告掲載が必要だと主張した。

被告は、二〇一四年八月五日付朝日新聞検証記事においてかつて紙面で報道してきた吉田証言が虚偽であることを認め、これを報じた記事を取り消し、挺身隊と慰安婦との混同による誤

用があったことを明らかにして誤報を訂正したが、未だ欧米や韓国を含む国際社会における誤った世論の形成と定着が朝日新聞の誤報によるものだということを公式に認めるには至っていない。

朝日新聞の誤報記事によって形成された国際世論の誤解を解き、その誤解によって毀損された日本人の名誉を回復し、これによる様々な被害を回復するには、被告においてこの事実と責任を認め、世界に対して謝罪を発信することが何よりも必要である。よって被告は、ニューヨーク・タイムズ、AP通信、ロサンゼルス・タイムズをはじめとする朝日新聞の慰安婦誤報を引用、転載して誤解を拡大した海外報道機関に対し、別紙一（二）記載の真摯な謝罪広告を行い、かつ、国内の報道機関に対し、別紙二（二）記載の謝罪と誓約を掲載することが必要である[31]。

訴状で一人あたり一〇〇万円の損害賠償を求めた三人の原告について、たとえば米カリフォルニア州グレンデール市近郊在住の作家・馬場信浩氏の被害をめぐっては、グレンデール市の朝鮮人慰安婦像設置法案に反対するため、二〇一三年七月九日の市議会公聴会で反対意見を述べた際の様子に触れて、こう述べる。

原告馬場を含めて二〇人の日本人が明確な反対意見を述べたが、証言終了後、推進派のクインテロ市議から罵倒された。「今日やってきた日本人はみんな右翼か。あなたがたは勉強不足だ。日本政府も認めている。日本の三六都市が慰安婦に謝罪し賠償をすると表明している。南京大虐殺を知っているのか。バターン死の行進は…」。思わず「NO！」とブーイングしたが、ガッツーンと木槌を打たれ、「騒げば外へ出すぞ」と睨み付けられた。やがて評決が下った。四対一の完敗だった。

クインテロ市議による公衆の面前での罵倒を受けたことは、原告馬場の人生最大の屈辱だった。帰宅の車中でも怒りは収まらず運転するハンドルを持つ指がブルブル震えたという[32]。

グレンデールの慰安婦像建立の経緯を踏まえ、原告らは訴訟を「朝日・グレンデール訴訟」と称した。原告弁護団長の徳永信一弁護士は薬害エイズ事件では大阪ＨＩＶ訴訟の原告弁護団に所属。収賄と背任罪に問われた旅田卓宗・元和歌山市長の被告弁護人や、大江健三郎氏の著書『沖縄ノート』で名誉毀損されたとする原告・元日本軍隊長らの代理人、京都朝鮮学校に対する街宣活動をめぐる裁判での被告「在日特権を許さない市民の会」（在特会）側代理人を務めている。

原告弁護団事務局長の内田智弁護士は日本青年協議会出身。日本会議の田久保忠衛会長、三好達名誉会長とジャーナリストの櫻井よしこ氏が共同代表を務める「美しい日本の憲法をつくる国民の会」で事務局次長を務める。別の裁判では神社本庁の代理人や、菅野完《たもつ》氏の著書『日本会議の研究』で名誉を毀損されたとして提訴した安東巖氏の代理人を務めた。

1　二〇一五年二月一八日提訴「朝日・グレンデール訴訟」の東京地裁への「訴状」（原告・馬場信浩外　被告・朝日新聞社　平成二

七年（ワ）第四二八二号など、東京地裁民事第四九部合議A係）（http://www.ianfu.net/pdf/270218sojo_0610.pdf）二頁、「別紙二」一頁

2 同二頁、「別紙二」一頁

3 同二頁

4 同四頁

5 原文ママ

6 同二三～二四頁

7 同四～六頁

8 同六頁

9 一九九二年一月一一日朝日新聞「慰安所　軍関与示す資料」

10 「朝日・グレンデール訴訟」訴状六頁

11 同七頁

12 原文ママ。実際の記事は一月一五日付。

13 同七頁

14 同七～八頁

15 同八頁

16 同八頁

17 同九～一〇頁

18 同一〇頁

19 同一〇頁

20 朝日・グレンデール訴訟の原告らは、国連クマラスワミ報告を「クマラスワミ性奴隷報告」、国連マクドゥーガル報告を「マクドゥーガル慰安所報告」などと、独自の呼び方をしている。

21 同一一頁

22 同一六頁

23 同一七頁
24 同一八頁
25 同一九頁
26 同一九頁
27 同二一〜二二頁
28 同二二頁
29 同二三頁
30 同二三頁
31 同二九〜三〇頁
32 同二六頁

2 独立検証委員会報告書（二〇一五年二月）

提訴翌日の二月一九日には、中西輝政・京都大学名誉教授が委員長を務める「独立検証委員会」が朝日の慰安婦報道を独自に検証する報告書[33]を発表。拉致被害者支援団体「北朝鮮に拉致された日本人を救出するための全国協議会」会長の西岡力・東京基督教大学教授や日本会議政策委員の高橋史朗・明星大学教授らが委員として執筆した。委員会の運営に当たっては、日本政策研究センター（伊藤哲夫代表）の支援を得ている。

報告書を発表する記者会見で中西氏は「朝日の慰安婦報道が国際社会にいかなる影響を与えたかという点に十全の検証が行われているのかという疑問があった。この委員会が発足した大きな目的の一つであり、巨大なエネルギーを費やして検証した」と述べ、とくに朝日の慰安婦報道が国際社会に与えた影響について、朝日新聞社が委嘱した第三者委員会とは異なる立場で検証したことを強調した。

ここで、独立検証委員会が発足した際の二〇一四年一二月四日の記者会見にさかのぼる。元産経新聞記者の弁護士で、「日本報道検証機構」代表の楊井《やない》人文《ひとふみ》氏から以下のような質問があった。

今回、朝日新聞のみを対象としているが、その理由をお聞かせください。いわゆる慰安婦報道に関しては、いろんな新聞、メディアも報道していたと承知しています。たとえば北海道新聞も最近、記事を取り消しました。北海道新聞も韓国メディアに大きくとりあげられたりという影響があったと思うが。今回、朝日にしぼる理由はなぜでしょうか。

西岡力氏はこう答えた。

我々としてはもちろん日本のメディア全体にも責任があると思っておりますが、朝日の責任がいちばん大きいと思っておりますので、いちばん責任が大きいところの問題を解明したいという立場でありますが、朝日新聞も、八月五日、六日の検証の中で他紙は報道していたというようなことを言っていますので、朝日新聞の八月五日、六日の記事自体も検証の対象ですから、そういった意味では朝日新聞が言うように、他紙も報道していたから朝日の責任は軽いという朝日新聞の自己評価は正しいかどうか、ということは我々も検証します[34]。

以下、楊井氏と西岡氏はこんなやりとりをした。

楊井「我々は朝日の責任は大きいと思っている、とおっしゃっていましたが、そうすると検証する前に一定の結論が出ているような。つまり朝日の責任が大きいということは、朝日が対外的影響が大きかったメディアであるという結論を先取りしたうえで、これから検証を始めるようにも聞こえるんですが。そうではないんでしょうか」

西岡「そう聞こえるなら、そう聞いて下さってけっこうです。先ほど言ったことがすべてです。そう聞こえるというのなら」

楊井「もう少しわかりやすく説明していただきたいですが。なぜ朝日新聞にしぼるのかという理由をもう少し説明していただきたい」

西岡「朝日新聞がいちばん責任が重いと思っているからです」

楊井氏はその後も質問し、西岡氏とのやりとりになった。

楊井「先日、読売新聞が英字紙で一九九二年から一〇年近く、一〇年以上ですかね、英字紙で『sex slave』という表現を使ったということをおわびした[35]。そういうことについての海外の影響は今回は対象にならないのか」

西岡「朝日新聞が他紙の報道を出して自分たちの検証をしましたので、その観点から検証したいと思いますし、今の時点で朝日新聞の責任がいちばん重たいと思っておりますが、検証する過程でさまざまな事実が出てくれば、すべてのことについて主観があるわけで、何かするときには主観をもって始めるわけですが、プロセスの中で変わることがあります」

独立検証委員会が報告書を発表した二〇一五年二月の会見の話に戻る。事務局長を務めた勝岡寛次・明星大学職員は「朝日の大阪本社に偏った歴史認識があり、その歴史認識が偏った慰安婦報道の背景にある」と述べ、その一例として「女たちの太平洋戦争」というキャンペーンをあげたうえで「贖罪史観というものがある。それが朝日大阪本社で広まっていた」との認識を示した。

報告書は朝日新聞が一九九一年から一九九二年にかけて掲載した慰安婦問題についての報道を「九二年一月強制連行プロパガンダ」と名づけ、以下のように主張した。

朝日は一九八〇年代から慰安婦問題で日本を糾弾する報道を始め、一九九一年から一九九二年一月にかけて、吉田清治証言、女子挺身隊制度、元慰安婦証言、「軍関与」文書などについて、数々の虚偽報道を行ない、結果として「日本軍が女子挺身隊の名で朝鮮人女性を慰安婦にするために強制連行した」という事実無根のプロパガンダを内外に拡散させた[36]。

独立検証委員会委員の島田洋一・福井県立大学教授は「米国の新聞に与えた影響」を担当した。英語記事データベースである「LexisNexis」を使い、米国の主要三紙の慰安婦問題の記事について検索したうえで「米国の主要三紙が慰安婦に関するまとまった記事を書くのはすべて、一九九二年一月一一日の朝日報道以降[37]」という結論を導き出した。この結論部分はそのまま、朝日・グレンデール訴訟の原告側による準備書面にも盛り込まれた。これに対し朝日新聞社側は法廷で反論し、島田氏の記事検索には不十分な点があり、島田氏のいう「主要三紙」を含む欧米メディアには、九二年一月以前にも慰安婦に関する報道が出ていたことを指摘したが、そのことは後ほど触れる。

原告らはこの報告書を準備書面に引用し、朝日新聞の慰安婦報道が国際的に影響を及ぼしたと主張した。

---

33 二〇一五年二月一九日「朝日新聞『慰安婦報道』に対する独立検証委員会報告書」(http://www.seisaku-center.net/sites/default/files/uploaded/dokuritsukensyouiinkai20150219-C20150227.pdf、http://harc.tokyo/?p=32)

34 動画「【朝日追撃】「朝日新聞集団訴訟」と「独立検証委員会」で挟み撃ちに!［桜H26/12/5］」(https://nico.ms/so25058455)

35 二〇一四年一二月二八日読売新聞三八頁「本社英字紙で不適切な表現　慰安婦報道でおわび」、同日英字紙「The Japan News」四頁「Apology for inappropriate expressions used in comfort women articles」

36 「独立検証委員会報告書」四頁

37 「独立検証委員会報告書」六六頁、動画「【名誉回復】「朝日新聞『慰安婦報道』に対する独立検証委員会」報告書発表［桜H27/2/23］」(https://nico.ms/so25644523)

3　被告側答弁書（二〇一五年九月）

被告の朝日新聞社は二〇一五年九月三日付で答弁書を提出した。

原告側が、朝日新聞記事の欧米紙への影響について、

　何らの裏付けもない吉田清治の慰安婦狩り証言が、欧米で事実として紹介され、軍による組織的な犯罪だと報道されたのは、朝日新聞が吉田証言を繰り返し取り上げて信用性を賦与し、箔付けしていたためである[38]。

と主張した点に対し、朝日新聞社は答弁書でこう反論した。

　原告引用の欧米の各報道機関の記事から明らかなとおり、各報道機関は自ら吉田を取材するなど独自の取材によって報道しているのであり、欧米での各報道機関の報道は、朝日新聞の報道によるものではない[39]。

また、米ニューヨーク・タイムズ紙との提携関係について、朝日新聞社はこう説明し、ニューヨーク・タイムズ紙が吉田清治氏を扱った記事について、朝日新聞との関係を否定した。

被告とニューヨーク・タイムズ社の提携は、被告がニューヨーク・タイムズ紙の記事を使用することができるというものであり、被告が朝日新聞の記事をニューヨーク・タイムズ社に配信または提供するものではなく（乙五　陳述書）、被告は情報提供者の立場ではない。

原告が訴状第三、三（七頁）で指摘する一九九二年七月三一日付ニューヨーク・タイムズ記事は、同紙が独自に吉田を取材して執筆した記事であり、朝日新聞の記事を引用または転載したものではない[40]。

国連クマラスワミ報告への朝日新聞記事の影響については、こう反論した。

クマラスワミ報告書は、吉田の著書を根拠の一つとしており、朝日新聞記事を根拠としているのではない。クマラスワミ報告書が朝日新聞誤報の影響下に生まれたなどということはない[41]。

二〇〇七年の米下院決議に対する朝日新聞記事の影響については、

二〇〇七年に決議された米下院決議一二一号の決議案の説明資料には、吉田の著書は用いられていない。なお、二〇〇六年に上程された同様の決議案の説明資料には吉田の著書の記述が用いられていたが、同決議案は決議に至らなかった[42]。

と反論。議会調査局スタッフのラリー・ニクシュ氏らに対する毎日新聞のインタビュー記事を引用して、以下の通り述べた[43]。

議会調査局のスタッフで、決議案の説明資料を作成したラリー・ニクシュ氏（以下「ニクシュ氏」という）は、毎日新聞のインタビュー（乙三　二〇一四年一〇月一一日付毎日新聞記事）に対し、二〇〇六年の決議案の説明資料について「あのメモは九三年二月の雑誌に掲載されたジョージ・ヒックス氏（豪ジャーナリスト）の記事から引用した。」「〇七年四月に出した改訂版のメモでは吉田氏の本の記述を削除した。吉田証言に疑問を持ったか、より信頼できる証拠を発見したからだ。〇六年メモでは一ページにも満たなかった慰安婦の証拠に関する章が、〇七年メモでは六ページになった。」と述べている[44]。

さらに、「朝日新聞を糺す国民会議」の訴訟と同様にニクシュ氏らについての毎日新聞記事を引用し、米下院決議への吉田証言や朝日新聞報道の影響について、以下のような否定的見解があることを紹介した。

二〇〇六年・二〇〇七年の決議案の説明資料を作成したニクシュ氏のほか、二〇〇六年に米下院国際関係委員会の上級スタッフであったデニス・ハルピン氏（以下「ハルピン氏」という）、二〇〇六年・二〇〇七年の決議案作成に関与した米国の研究機関アジア・ポリシー・ポイント代表のミンディ・コトラー氏（以下「コトラー氏」という）、議員のアドバイザー役を務めたマイク・モチヅキ教授（ジョージ・ワシントン大学）の四名が連名で、二〇一四年九月二五日に「Joint Response to Mainichi article on Congress and the Comfort Women Resolution」（議会と慰安婦決議に関する毎日新聞への共同見解）との声明文（乙四の一　声明文、乙四の二　訳文）を発表し、吉田証言やそれを報じた朝日新聞の記事については、米下院一二一号決議案の検討段階から、作成し、擁護するまでの過程において何らの要素にもならなかったとしている。そして、ニクシュ氏は、上記二〇一四年一〇月一一日付毎日新聞記事（乙三）のインタビューに対し「吉田証言が慰安婦問題の国際世論に影響を与えた決定的な要素だったという主張はほとんど正当化されない」と述べ、コトラー氏は「吉田証言は全く参考にしていない。」と述べ、ハルピン氏も「吉田証言や朝日報道が審議に影響したことは全くない」と述べている[45]。

原告が主張する「朝日新聞の国際的影響」について朝日新聞社は、以下の通り反論した。

韓国政府の報告書、クマラスワミ報告書、マクドゥーガル報告、国連委員会勧告、米下院決議等は、朝日新聞記事を根拠としているものではなく、米国内での韓国系住民の働きかけによる慰安婦の碑・慰安婦像の設置も、朝日新聞の報道によるものではない[46]。

米マグロウヒル社による高校教科書での慰安婦に関する記述にも朝日新聞記事が影響した、とする原告の主張についても触れた。

高校教科書における慰安婦に関する記述は、米国の教科書出版社が作成するものであり、朝日新聞の報道によるものではない[47]。

原告が主張する「集団的名誉毀損」については、以下のように反論した。

原告らは、「不特定多数の集団的帰属を貶め、その構成員の社会的評価を低下させる集団的名誉毀損」について、「各人の人格的尊厳と密接に結びつき、その中核を形成しているアイデンティティに関わる事実が虚偽の報道によって不当に貶められたり、それが誤った風評となって個々の生活関係に具体的な損害を生じさせた場合、不法行為責任を免責する理由はない」と主張するが、原告らの主張に法的根拠はなく、原告らの独自の主張にすぎない。

後記第三、一で述べるとおり、報道によって名誉毀損が成立するためには、被害者個々人の社会的評価を低下させるものでなければならない[48]。

朝日新聞に「真実報道義務」「訂正義務」があるとする原告の主張については、

特定人の名誉・信用を毀損していない報道について、報道機関が個々の購読者や国民に対し、法的に訂正義務を負うということはない[49]。

と否定した。

原告らの名誉が傷つけられたとする主張については、朝日新聞社は以下のように主張した。

朝日新聞の本件記事は、原告らが慰安婦狩りをしたとか、原告らが慰安婦を強制連行したとしたものでは全くない。したがって、原告ら指摘の本件朝日新聞記事が原告らの社会的評価を低下させ原告らの名誉を毀損したとはいえない。また、原告らは、本件朝日新聞記事が日本人あるいは日系人の名誉を毀損したと主張するが、本件記事に、慰安婦狩りをしたとの吉田の証言を紹介したものがあり、また、女子挺身隊員が慰安婦として動員されたかの印象を与えるものがあったとしても、七〇年以上も前の事実であり、これによって現在の日本人や日系人一般の社会的評価が低下するとはいえない。いわんや原告ら個々の社会的評価が低下するとは到底いえない[50]。

原告のうち在米日本人三人が訴える被害について、朝日新聞社はこう述べた。

原告らが主張する被害は被告の報道に起因するものではない。すなわち、グレンデール市に慰安婦像が設置されたのは、被告の報道によるものではなく、韓国系住民らの見解に基づく同住民らの運動の結果である[51]。

クインテロ市議から面罵を受けた、とする点については前記原告馬場の場合と同様に被告の報道に起因するものではないことが明らかであるし、また慰安婦の碑と像の建立があり、仮に日本人に対する苛めや嫌がらせがあったとしても、それは韓国人・韓国系の人々の認識や見解に基づくものであり、朝鮮・済州島で慰安婦を強制連行したとする吉田の証言を紹介した被告の報道や、挺身隊と慰安婦を混同したとされる被告の報道に起因するものではないことが明らかである[52]。

38「朝日・グレンデール訴訟」訴状八頁
39 二〇一五年九月三日付被告・朝日新聞社「答弁書」（原告・馬場信浩外　被告・朝日新聞社　東京地裁平成二七年（ワ）第四二八二号）六頁
40 同一三～一四頁
41 同七頁
42 同八～九頁
43 米下院決議について朝日新聞社は、「朝日新聞を糺す国民会議」の訴訟でも同様に反論している。本書第7章Iの7参照。
44 同九頁
45 同九～一〇頁

46 同一〇頁
47 同一〇頁
48 同一一頁
49 同一二頁
50 同一六頁
51 同一七頁
52 同一八頁

4 第一回弁論（二〇一五年九月）

第一回口頭弁論は二〇一五年九月三日にあり、東京地裁八一八号法廷の傍聴席五二席のうち、記者席一三席と関係者席四席を除く三五席分の傍聴券抽選に、一五〇人近い行列ができた。原告支援団体「朝日・グレンデール訴訟を支援する会」代表には日本会議政策委員の百地《ももち》章・日本大学教授が就き、日本会議政策委員の高橋史朗・明星大学教授、日本会議の椛島《かばしま》有三事務総長ら日本会議関係者が、その後も頻繁に法廷での傍聴や報告集会に参加した。

徳永信一・原告弁護団長は「『朝日・グレンデール訴訟』をなぜ、戦うのか」と題した意見陳述を読み上げ、こう主張した。

朝日新聞が訂正を怠っている間に、その誤報は嘘の「種」となり、せっせと世界中に撒き散らされ、国連文書に反映されるまでになっていたのです。そして、気がつけば、日本軍などが朝鮮人女性を強制連行して軍隊の性奴隷としてきたという嘘が、いつのまにか、国際常識として定着していたのです[53]。

弁論後の記者会見で徳永氏は、「クマラスワミ報告」と、二〇〇七年に日本に謝罪を求めた米下院決議に触れ、

朝日の記事、吉田清治の証言、挺身隊と慰安婦の混同とどう関係があるかについて立証する。クマラスワミ報告を基本とした下院決議も朝日の誤報に基づくものだと。

と立証方針を述べた。被告・朝日新聞社側が答弁書で、

報道によって名誉毀損が成立するためには、被害者個々人の社会的評価を低下させるものでなければならない[54]。

特定された被害者の名誉・信用が毀損された場合に初めて回復義務があるとしているのであり、本件のように特定人の名誉・信用を毀損していない場合に回復義務があるとしているものではない[55]。

特定人の名誉・信用を毀損していない報道について、報道機関が個々の購読者や国民に対し、法的に訂正義務を負うということはない[56]。

と反論している点について、徳永氏は、

そこがいちばんの法的問題なのです。特定の個人に対する誹謗中傷ではなく、一般の属性に対する不法行為は成立するのかと議論されている。これは単なる名誉毀損ではなく、風評被害という側面をもっている。

米国の具体的な被害、いじめ、慰安婦像による個別的な損害をとりあげ、グレンデールの慰安婦像が朝日新聞の誤報によって建ちましたと。具体的な損害は朝日新聞が賠償する義務がある。

とも主張した。

原告側の報告集会は虎ノ門の貸し会議室で開かれ、百数十人が参加した。支援団体代表として百地氏が冒頭にあいさつした。

昨年（二〇一四年）八月、朝日新聞は吉田清治の記事を取り消し、九月に謝罪した。しかし二〇万人を強制連行し性奴隷にしたと、根も葉もない話を拡散された。朝日の記事を発信源として風評被害を受けた在米邦人がいる。救済のため朝日を相手に訴訟を提起しようと昨年秋以来、準備してきた。進んで名乗り出た人が国内で二千人、米国の邦人も当初は三人、その後四六人。

慰安婦問題に火をつけた朝日新聞の責任を問い、海外に謝罪広告を載せさせる。海外に謝罪できないはずはない。カナダやオーストラリアにも慰安婦像ができようとしているので、事は急を要する。今後は朝日新聞の幹部を証人に要請するなど、裁判を進めていきたい。

弁護士が到着するまでの間、吉田清治氏の証言場面を映したTBS「報道特集」のビデオが再生された。ユーチューバー（動画製作者）のKAZUYA氏はこう主張した。

朝日の記事は、もはや国内の問題ではなくなった。海外で日本を貶めた勢力によって存分に利用され、国際問題と化してしまった。朝日のクオリティーペーパーたる拡散力が（この事態を）招いた。自ら作り出した火種を消せるのは朝日しかない。

世界問題と化した慰安婦問題を終結させるために、自分たちの記事が間違っていたと謝罪するのは朝日新聞に責任があり、朝日にしか止められない。朝日が書くと日本人が認めているということになる。

「独立検証委員会」にも参加した勝岡寛次氏は「私は原告ではありませんが」と断ったうえで、訴訟について「三つの点で意義がある」と述べた。

これは日本国家の名誉と尊厳がかかっている。日本は二〇万人の女性を強制連行した国家であると烙印を押されている。慰安婦は天皇からの贈り物として、子どもが陰惨ないじめに遭っている。

日本では朝日が吉田証言を認めて謝罪した。しかし海外ではまだウソがまかり通っている。朝日が頬被りして、虚偽の歴史が国際社会に広まった事実を認めようとしない。国際社会に広まったのは自分たちの誤報が責任であるということを朝日に認めさせる。

国内で謝罪したように、国際社会にも謝罪させ、原告と日本の名誉を回復し、外国でいじめに遭っている日本の子どもたちを守らねばならない。

第二に、これは日本の歴史を正す闘い。独立検証委員会では「一九九二年強制連行プロパガンダ」と命名した。真実の報道ではなく、虚偽の報道を流すことで日本国家を貶めた。朝日は慰安婦と同様のプロパガンダを過去におこない、南京大虐殺としてすべての歴史教科書に載っている。中国は慰安婦と南京を一緒にしてユネスコの世界記憶遺産に登録しようとしている。朝日によってゆがめられた歴史を正すことで、国際社会の認識を正す。

第三に、これは裁判の形をとった国際広報。自国の名誉と歴史を守り、誤った世界の歴史を正す。慰安婦は強制連行もなく、性奴隷でもない。日本の歴史を正すことで、世界の歴史を正していく。かつてない歴史的意義のある闘いだと思っている。

53 二〇一五年九月三日「朝日・グレンデール訴訟第一回口頭弁論報告集会～日本の名誉を回復する為に～」配布資料「『朝日・グレンデール訴訟』をなぜ、戦うのか」一頁
54 朝日新聞社「答弁書」一一頁
55 同一二頁
56 同一二頁

5 第二回弁論（二〇一五年一二月）

二〇一五年一二月二四日の第二回口頭弁論は、東京地裁一階の一〇三号大法廷で開かれた。傍聴を希望して約一〇〇人が行列に並び、傍聴席九四席をわずかに上回ったため、抽選が行われた。

原告弁護団長の徳永弁護士は、朝日新聞の英語版として発刊されていた「朝日イブニングニュース」に掲載されたAP通信の配信記事をもとに「sex slave」（性奴隷）と報じていると主張。さらに、在米日本人の原告に対する名誉毀損では日本法ではなく米国法を準拠法とすべきだと述べた。

この日は手続き上、原告側が「第一準備書面」を「陳述」。これに対して被告側も「準備書面（一）」を陳述した。被告の朝日新聞社は、原告の主張について、以下のように反論した。

原告らが問題としているのは、「日本人としてのアイデンティティと歴史の真実を大切にし、これを自らの人格的尊厳の中心において生きている日本国内外に居住している日本人」（訴状四頁）という不特定多数人の名誉である。したがって、被告の本件記事によって、原告ら各自の社会的評価が低下するということはなく、現実に原告らが損害を蒙ったということもない[57]。

弁論後の報告集会は弁護士会館で開かれ、徳永氏は米国で韓国系住民が慰安婦像を建てる運動を進め、日本人のいじめにもかかわっているとして、こう語った。

被告は答弁書において、朝日新聞問題というか慰安婦の誤報について、クマラスワミ報告や、アメリカの下院決議、そしてグレンデール市における慰安婦像の設置などとは因果関係がないと言ってるんですよね。朝日新聞が吉田清治の証言とか、慰安婦と挺身隊を混同するような記事を出したけれども、それは認めるけれども、それとクマラスワミ報告や慰安婦像の設置は関係ないと。とくに慰安婦像の設置と、それにもとづく在米原告、ロサンゼルスに在住している日本人たちがこうむっているいじめや意地悪だとかもろもろの侮辱だとか、そういったことは、それは朝日新聞は関係ないんだと。韓国人の認識と見解の問題なんだと。

新しく出した書面には、そこのところを山のように反論しているわけですよ。とくに韓国人の問題だっていうのはね、それはそうだろうと。いじめているのは韓国人だし、そして慰安婦の像とか慰安婦碑っていうのを作っているのは、韓国系の市民団体。そしてそれに実のところ、中国系の市民団体が共闘する形をとってアメリカ中に建てようということを計画的に進めているわけですよ。で、アメリカにとどまらず、ヨーロッパ、フランスやドイツはもちろんのこと、北米でもカナダでも、そういう計画がどんどん進んでいますし、オーストラリアでもそういう動きがあって、もうまさに攻防戦が世界中で繰り広げられているという状況なんですけれども、それは朝日新聞関係ないって言っているんですよね。

だからこれは朝日新聞、あなたのせいだろうということが、これから私たちがやっていくことの中心になっていくわけなんです[58]。

韓国の人たちに誤った歴史観を植え付けたのは朝日新聞だというのがこの裁判の一番のかなめです（場内から拍手）。朝日新聞は罪深いことをしましたよね。世界中で、米国においてもそれまで仲よく暮らしていた日本人と韓国系の人たちを、慰安婦の像を建てることで、ここまでののしり合いになっている。日本人が小学生まで性奴隷にしたといえば、許せないですよね、本当だとすれば。「申し訳ないことをした」とわびる姿を見せないと一緒の空気が吸えない。そんなふうに思い込ませてしまったのは朝日新聞がやったんだから。

勝岡寛次氏も集会で発言した。

朝日新聞の対応が国内と海外でまったく違う。国内ではご承知のように、去年夏にああいう形で謝罪して決着がついてしまったような感じですね。強制連行、性奴隷というのはあり得ないということは国民のすみずみにまで常識になっている。日本の中で慰安婦碑とか像を建てる動きはまったくないわけです。それなのに米国やカナダでは動きがやまないどころか、どんどん激しくなっている。日本と世界の常識が食い違っている。朝日が謝罪しないことによってそれが助長されている。誤った慰安婦認識を正さなければいけない。

57 二〇一五年一二月二四日付被告・朝日新聞社「準備書面（一）」（原告・馬場信浩外　被告・朝日新聞社　東京地裁平成二七年（ワ）第四二八二号、二一六九四号、二四一七一号）四頁

58 動画「【徳永信一】朝日・グレンデール訴訟、第二回口頭弁論報告集会［桜H27/12/25］」（https://nico.ms/so27869700）

6　国連での外務審議官発言（二〇一六年二月）

二〇一六年二月一六日、スイス・ジュネーブの国連女子差別撤廃委員会で外務省の杉山晋輔・外務審議官は慰安婦問題について発言した。外務省サイトに掲載された発言概要は以下の通り。

日本政府は、日韓間で慰安婦問題が政治・外交問題化した一九九〇年代初頭以降、慰安婦問題に関する本格的な事実調査を行ったが、日本政府が発見した資料の中には、軍や官憲による

いわゆる「強制連行」を確認できるものはなかった。

「慰安婦が強制連行された」という見方が広く流布された原因は、一九八三年、故人になった吉田清治氏が、「私の戦争犯罪」という本の中で、吉田清治氏自らが、「日本軍の命令で、韓国の済州島において、大勢の女性狩りをした」という虚偽の事実を捏造して発表したためである。この本の内容は、当時、大手の新聞社の一つである朝日新聞により、事実であるかのように大きく報道され、日本、韓国の世論のみならず、国際社会にも、大きな影響を与えた。しかし、当該書物の内容は、後に、複数の研究者により、完全に想像の産物であったことが既に証明されている。

その証拠に、朝日新聞自身も、二〇一四年八月五日及び六日を含め、その後、九月にも、累次にわたり記事を掲載し、事実関係の誤りを認め、正式にこの点につき読者に謝罪している。

また、「二〇万人」という数字も、具体的裏付けがない数字である。朝日新聞は、二〇一四年八月五日付けの記事で、「『女子挺身隊』とは戦時下の日本内地や旧植民地の朝鮮・台湾で、女性を労働力として動員するために組織された『女子勤労挺身隊』を指す。（中略）目的は労働力の利用であり、将兵の性の相手をさせられた慰安婦とは別だ。」とした上で、「二〇万人」との数字の基になったのは、通常の戦時労働に動員された女子挺身隊と、ここでいう慰安婦を誤って混同したことにあると自ら認めている。

なお、「性奴隷」といった表現は事実に反する[59]。

この発言について朝日新聞社は二月一八日、「根拠を示さない発言」だとして「遺憾」との内容を文書で外務省に申し入れ、翌一九日の朝日新聞紙面でも以下のように記事を掲載した。

申入書では、国際的な影響について、朝日新聞の慰安婦報道を検証した第三者委員会でも見解が分かれ、報告書では「韓国の慰安婦問題批判を過激化させた」「吉田氏に関する『誤報』が韓国メディアに大きな影響を及ぼしたとは言えない」などの意見が併記されたと説明。国際社会に大きな影響があったとする杉山氏の発言には根拠が示されなかったと指摘した。

また、女子挺身隊と慰安婦を混同して報じた点について、朝日新聞社はおわびし、訂正しているが、二〇万人という数字について、「女子挺身隊と慰安婦の混同がもとになったとは報じておりません」と指摘した。慰安婦の人数については諸説あることを報じていることも伝えた[60]。

原告側はこの杉山氏発言を引用した準備書面を三月一〇日に地裁に提出。三月一五日の第三回口頭弁論でも書面の要旨を読み上げ、発言を紹介した。弁論後の集会でも、徳永弁護士が「当然といえば当然のことを言っただけですが、今までの外務省の対応を知っている者としては、よくぞ外務省がここまで言ってくれたということで喝采をしたくなる[61]」と高く評価した。

第二回口頭弁論は東京地裁一階の大法廷だったが、第三回からは再び、上の階の小さめの法廷に移った。四〇席弱の傍聴席に希望者が四五人ほど並び、傍聴券は抽選となった。

口頭弁論後、虎ノ門の貸し会議室で開かれた原告側集会では「オーストラリア・ジャパン・コミュニティ・ネットワーク」（AJCN）代表という山岡鉄秀氏が発言した。

朝日新聞に対する集団訴訟は三つのグループがあり、このうち提訴順で第一の訴訟である「朝日新聞を糺す国民会議」による訴訟と、第三の訴訟である「朝日・グレンデール訴訟」は、徳永信一弁護士によると「当初は一緒にやっていたが、裁判の方針をめぐって分裂し、別々に提訴した」という[62]。しかしオーストラリアなど外国生活が長いという山岡氏は二〇一五年一二月ごろから、第一と第三の両訴訟で法廷や集会に出席し、積極的に発言したり、右派・保守系の論壇誌に寄稿したりするようになっていく。

山岡氏は二〇一六年三月の集会で、こんな主張をした。

　我々が見つけたのは、英語版にだけ必ず使われる同一のフレーズがあるんですね。はい。それはここで「comfort women who were forced to provide sex to Japanese soldiers before and during World War II」。はい。「comfort women」という「慰安婦」というのを関係代名詞で受けて、予備校の授業みたいで恐縮ですが、「forced to provide sex」、日本語に直しますと「第二次大戦前および大戦中に日本兵にセックスの供与を強制された慰安婦」と。そういうふうに読めるわけですね。「供与」というのは「provide」という単語を訳すために入れてますけどね。普通に英語で読んだら「強制的に性行為をさせられた」と、そういう意味です。というふうにとられる。これがまず、必ず出てくるお決まりのフレーズ、ナンバーワン。

結論的には、これまでのものを見れば、客観的に言えることは、朝日は性奴隷という言葉の使用は避けながら、慰安婦は強制連行された性奴隷だというように読める、そういう印象操作を英語で行っている。海外向けに行っている。海外のメディアがピックアップするように行っていると[63]。

山岡氏の主張はこの後、第三訴訟では一審・地裁段階、第一訴訟でも控訴審・高裁段階で原告側書面に引用された。

これに対して被告・朝日新聞側は、国民と政府の拠出で設立された「アジア女性基金」の英文サイトにも、慰安婦についての説明の冒頭に「forced to provide sexual services」という同様の一節が使われていることを紹介し「この用法は適切で問題はない」と反論した。

---

59 二〇一六年八月九日　外務省「女子差別撤廃条約第7回及び第8回政府報告審査」(https://www.mofa.go.jp/mofaj/a_o/rp/page24_000733.html)

60 二〇一六年二月一九日朝日新聞朝刊四頁「朝日新聞社、外務省に申し入れ　国連委発言で慰安婦報道言及」

61 動画「【名誉と尊厳】朝日・グレンデール訴訟　第三回口頭弁論報告会［桜H28/3/16］」(https://nico.ms/so28433148)。ただしこの動画は、本書で引用した発言部分の直後から始まるため、動画では当該発言箇所そのものは確認できない。

62 「朝日新聞を糺す国民会議」の訴訟原告弁護団の荒木田修弁護士も、提訴前の二〇一四年一〇月二五日の「『朝日新聞を糺す国民会議』結成国民大集会」で、「弁護士間に訴訟方針について意見の相違が生じました」「結局、別々にやることになりました。だから、これからどの時点か分かりませんけど、訴訟が少なくとも二本起こります」と発言している。『朝日新聞を消せ!』一五七頁

63「【名誉と尊厳】朝日・グレンデール訴訟　第三回口頭弁論報告会」。なお山岡氏はキーワード部分をゆっくりと強調し、かんで含めるように発言することがある。

7　第四回弁論と取材拒否（二〇一六年五月）

二〇一六年五月一九日の第四回口頭弁論から、原告側は法廷でプレゼンテーションソフトを使い、主張のポイントを映写しながら説明する方法をとるようになった。第三回弁論でも使いたいと希望していたが、このときは裁判長が「被告と協議する時間もないので」と認めていなかった。

第四回口頭弁論直前の五月一二日付で被告側は二通の準備書面を提出し、一九日の口頭弁論で手続き上「陳述」した。このうち「準備書面（二）」は原告側が二〇一五年一二月二四日付（一二日付のものを差し替え）で提出した「第二準備書面」に、また「準備書面（三）」は二〇一六年三月一〇日付の原告側「第三準備書面」に対する認否や反論を記したものだ。

このうち、「日本人としてのアイデンティティに対する侵害も日本人のアイデンティティを人格の中核に据えて実存している個人の人格的自律を損なう重大な損害[64]」との原告側主張には、被告側はこう反論した。

原告らが主張する損害は、結局は、抽象的な日本人としてのアイデンティティを侵害されたとするものにすぎず、現実的な損害ではない[65]。

原告側は、第二準備書面で独立検証委員会報告書を引用し、朝日新聞の一九九二年一月一一日記事を「九二年一月強制連行プロパガンダ」と名づけたうえで「間違いなく米紙に影響を与えた」と主張した。

独立検証委員会は、一九九二年一月一一日に被告が、吉見義明中央大教授が防衛庁図書館で慰安所への「軍関与」を示す資料を発見した、と大きく報じた「九二年一月強制連行プロパガンダ」（甲三五）は、間違いなく米紙に多大な影響を与えたと結論づけている。その根拠は、「主要三紙が慰安婦に関するまとまった記事を書くのはすべてその直後からだからだ。言い換えれば、米国主要三紙は朝日が「九二年一月強制連行プロパガンダ」を行う以前は、慰安婦問題をほぼ無視し、取り上げていなかった。」[66]

これに対し被告側は「準備書面（二）」で以下のように述べ、「プロパガンダ」との主張を否定した。

原告らが特定して挙げている一九九二年一月一一日付朝日新聞記事（甲三五）は、中央大学の吉見義明教授が防衛庁の防衛研究所図書館に収蔵されている、陸軍省と中国に派遣されていた部隊との間で交わされた極秘文書をつづった「陸支密大日記」などの資料の中から、日本軍が慰安所の設置や慰安婦の募集を監督、統制していたことを示す通達や陣中日誌が発見された事実を報じたもので、その内容は真実であって虚偽報道ではなく、「プロパガンダ」などでは全くない[67]。

そのうえで被告側は、原告側が「主要三紙」の一つにあげた米ニューヨーク・タイムズ紙の報道について、独立検証委員会の島田洋一氏が指摘した九二年一月以前にも、慰安婦問題に触れた報道があるという具体的な例に言及。さらに英国やカナダの報道機関や、日本の英字紙が九一年、二月に元慰安婦の提訴を報じていることを指摘して、「主要三紙が慰安婦に関するまとまった記事を書くのはすべて朝日新聞の九二年一月報道の直後から」とする原告側の主張に反論した。

一九九一年一二月六日に金学順氏ら韓国人元慰安婦が日本政府を相手取り提訴したが、この直後の同年一二月九日にニューヨーク・タイムズ紙（乙一一の一、二）は、慰安婦問題を含む戦争責任に対する日本政府の姿勢について論じている。

また、英通信社ロイターは、金学順氏らの提訴を報じる記事を配信しており、同記事は、同年一二月一一日付カナダ紙トロント・スター（乙一二の一、二）、同年一二月一二日付英国紙ガーディアン（乙一三の一、二）に掲載されている。さらに、同年一二月一五日付英国紙インディペンデント（乙一四の一、二）は、金学順氏らの提訴について詳細に報じている。

なお、日本の新聞の英語版でも、同年一二月七日付記事デイリーヨミウリ（乙一五の一、二）、同年一二月一四日付ニッケイ・ウィークリー（乙一六の一、二）が、金学順氏らの提訴を報じている。

このように、一九九二年一月一一日付朝日新聞記事（甲三五）の掲載以前から、米国主要紙や海外の新聞紙上に、慰安婦に関する記事が掲載されていた[68]。

原告側は、独立検証委員会報告書を引用する形で、クマラスワミ報告書の慰安婦の「強制連行」についての記述は、吉田証言を唯一の典拠としたものであり、被告の誤報から始まったものである、などと主張し、以下のように述べた。

クマラスワミ報告が、軍による組織的な慰安婦「強制連行」の「歴史的背景」の典拠として採用したのは、ジョージ・ヒックス著書『性の奴隷　従軍慰安婦』（乙二：以下「ヒックス本」という。）と吉田清治の著書『私の戦争犯罪　朝鮮人強制連行』（乙一、以下「吉田本」という。）だけであり、そのヒックス本も「奴隷狩り」については吉田本に依拠しており、結局、吉田の『私の戦争犯罪』の「ドレイ狩り」「慰安婦狩り」の話が、ヒックス本を通じてクマラスワミ報告に影響した（一〇三頁）。

しかもその吉田本の元になったものは、被告が最初に報道し、「九二年一月強制連行プロパガンダ」で繰り返し報じた、慰安婦「狩り出し」の虚報である[69]。

これに対し、被告側はクマラスワミ報告の内容や、クマラスワミ氏が共同通信の取材に答えた記事などを引用して、以下のように反論した。

クマラスワミ報告書の慰安婦の「強制連行」についての記述は、吉田証言を唯一の典拠としているのではなく、元慰安婦の証言もその根拠としているものである（甲六七の二・一六頁以下）。クマラスワミ氏は、被告が、吉田証言に係わる記事を取消した後の共同通信社との会見でも、吉田証言はクマラスワミ報告書の「証拠の一つにすぎない」とし、元慰安婦への聞き取り調査などに基づき「日本軍が雇った民間業者が（元慰安婦らを）誘拐した」事例があったとし、同報告書の内容について「修正は必要ない」との考えを示し、調査に基づき「慰安婦たちには逃げる自由がなかった」として、慰安婦を「性奴隷」と定義したのは妥当だったと述べている（乙一七　二〇一四年九月四日付毎日新聞記事）。

また、クマラスワミ報告書は、吉田清治の著書「私の戦争犯罪　朝鮮人強制連行」（乙一）（ジョージ・ヒックス著書「性の奴隷　従軍慰安婦」（乙二）からの引用）を、その根拠の一つとしているが、前記のとおり、被告の記事が「お墨付き」を与えて、吉田清治の著書が出版されたという関係もない。

したがって、原告らが主張するような、一九八二年に被告が吉田証言を報じたことにより、吉田清治の著書「私の戦争犯罪　朝鮮人強制連行」（乙一）が出版され、ジョージ・ヒックスの著書「性の奴隷　従軍慰安婦」（乙二）を経て、クマラスワミ報告書が作成されたという関係にないことは明らかである[70]。

原告側は、朝日新聞記事、とくに九二年一月一一日付報道が韓国紙に影響したとして、独立検証委員会報告書を引用する形で、以下のように主張した。なお「ビッグバン」という表現は、秦郁彦氏が『慰安婦と戦場の性』などで使った比喩である。

韓国における「慰安婦問題」のビッグバンは、九二年一月一一日付朝日新聞「軍関与」のニュースと韓国紙一四日付「一二歳の小学生まで慰安婦にした」というニュースによって引き起こされたとされ、どちらも朝日新聞の報道と関係があるとされている[71]。

挺身隊と慰安婦の混同が生じた時期については、「李栄薫の研究によれば、教科書がはじめて『挺身隊』に言及したのは一九五二年のことである。この時点では挺身隊と慰安婦の混同は起きておらず、一九六〇年代前半まで区別はつけられていたとする。李栄薫の表現を借りると《挺身隊と慰安婦を同一視する韓国人の集合的記憶は成立していなかった》のである」。そして「韓国教科書に『慰安婦強制連行』と『挺身隊イコール慰安婦』の記述がはっきりと表れたのは、『九二年一月プロパガンダ』の後であることが指摘されている[72]。

これに対し被告側は、韓国紙の記事には慰安婦の「強制連行」を伝える記述や、挺身隊と混同する記述が、原告側の主張する時期よりはるか以前の第二次大戦終戦直後からあることを指摘し、原告側の主張に反論した。韓国紙の記事は、韓国在住の大学講師、吉方べき氏の調査結果を引用する形で紹介した。

韓国仁川大学講師吉方べきの論文「韓国における過去の『慰安婦』言説を探る（上）」（季刊戦争責任研究第八五号）（以下「吉方論文」という　乙一八・二二一～二二九頁）、及び二〇一六年三月一八日付朝日新聞記事（以下「吉方記事」という　乙一九）によると、当時韓国において以下のような報道がなされている。

①一九四六年五月一二日付ソウル新聞記事（乙一八・二二三頁、乙一九、乙二〇の一、二）

「今度の戦争中、日本人が負った最大の罪の一つとして、この地の娘たちを女子挺身隊または慰安部隊という美名のもとに、日本はもちろん、遠く中国や南洋などに強制的にあるいはだまして送り出した事実を指摘することができるだろう。」[73]

被告側は一九四六年から一九七〇年代にかけての、同様の韓国紙報道を列挙し、以下のように結論づけた。

以上のとおり、韓国における「日本軍による慰安婦の強制連行」「挺身隊と慰安婦の混同」

及び「慰安婦数二〇万人」との認識は、被告の吉田証言を報じる記事より以前からあったものであり、少なくとも被告の報道によるものでないことは明らかである[74]。

こうした前提を踏まえ、「一二歳の小学生を慰安婦にした」との韓国紙報道についても被告側は、原告側のいう「朝日新聞の影響」を否定した。

一二歳の小学生を慰安婦にしたとの一九九二年一月一四日付中央日報記事は、前記のとおり、すでに「挺身隊＝慰安婦」との混同が広がっていた韓国において、富山の軍需工場へ勤労挺身隊として子供たちを送り込んだとの池田正枝氏の証言を、同紙が「慰安婦」として送り出したと誤解して報じたと考えられるもので、被告の挺身隊と慰安婦の混同がある記事が原因ではない。独立検証委員会報告書にも、韓国他紙（同月一五日付朝鮮日報、同月一五日付東亜日報、同月一六日付ソウル新聞）も「挺身隊＝慰安婦」との混同に基づき池田氏の証言を誤解して報じたと記載されている（甲八〇・九一〜九二頁）[75]。

原告側や独立検証委員会が典拠とした李栄薫《イヨンフン》氏の著書の記述について被告側は、以下のように反論した。李栄薫氏の研究は韓国の教科書についてのものであるのに対し、被告側が提出したのは新聞記事などの記述であることや、慰安婦問題に関する韓国政府の報告書の記述などからみても、韓国内では挺身隊と慰安婦の混用が根強くあることなどを指摘した。

李栄薫の研究とは、韓国の教科書についてのものであり（甲八〇・九六頁）、前記のとおり、韓国においては一九四五年の終戦直後から一九六〇年代前半までに、「挺身隊＝慰安婦」との混同が生じていたものである。

なお、独立検証委員会報告書に記載されている李栄薫の研究によれば、韓国の教科書に「挺身隊＝慰安婦」との混同が現われたのは一九九七年であるとされている（甲八〇・九六頁）。しかし、前記のとおり、一九九二年七月に発表された韓国政府中間報告書において、「わが国内では勤労挺身隊と軍隊慰安婦が混用されており、一般的に挺身隊と通称しているが、勤労挺身隊と軍隊慰安婦は概念を区別する必要がある」（乙八の二・四頁）とされているのであり、それにもかかわらず、韓国の教科書において一九九七年から「挺身隊＝慰安婦」との混同が現われたのだとすると、それは韓国内においてそのような認識が根強くあり、韓国政府もそれを放置していたものと考えるほかなく、少なくとも一九九二年一月一一日付朝日新聞記事（甲三五）が原因で韓国の教科書において「挺身隊＝慰安婦」との混同が生じたのでないことは明らかである[76]。

ちなみに、原告側や独立検証委員会がたびたび引用する李栄薫・ソウル大学教授については、日本語に訳された『大韓民国の物語』という著書がある。この本を読んでいくと、下記のような記述がある。

一九五〇年代までは、挺身隊を慰安婦と混同する韓国人の集団的な記憶はまだ成立していなかったと考えられます[77]。

では、いつから混同が始まったのか。李栄薫氏はこう書く。

私が読んだことがある限られた範囲での話ですが、挺身隊を慰安婦として描写しはじめた最初の事例として、一九六九年に発表された金廷漢《キムジョンハン》の『修羅道』を挙げることができます[78]。

日本の植民地支配に対して怒る国民たちの心に、小説の内容はあたかも事実であるかのように受け取られるしかなかったのです。挺身隊を慰安婦であると考える国民の集団記憶は、このように作り出されはじめたのではないでしょうか[79]。

原告側は、挺身隊と慰安婦の混同が一九九〇年代、朝日新聞により作り出されたかのように主張した。しかし原告側が引用している李栄薫氏自身が、自著で一九六九年の小説をあげて、「挺身隊を慰安婦であると考える国民の集団記憶は、このように作り出されはじめたのではないでしょうか」と述べているのだが、この箇所については原告側も、独立検証委員会も引用していない。

金廷漢の小説『修羅道』については、吉方べき氏も以下のように言及し、作品からの引用もある。

記事に登場する作品『修羅道』（一九六九年）を見ると、作者の認識は次の通りである[80]。

彼等の言葉によると戦力増強のための「女子挺身隊員」というもので、日本の静岡かどこかにある飛行機落下傘を作る工場や何かの軍需工場に就職させてくれると言ってはいたが、実際に行った人々から漏れ伝わった消息によると、全てが日本の兵隊達の慰安婦にされ、中国や南方に連れて行かれたということだった。言ってみれば、騙しと強制による、彼等のための戦争の生贄だった[81]。

また李栄薫氏は、著書『大韓民国の物語』で慰安婦について以下のように述べ、「性奴隷説」について「妥当な主張」とする見方を示している。

記録によれば、わりあい自由に市街を出歩いた女性もいましたが、大抵は行動の自由が奪われた奴隷のような境遇だったと考えられます。ですから、慰安婦を研究者[82]する人たちは、慰安婦を性奴隷と規定していますが、これは妥当な主張であると思われます[83]。

五月一二日付で提出した「準備書面（三二）」で被告・朝日新聞社は、朝日新聞の慰安婦報道が国際社会に影響したとする原告側の主張に対し、二〇一四年一二月の朝日新聞社第三者委員会報告書を引用して、下記のように反論した。

国際社会への影響について、第三者委員会報告書（甲八一の一）では、岡本行夫委員、北岡伸一委員は「(日本軍が、直接、集団的、暴力的、計画的に多くの女性を拉致し、暴行を加え、強制的に従軍慰安婦にしたという）イメージの定着に、吉田証言が大きな役割を果たしたとは言えないだろうし、朝日新聞がこうしたイメージの形成に大きな影響を及ぼした証拠も決定的ではない」（同五二頁）とし、波多野澄雄委員は「一九八〇年代の吉田清治氏に関する韓国内の報道は、朝日新聞が最初ではない。こうした意味では、朝日新聞の吉田氏に関する『誤報』が韓国メディアに大きな影響を及ぼしたとは言えない」（同五三頁）とし、林香里委員は「国際報道調査のもっとも端的な結論は、朝日新聞による吉田証言の報道、および慰安婦報道は、国際社会に対してあまり影響がなかったということである」（同八二頁）としている[84]。

また、米ニューヨーク・タイムズ紙の元東京支局長の著書を引用して、以下のようにも述べた。

ニューヨークタイムズ前東京支局長マーティン・ファクラー氏は、著書「安倍政権にひれ伏す日本のメディア」（乙三一）において、第三者委員会の林香里委員の報告（甲八一の三）をふまえ「安倍政権が慰安婦問題をやたらと言挙げして政治的に利用した結果、その影響が韓国における慰安婦問題がらみの報道を急増させたのだ。安倍首相が国会で声高に言うように、朝日新聞が国際社会における日本人の名誉を著しく傷つけ、日韓関係に打撃を与えたというのはあまりに一面的な物言いだ」（乙三一・八六頁）、「アメリカで朝日新聞を認識している人はごく少数であり、読んでいるとなるとさらに少ない。1％の中の1％、といったレベルの話だ。つまり、安倍首相が国会で『パキスタンの新聞が日本の世論に悪い影響を与えた』と言うに等しいアクロバティックな批判をしている」（同八七頁）としている[85]。

原告側は「第三準備書面」で、朝日新聞の英文記事にある表現を問題視し、山岡鉄秀氏の持論を踏まえて以下のように主張した。

被告は、（中略）英文による海外発信記事により、慰安婦の説明をする中で「日本軍が女性狩りをして性奴隷にしたもの」と英語話者である同記事の読者が受け止める表現での情報発信を継続して行っている[86]。

日本文では「慰安婦」につき何の説明も付されていないのに、海外発信用英文記事では、「the comfort women」につき、「who were forced to provide sex to imperial Japanese military personnel before and during World War II」（第二次世界大戦の前および大戦中、大日本帝国軍人に性＝セックスを提供するように強制された女性達）と説明している[87]。

上記の英文で説明されている「慰安婦」に関する説明を英語話者である読者が素直に読めば、かつての大戦中（その前からも）、日本軍は朝鮮半島から強制的に連れてきた女性達を慰安婦と呼ばれる性奴隷としていたと理解するのが普通である。「forded」[88]という言葉は、「強制された」「自由を奪われて余儀なくされた」意味であるから、戦時中（その前から）、軍隊、軍人、植民地等の強制や武力を想起させる諸用語が説明に使用されていることからも、慰安婦というのは、現在では「性奴隷」（セックス・スレイブ）と同意義であろうと理解されることとなる[89]。

すなわち「植民地とされた朝鮮半島」（間違いであることが明らかである）から連れてこられてセックスを軍人に提供するよう日本軍によって強制された存在こそが慰安婦だと理解することになる[90]。

「comfort women」（慰安婦）という用語につき、①軍の命令で女性狩りのような強制があったとの虚偽や誤報を被告がきちんと訂正したうえで、広く知らせることを怠っており、したがって国際社会においていまだに日本軍や日本が「強制連行」を行ったとの誤った認識が流布されている状況があること、それとともに、②対価を伴わない「性奴隷」と、対価を得て性を提供する売春（慰安婦の殆ど全ての実態）の違いを被告がきちんと報道しようとしないばかりか、「広義の強制性」なる極めて曖昧で実体不明概念を持ち出して、被告が行った虚偽報道や誤報を糊塗し続けている故に、被告は今でも国際社会に対して真実と異なる受け取られ方をされる報道を続けているのである[91]。

これに対して、被告側は「女性のためのアジア平和国民基金」（アジア女性基金）の英語版でも、よく似た英文表現を使っているなどと指摘し、「表現は適切である」と反論した。

原告ら指摘の英文記事の記述は、「forced to provide sex」（甲九八の一、九九の一、一〇〇の一）としており、「性奴隷」（sex slaves）とはしていない。上記英文記事での「forced to provide sex」との記述は、「comfort women」がどのようなものであるかにつき読者の理解を助けるために説明を加えたものであり、また日本政府と国民が協力して設立した「女性のためのアジア平和国民基金」（アジア女性基金）は「慰安婦」について、「forced to provide sexual services to officers and soldiers.」（将兵に性的な奉仕を強いられた）としており（乙二二の一、二「デジタル記念館　慰安婦報道とアジア女性基金」）、上記英文記事の「forced to provide sex」との表記が適切であることは明らかである。

また、上記英文記事の「forced to provide sex」との記述は、性的行為を強いられたとするもので、朝鮮半島から強制的に連れてこられたとするものではない。

したがって、上記英文記事の読者が、慰安婦について「朝鮮半島から強制的に連れてきた女性たちを慰安婦と呼ばれる性奴隷」と理解することはない[92]。

この日の弁論後の集会は東京地裁に近い虎ノ門の貸し会議室で開かれた。筆者も参加しようと入り口で名刺を出したところ、「今回から運用が変わりまして、取材は事前登録制となりました。登録がない人は受け付けできない、と上の者に言われています」と言われ、参加を拒まれた。

この日の原告側集会に出席していた人が主催者側に聞いた話によると、筆者（北野）は事前に取材を申し込んでいなかったから未登録を理由に拒否されたのではないようで、むしろ、「北野記者の記事を読んで、北野記者だから警戒されたという面があったようだ。次回も、今の状況のままだと、おそらく北野記者は入れてもらえないのではないか」とのことだった。

そういえば原告支援団体「朝日・グレンデール訴訟を支援する会」のサイトを見ていても、それまでは口頭弁論期日が近づくとネット上に報告集会の時間と場所が事前に告知されていた。ところが途中から、告知がハガキなどに限られ、ネットから集会の開催情報が得られなくなっていた。

裁判でも集会でも、記者はその場に居合わせて直接取材をすることが重要だ。発言者と直接言葉を交わし、名刺を交換して取材相手と知己を得たり、参加者らの受けとめ方や会場の雰囲気を肌で感じたりする。記者の乏しい予備知識や先入観を超えるような想定外のさまざまな情報や人脈、空気感は、現場に行ってはじめて体得できる場合も少なくない。筆者がさまざまな集会や現場に直接足を運ぶ理由がここにある。

しかし筆者は一連の裁判で原告側団体に、名指しで警戒されているようだというのである。たとえ筆者が集会会場から追い出されても、知人を介して集会での発言内容の概要を把握する手段を確保してはいた。しかしこのままでは、筆者が記者であることを名乗った上で原告側集会に直接参加して取材する、というこれまでの手法がとれなくなってしまう。

64 二〇一五年一二月二四日付原告・馬場信浩外「第二準備書面」（原告・馬場信浩外　被告・朝日新聞社　東京地裁平成二七年（ワ）第四二八二号、二一六九四号、二四一七一号、二八三三五号）五頁。なおこの原告側「第二準備書面」は、本文七頁と一七頁、一八頁脚注に「マクドゥガル報告」、一七頁脚注「ゲイ・マクドゥガル氏」とある一方、本文八頁に「マクドーガル報告書」と記されるなど、表記に揺れがある。
さらに七頁「慰安婦の日」とあるのは、正しくは「慰安婦の碑」。一六頁脚注に「大沼安保」、一八頁脚注に「大沼昭保」とあるのは、正しくは「大沼保昭」。さらに一六頁脚注「アジア女性基金の代表として慰安婦問題に取り組んできた大沼安保」との記述については、大沼氏はアジア女性基金の理事だったが「代表」ではない。二一頁「伊貞玉教授」は、正しくは「尹貞玉教授」。二三頁脚注の「朴裕端教授」は、正しくは「朴裕河教授」。
65 二〇一六年五月一二日付被告・朝日新聞社「準備書面（二）」（原告・馬場信浩外　被告・朝日新聞社　東京地裁平成二七年（ワ）第四二八二号、二一六九四号、二四一七一号、二八三三五号）二頁
66 原告「第二準備書面」一〇頁、「独立検証委員会報告書」六六頁
67 被告「準備書面（二）」四頁
68 被告「準備書面（二）」七頁
69 原告「第二準備書面」一六〜一七頁、「独立検証委員会報告書」一〇三〜一〇四頁
70 被告「準備書面（二）」九頁
71 原告「第二準備書面」二二頁
72 同二一〜二二頁、「独立検証委員会報告書」九六頁
73 被告「準備書面（二）」一一頁
74 同一四頁

75 同一五頁
76 同一五～一六頁
77 李栄薫、永島広紀訳『大韓民国の物語』（文藝春秋、二〇〇九年）一二四頁
78 同一二七頁
79 同一三〇頁
80 吉方べき「韓国における過去の『慰安婦』言説を探る（上）――一九四五年～七〇年代」「季刊戦争責任研究」第八五号（二〇一五年冬季号）（日本の戦争責任資料センター、二〇一五年）二六頁
81 同二六頁、金廷漢『韓国文学全集八五　修羅道（外三篇）』（三省出版社、一九七二年）。原文は韓国語、翻訳は吉方べき氏。
82 日本語版の原文ママ
83 『大韓民国の物語』一四〇頁
84 二〇一六年五月一二日付被告・朝日新聞社「準備書面（三）」（原告・馬場信浩外　被告・朝日新聞社　東京地裁平成二七年（ワ）第四二八二号、二一六九四号、二四一七一号、二八三三五号）三～四頁
85 同四頁
86 二〇一六年三月一〇日付原告・馬場信浩外「第三準備書面」（原告・馬場信浩外　被告・朝日新聞社　東京地裁平成二七年（ワ）第四二八二号、二一六九四号、二四一七一号、二八三三五号）七頁
87 同八頁
88 原文ママ。正しい表記は「forced」。
89 同八～九頁
90 同九頁
91 同九頁
92 被告「準備書面（三）」五頁

8　第五回弁論（二〇一六年七月）

筆者はこの集会後、原告側の関係者に「今後も集会を取材させてほしい」と申し入れた。その結果、七月一四日の第五回口頭弁論後の集会には参加できるようになった。前回と異なり、原告側集会の案内は関係者へのハガキだけでなく、「支援する会」のウェブサイトでも口頭弁論の一〇日ほど前に告知がなされた。

東京地裁五二二号法廷で開かれた口頭弁論では、原告側代理人の内田智弁護士がパソコンを操作してプレゼンテーションソフトをスライド映写。岩原義則弁護士が第五準備書面の内容を説明した。

原告側は、毎日新聞が六月一〇日に掲載した、第二次世界大戦中の米軍による朝鮮人の尋問調書について書かれた記事[93]を証拠として提出した。一九四五年四月に米軍が捕虜とした日本軍関係者の中にいた朝鮮人を尋問した記録のうち、米公文書館に保管されていた調書の内容が毎日新聞で紹介されていた。この記事についてのやりとりは、後ほど紹介する。

原告側はまた、請求内容の変更を求めてきた。それまでは米ニューヨーク・タイムズ紙などに謝罪広告を掲載するよう、朝日新聞社に求めていたが、第六準備書面で、ニューヨーク・タイムズ紙に慰安婦に関する記述を撤回する記事を載せるよう、朝日新聞社に求める、という趣旨に変更する、とした。これに対し裁判長は訴えの変更手続きをするよう、原告側に求めた。

弁論終了後の原告側報告集会は裁判所に近い虎ノ門の貸し会議室で開かれた。まず原告側弁護団長の徳永信一弁護士は、「新しい裁判を一つ提訴しました」として、米ニュージャージーの助産師である永門洋子氏が提訴に加わったことを紹介。永門氏は米国で慰安婦碑が建てられた地の一つであるニュージャージー州パリセイズパークの碑に反対し、地元の新聞に意見広告を出したり反対署名運動をしたりしているという。周辺に住む日本人、日系人に呼びかけていたところ、脅迫メールが来て「あなたが男ならボコボコにする」と脅された、という話を紹介したうえで「脅迫という目にあったということで、それが朝日新聞の記事によるものであるという、そういう裁判です」と説明した。

徳永弁護士は、「私たちはこの三カ月か半年くらい、米国の法律を調べた」とも述べた。米国在住者が米国で受けた被害については、米国の不法行為法にもとづいて日本の裁判所で審理することを求めたという。

口頭弁論で岩原義則弁護士が紹介した毎日新聞記事[94]については、徳永氏は以下のように紹介した。

慰安婦の問題については、朝鮮人捕虜を尋問しているんですよね。アメリカ軍が尋問して、その記録が見つかったという話なんですけれども、そこではその、日本人の支配が厳しかったんだという大きな見出しの割には、ちゃんとやっているんじゃないの、というような中身だった。いかにも毎日新聞らしい竜頭蛇尾だなっていうふうに思ったんですけれども、そのなかで、「朝鮮人捕虜、米調書発見、米公文書館　慰安婦は身売りと認識」。朝鮮人兵士たちが慰安婦のことをどう思っていたかということが詳しく語られているわけです。彼らのうち誰ひとりとして、強制連行だというふうには思ってもいない。みんなそれは身売りか、自分で自ら来たっていう認識を語っているんですよね。で、そういう強制連行のようなことがあったら、そんなことは暴挙だと。そんな暴挙があれば俺たちだってだまっちゃいないと。日本人に対して怒り狂って暴動を起こして日本人を殺しただろう、という調書があるわけですよね。まあの、これが当時の常識だったんだと。もし本当に吉田清治がやったような慰安婦狩り、奴隷狩り、そういうことがあったら、朝鮮人だったら知らない人はなかったはずですよ。そんな話聞いていないなんてことはあり得ないですよ。そして調書に応じた朝鮮人捕虜も、慰安所を使っていたはずなんですよね。

高橋史朗・明星大学特別教授はこの日の集会で「きょうはかなり力を入れて資料をつくりました」と言って発言をはじめた。話題はユネスコの世界記憶遺産（「世界の記憶」）。南京事件に関する資料が二〇一五年に登録され、次は慰安婦問題をめぐる資料であることについて述べた。「中国人慰安婦問題の研究と運動は一九九二年の朝日新聞の慰安婦強制連行プロパガンダを契機に始まった。起点は朝日の強制連行プロパガンダということであります」と、自身が中心メンバーを務めた「独立検証委員会」の報告書と同趣旨のことを述べた。

実は日本の弁護士と運動団体が中心となって被害者捜しが行われた。慰安婦捜しが行われた。一九九四年一〇月には中国人戦争被害調査団として、日本から約一〇名の弁護士が北京を訪れて、そして、ちょっと途中を飛ばしますけれども、被害者からの聞き取り調査を行って、順次日本政府に対する裁判を起こした。朝日新聞と日本の弁護士、日本のNGOなどの運動団体が連動して歴史問題を作り上げていく構図、これはあとで詳しくお話しします。そういうことがはっきりしてきました。実は日本発。日本がこの共同申請の要になっているということがだんだんわかってきたんです。

資料の概要について述べ、さらに「今後の課題」として以下のように論じた。

朝日の誤報の国際的な影響というものを、外務省のホームページできちんと公開すべきであります。朝日の国際的な影響について、独立検証委員会で報告書を出して英語で発信していますが、こういうものがきちんと外務省でも反応として、資料として公開すべきだ。ここでは四回に及ぶ国連での政府見解。ここでは「朝日」と直接言及したのが杉山審議官、いまの外務次官ですが、その前に三回、国連で「日本の大手新聞社」という言い方で朝日の国際的な誤報が与えた影響について言及しています。そういうものをきちんと外務省のホームページで公開する。そのことをぜひ求めたいと思いますね。それから国連のクマラスワミ報告書への反論を外務省は作っていたんですから、これは一刻も早く公開すべき。この議論をきちんとしないと、基本的な整理ができません。

93 毎日新聞「『朝鮮人捕虜』米調書発見」
94 毎日新聞「『朝鮮人捕虜』米調書発見」

9　戦歿者追悼集会（二〇一六年八月）

二〇一六年八月一五日に靖国神社参道で「日本会議」と「英霊にこたえる会」が主催した「第三〇回戦歿者追悼中央国民集会」で、徳永信一弁護士があいさつに立った。まず自身がなぜこの場であいさつするのかについて、以下のように前置きした。

私はきょうここに呼ばれ、終戦の日という今日、靖国神社で私の担当している朝日・グレンデール訴訟のことを話す意味は何か、を明らかにしたい。

日本軍が戦時中、韓国朝鮮人女性を強制連行し、慰安所に送って性奴隷にし、戦争が終わって皆殺しにしたという従軍慰安婦の話。それは今からすれば、まことに荒唐無稽な話でありますが、本来であれば、私たちの世代が、お父さん、おじいさんに、「こんなひどいことを日本軍はしたのか」と問い、「そんなバカなことをするものか」と一言断じていれば、それで解決していたはずの話ではなかったのかなという風に振り返るんですけれども、問題は、なぜそうならなかったか。どうして私たちが、こんな荒唐無稽な話を、いっときたりとも信じてしまったのか。国民が受け入れてしまったのか、ということを、やはり考えなければならないと。

そして、そこにこそ、今の日本を覆い、かつ靖国神社にさまざまな制約をもたらしている「戦後の闇」そのものが、そこにあるんだという思いを、まさに今担当している裁判を進めるにあたって、私が日に日に思いを深くしていっているということについてお話できればというふうに思っています[95]。

徳永氏はまず、朝日新聞の二〇一四年検証記事によって「国内においては、慰安婦をめぐる歴史戦は決着がついた」と振り返った。

二年前の八月五日、朝日新聞が最初の報道から三〇年たって、慰安婦の報道について間違いがあったということを認めました。留保つきの間違いの検証でしたが、そこで朝日新聞が認めた間違いというのは、吉田清治という男の人間狩りの証言。それと、挺身隊という、戦前の日本が国民の総動員という名目で行った現実の制度と、慰安婦というものを混同してしまったと。これは間違いでしたということを認めたわけです。

日本の中においては、二年前以来、国内では一応の決着を見たといってよい事態があります。詳しく言えばいろいろありますが、私自身、朝日新聞と二人三脚でこの従軍慰安婦という神話を広めて回った日本弁護士会という組織に帰属しておりますが、その中においても、慰安婦の問題については嘘であったということに異議を唱える声はわずかなものにすぎない。国内においては、慰安婦問題をめぐる歴史戦というものは決着がついたなあといっていいかと考えております[96]。

当時手がけていた「朝日・グレンデール訴訟」については、「仕上げとしての、けじめとしての朝日新聞に責任を問う訴訟」と位置づけた。

今やっている裁判は、当初、仕上げとしての、けじめとしての朝日新聞に責任を問う訴訟だったわけで、同じ訴訟は、私たちのほかにも、桜チャンネルが主導して、二万人以上の原告を集めて提訴された裁判等々、国内では一つの大きな動きとしてあります[97]。

「裁判で勝ちきる」ために、「海外の日本人が被っている個別の損害を取り上げた裁判」になっている、と説明。米国や国連での現状についての認識を語った。

私どもの裁判は、日本人の名誉だけでなくて、裁判で勝ちきるには、個人の損害が必要であろうということで、偏見による風評によって、海外の日本人が被っている個別の損害、被害。そういったものを取り上げた裁判になっております。

そして、海外の日本人を原告とする上で、私ども何度も何度もアメリカ、ロサンゼルス、あるいはニューヨークといったところに足を運んで、当地の日本人たちの話を聞いて参りました。ロサンゼルスというところは、みなさんもご存じだと思いますが、グレンデールという、初めて慰安婦像、慰安婦少女像が町の公園に建てられた町のすぐ隣にあります。

そこに住む日系の人たちは、いつも韓国人たちの上から目線のもとで肩身を狭くしているわけですが、しかし歴史の真実を知る人たちは、「それは嘘だ」という声をあげると、彼らは、右翼であり歴史修正主義者であるとレッテルを貼ってコミュニティーから排撃されるというような状況があり、学校では従軍慰安婦の問題が、天皇陛下が贈られた贈り物だと。慰安婦は天皇陛下からの贈り物だということが書かれた教科書で勉強しているというような悲惨なありさまです[98]。

「慰安婦の強制連行」を信じた背景として、「戦前の日本を憎む心、軍人を悪とする心」や、戦後の私たちは戦前とは「何ら関係ない」という「無関心と世代間の心の分断、分裂」があった、と述べた。そのうえで「世代を超えた共感。歴史への帰属、信仰。あるいは民族というもの、国家というもの。それは時間的に継続するもの」について述べ、話を靖国神社や国家、英霊と結びつけて論じた。

正直、私はこの場で懺悔しなければいけないわけですが、一時的とはいえ、慰安婦の強制連行という荒唐無稽な神話を信じて受け入れたことがあります。それはなぜかと考えますと、中学校で習った朝鮮人強制連行という、これまたよく調べれば嘘話であったわけですが、このことを教師から刷り込まれていたということがあります。男性に対して工場の労働者や炭鉱の坑夫にするために連れてきた。そのために強制連行してトラックに連れ込んで、日本に送り込んできたんだったら、女性に対してもそういうことをしたんだろうな、という、その程度の認識です。

しかし、もともとなぜ朝鮮人強制連行という嘘話を信じてしまったのか。その背景にはやはり私どもの世代の心の中にあった、戦前の日本を憎む心。あるいは軍人を悪とする心。ましてや、戦前の政府の中心として兵士たちをだましたA級戦犯、そんな愚かなものにだまされて命を失った英霊などに頭を下げる必要なんかあるかと。私とは何ら関係ないものだと。同じ日本人だというだけで一緒にしてくれるなと。私はその後に生まれてきたんだから関係ないんじゃねえのっていう、そういう無関心と、世代間の心の分断、分裂。そこには大きなものがあったと思います。

私たちが失われてきたもの。まさにそういう世代を超えた共感。歴史への帰属、信仰。あるいは民族というもの、国家というもの。それは時間的に継続するものなんだということ。そういったことについて一切、頭の回路からシャットアウトされてきたんだなあと思えてなりません[99]。

95 動画「【戦後71年】第30回戦歿者追悼中央国民集会［桜H28/8/17］」(https://nico.ms/so29463426)
96 同
97 同
98 同
99 同

10　第六回弁論（二〇一六年九月）

第六回口頭弁論は二〇一六年九月二九日にあった。原告側は事前の九月一四日付で訴えの変更申立書を提出。二三日付で第六準備書面、二九日付で第七準備書面を提出しており、いずれも二九日の口頭弁論で手続き上、読み上げたことにする「陳述」をした。また七月一二日付で第五次提訴の訴状を提出しており、審理が併合された。

一方、被告・朝日新聞社側は一二日付で準備書面（四）（五）（六）の三通を提出。二九日当日には第五次提訴に対する答弁書を提出し、いずれも二九日の口頭弁論で手続き上「陳述」した。このうち「準備書面（四）」は原告側が五月一六日付で提出した「第四準備書面」に、「準備書面（五）」は七月一一日付の原告側「第五準備書面」に対する認否や反論を、それぞれ記したものである。また「準備書面（六）」は七月一四日付で原告側がいったん「第六準備書面」として提出し、これを書き直して九月一四日付で「訴えの変更申立書」と改題した内容に対する認否や反論を記している。

原告側は「第六準備書面」として七月一四日付で提出したがこれを取り下げて「訴えの変更申立書」と改題し、九月二三日付で改めて別内容の「第六準備書面」を提出したということになる。本書では七月一四日付の内容は九月一四日付の「訴えの変更申立書」から引用し、「第六準備書面[100]」は九月二三日付のものをさすことにする。

原告側は第四準備書面で、一九九二年一月のジャパンタイムズ紙と朝日イブニングニュース紙の英文報道を引用したうえで、これらの記事について一九九二年一月一一日朝日新聞朝刊一面の「慰安所　軍関与示す資料」の報道が原因となって、慰安婦が「少女」であるとのイメージが世界中に拡散された、として以下のように主張した。

被告は、一九九二年一月一六日付朝日イブニングニュースで、「第二次世界大戦中に、何万人もの韓国人女性が強制的に参加させられ、日本軍に性奴隷を提供していた部隊の中に、小学生の少女たちが含まれていた」「一二歳の少女五人と、一二歳の少女ひとりが六年生のクラスから外され、第二次大戦最後の年に日本軍に奉仕させられた」(甲九二)と、英文で発信した。被告の報道に起因して作り上げられた、慰安婦が「少女」であるとのイメージがこのようにして世界中に拡散されたのである。また、被告自身も、自らの英字媒体によって、率先して、慰安婦が「少女」であるとのイメージを英語文化圏（すなわち世界に向けて）に発信し、拡散したことになる（甲九二）[101]。

これに対し被告・朝日新聞社は、朝日イブニングニュースの当該記事はＡＰ通信の配信記事であるうえ、朝日イブニングニュースは日本国内のみの発行であることを指摘し、「世界中に拡散された」という原告の主張に反論した。

第一段落及び第二段落は、一九九二年一月一五日付ジャパンタイムズ紙（甲一〇二）及び一九九二年一月一六日付朝日イブニングニュース（甲九二）に原告ら指摘の記述があることは認めるが、上記朝日イブニングニュースの記事はＡＰ通信の配信記事である。

朝日イブニングニュースは日本国内でのみ発行されていたもので、上記朝日イブニングニュースの報道により慰安婦が少女であるとのイメージが世界中に拡散されたなどということはない[102]。

原告はさらに、世界中に建立されている慰安婦碑や慰安婦像で「少女」がモチーフとなっているのは、朝日報道が原因だとも主張した。

現在、慰安婦碑や慰安婦像（甲一〇三）が、アメリカのみならずカナダやオーストラリアを含めた世界中に建設されているところ、その像として「少女」がモチーフにされ日本及び日本軍部のいたいけな少女に対する極悪非道な犯罪（少女を誘拐して性奴隷とすること）のシンボルとなっているのは被告の報道によることが明らかである（甲一〇三の五・八） 103

これに対し被告側は、慰安婦が少女であるとのイメージは朝日新聞の報道が原因ではないと反論した。根拠として、研究者によるアジア女性基金ウェブサイトの記述や一九六〇～七〇年代の韓国紙報道、世界各地で少女像を建立した彫刻家の証言などをあげた。

慰安婦が少女であるとのイメージが拡散したのは、被告の報道に起因するものではない。

すなわち、アジア女性基金のウェブサイト「デジタル記念館　慰安婦問題とアジア女性基金」には、「資料によれば、朝鮮からは、内地では禁じられていた二一歳以下の女性が多く連れて行かれたことが知られています。中には一六、七歳の少女も含まれていました。」とされており（乙三三）、慰安婦に未成年の少女が含まれていたことは事実であった。また、韓国仁川大学講師の吉方べきの論文（乙一八）によると、一九六六年八月九日付東亜日報に掲載された韓国外国語大学の安應烈の寄稿に、一〇代の少女たちが挺身隊として慰安婦に徴用されたことが挙げられており（乙一八・二六頁）、また一九七二年九月五日付中央日報には、「慰安婦として連行された女性は一〇〇〇人あまりで、中には一四歳、一五歳の少女も含まれていた」と報じられており（乙一八・二九頁）、同様の報道は「一九七二年一〇月二七日付『京郷新聞』にも見られる」とされている（乙一八・二九頁）。

そして、金富子東京外国語大学大学院教授は、挺身隊問題対策協議会編の慰安婦の証言集に基づき、「被害者合計七八人のうち七三人が未成年でした。一〇代前半の幼い少女も少なくありませんでした。」とし（乙三四・「〈平和の少女像〉はなぜ座り続けるのか」五一頁）、また挺身隊問題対策協議会が建てた少女像を作成した彫刻家の一人であるキム・ソギョン氏は同書で、「私自身、女性として、娘を持つ母親として、この像をどうつくるか、さまざまなアイディアを考えました。もともとはハルモニの像をつくろうと思いました。しかし、連れていかれた当時のようすを象徴的に表現するにはどうすればいいかを考えたすえ、あえて一五歳前後の少女の姿にすることにしました。もちろん、一〇代から二〇代後半までさまざまな年齢の女性が連れていかれたことは知っていました。しかし少女時代を奪われたことを象徴的にあらわそうと思ったのです。」（乙三四・一九頁）としている[104]。

原告側は七月一一日付第五準備書面では、一カ月前の六月一〇日に毎日新聞が報じた記事を引用し「日本や日本軍による暴力的徴集など全くなかった」と主張した。

平成二八年六月一〇日に毎日新聞は、「「朝鮮人捕虜」米調書発見」「慰安婦は身売りと認識」等の見出しのもと、太平洋戦争終盤期に日本軍と行動を共にし、米軍に捕えられた民間の朝鮮人捕虜が、米軍の尋問に答えた調書（米国立図書館[105]で発見された）につき次のとおり報じた。

同調書には、三人の朝鮮人捕虜と米軍の尋問者の名前が明記してあり、慰安婦について日本軍の募集を知っているか、この制度に対する朝鮮人の態度はどんなものか、それで生じた騒乱や衝突を知っているかとの質問に対し、「太平洋で目撃した朝鮮人慰安婦は、志願したか親に売られた者だった。（軍による）直接的な徴集があれば暴挙とみなされ、老若を問わず朝鮮人は蜂起するだろう」との捕虜の回答があった[106]。

したがって、吉田証言内容のごとき「人狩り」のような暴力的徴集（被告の言う狭義の強制）が慰安婦募集の際に朝鮮人婦女子に対してあれば、朝鮮人男性は憤激して立ち上がり、朝鮮半島各地で抵抗・騒乱・衝突があったはずである。そのような抵抗・騒乱・衝突など一件も報告されていないのだから、日本や日本軍による暴力的徴集など全くなかったことは明らかである[107]。

これに対し被告・朝日新聞社は、原告があげた同じ毎日新聞記事を引用する形で反論した。

同調書は、約一〇〇人の朝鮮人捕虜から選ばれた三人の捕虜に対する尋問調書であり、同尋問は米軍の朝鮮占領をにらみ日本の植民地支配に対する朝鮮人の反抗心を探ろうとしたものと考えられ（甲一〇四）、慰安婦問題の調査を中心的な目的としたものでなく、慰安婦に関する質問は三〇項目のうち一項目のみである。また上記毎日新聞記事において、木宮正史東京大学教授が「慰安婦の記述では、強制連行があれば朝鮮の男は反抗したはずという後段が重要だ。女性を救えないのは男の恥で、強制など認めたくないと考えた側面もあるのではないか。今も残るその感覚が慰安婦問題の顕在化を遅らせたといえる。」とも述べている（甲一〇四）[108]。

原告側は被告側反論に対する再反論として、一九九二年一月一一日の朝日報道が「大きな原因」との主張をさらに展開した。

戦時中に韓国内で〝挺身隊に入隊すると慰安婦にされてしまう〟との噂が流された可能性はあるし、六〇年代前半までにその風評もある程度は広まっていたかも知れない。しかし、一九六五年の日韓基本条約で全く問題提起はされていない。被告が九二年の宮沢首相訪韓直前にキャンペーンを始めるまで韓国内で「挺身隊＝慰安婦」は全く問題とされていなかったのだから、被告報道が大きな原因を与えたことは疑う余地がない[109]。

これに対し朝日新聞社は、一九九二年一月一一日の記事が「大きな原因」とする原告側主張に改めて反論した。

原告らは、原告らが「九二年一月プロパガンダ」と称する被告の報道が韓国の政治・社会状況に大きな影響を与えたと主張するが、韓国国内では終戦直後から「日本軍による慰安婦の強制連行」、「挺身隊＝慰安婦」との混同につって[110]数多く報道されていたのであり、一九九一年から一九九二年一月一一日付朝日新聞記事（甲三五）までの慰安婦に関する被告の報道が、韓国の政治・社会状況に大きな影響を与えたなどということはない[111]。

原告はこの裁判の準拠法について、米国在住の原告については米国法が準拠法となる、と主張し、以下のように述べた。

被告による加害行為の結果が発生した地（原告が脅迫の被害を受けた場所）は、原告らが居住する米国のカリフォルニア州であり、本件各誤報記事のなかには、英字夕刊紙「朝日イブニングニュース」に英文で掲載されたものもあることから、米国において加害効果の結果（本件各誤報記事による偏見に基づく被害）が発生することは、被告において十分予見しえたことであるから、カルフォルニア州[112]で通用している米国法が準拠法となる[113]。

そのうえで、被告には「製造物責任」があるとして、以下のように主張した。

一九九八年にアメリカ法律家協会[114]から刊行された不法行為法の第三次リステイトメント（甲一〇八）は、全部で二一条からなる製造物責任を規定するものである。

製造物（product）の定義は、第三次リステイトメント第一九条に規定されている。「製造物とは、使用もしくは消費のために、商業的に配給される有体財産（tangible property）をいう」。新聞がこれに該当することは明らかである[115]。

本件では、被告は遅くとも一九九六年一月のクマラスワミ報告ないし一九九七年の第一次検証記事が公表される時点までに、朝日新聞又は朝日イブニングニュースに掲載された本件各記事が誤報であることを広く一般読者に警告（訂正）して、本件各記事に基づく誤解と偏見がアメリカに拡大しないよう務めるべき義務があったにもかかわらず、漫然これを怠ったために、米国内におけるマイナリティ[116]である日本人ないし日系人が、いわれのない偏見に苦しめられる社会的状況を作出し、それによって、原告馬場が、グレンデール市の公聴会で公然と侮辱されるという被害をはじめとして、原告らに精神的・経済的被害を負わせたのであるから、被告は原告らに対し、原告が蒙った損害を賠償する責任を負う[117]。

これに対し被告・朝日新聞社は、原告側が証拠提出した同じ本を典拠に、「新聞は製造物責任の『製造物』に該当しうるが、新聞の内容である情報は該当しない」と反論した。

有体動産としての新聞は製造物責任の「製造物」に該当しうるが、新聞の内容である情報は製造物責任の「製造物」に該当しない（甲一〇八 - 一八四頁参照）[118]。

原告が「甲一〇八」として提出した『米国第三次不法行為法リステイトメント　製造物責任法』の一八四ページにはこう書かれている。

例えば、本のような有体のメディアは、それ自体明らかに製造物であり、情報を伝えるけれども、そうしたケースにおける原告の苦情は、有体のメディアについてではなく、情報についてである。大部分の裁判所は、ウソの情報や欠陥のある情報の散布に対して厳格責任を課すことは、表現の自由に対する重大な侵害となることを憂慮し、適切にもそうしたケースに厳格責任を課すことを拒否してきた[119]。

九月二九日の第六回口頭弁論は東京地裁五二二号法廷で開かれた。原告側は原告のうち、在米の四九人について訴えの内容を変更。朝日イブニングニュースの一九八三年と九二年の、吉田清治氏などについて書かれた英文記事五本について「虚偽であると判明したとして撤回するという記事を米ニューヨーク・タイムズ紙に掲載せよ」と命じることを求める、という内容の請求を新たに提出した。

原告側は証人として、米国人ジャーナリストのマイケル・ヨン氏、独立検証委員会委員の島田洋一・福井県立大学教授の二人と、原告の馬場信浩、永門洋子両氏の尋問をそれぞれ求めた。

原告側はまた、製造物責任についての主張は撤回すると述べた。九月一四日の進行協議で裁判所が「請求原因を名誉毀損に絞ってはどうか」と求めていたため、原告がこれに応じたものとみられる。

弁論後の原告側集会は、東京地裁隣の弁護士会館の五階であった。法廷に提出された原告側資料や、法廷で映写されたパワーポイント・スライドのうち、明らかな誤記と思われるものについて筆者は、法廷の前後に内田智弁護士を呼び止め、「誤記がありますよ」などと伝えることがこれまでに何度かあった。この日は筆者の指摘を受け、内田弁護士が集会で「先ほど朝日の記者から、見出しと記事が違うんじゃないかと。おっしゃる通り違っていて、五つの記事を載せようと思ったが手違いです」と訂正する場面もあった。

ジャーナリストの大高未貴氏が登場。戦時中に朝鮮で「慰安婦狩りをした」と証言した吉田清治氏について大高氏は、吉田氏の長男にインタビューした記事を月刊誌「新潮45」に発表していた。

翌九月三〇日には高橋史朗氏と西岡力氏が「歴史認識問題研究会」を発足させたとして日本記者クラブで記者会見を開いた。

中心メンバーは朝日新聞の慰安婦報道を批判する「独立検証委員会」を結成して報告書をまとめ、同時期に提訴された「朝日・グレンデール訴訟」の原告側のブレーンとなったグループ。独立検証委員会中心メンバーの高橋氏が会長となり、副会長・事務局長は西岡氏。勝岡寛次、島田洋一各氏ら独立検証委員会からのメンバーに加え、グレンデール訴訟で在外日本人の勧誘や米国や豪州での慰安婦像反対運動に取り組む山岡鉄秀氏が加わった。顧問は伊藤隆、櫻井よしこ、田中英道、渡辺利夫各氏。事務局は麗沢大学がある千葉県柏市のモラロジー研究所内に置かれた。
西岡氏はこう述べた。

歴史認識は国ごとに違って当然だが、一九八〇年代以降、九〇年代から、日本国内の内政問題である歴史認識問題に外国政府が外交的に、一方的に関与している。干渉してきている。近代国家ではあり得ないことではないか。そこで問題になっている南京事件、慰安婦問題が当時どうだったかを超えて、外交的には条約や協定で一度清算がすんでいるのに、外国政府が日本の教科書に訂正を求めるとか、戦没兵士の慰霊のしかたについて外国政府が干渉することがなぜ八〇年代から九〇年代にかけて起き続けているのか。こういう現象を歴史認識問題と呼び、体系的に研究し反論しなければならないんじゃないか。

日本で起きている異常事態はなぜ起きているかを体系的に研究し対策をたて提言をし発信をすることが必要だ。そのためには恒久的な研究組織が必要だ。すでに一九八〇年代から、三〇年以上、四〇年近く異常な事態が続いている。それを改善するには一朝一夕ではできない。腰をすえて学術的な研究、発信が必要だと思っております。

100　二〇一六年九月二三日付原告・馬場信浩外「第六準備書面」（原告・馬場信浩外　被告・朝日新聞社　東京地裁平成二七年（ワ）第四二八二号、二一六九四号、二四一七一号、二八三三五号、平成二八年（ワ）第二一三〇三二号）。なお原告側準備書面の表題に書かれた事件番号のうち「平成二八年（ワ）第二一三〇三二号」とあるのは誤記で、正しくは「平成二八年（ワ）第二一二〇三二号」。この準備書面の四頁には「二〇一〇年一〇月に同州パリセイズパーク市図書館脇、二〇一三年三月に同州ハッセンタック市裁判所脇、そして二〇一四年八月に同州ユニオンシティ公園に、いずれも『日本帝国軍により拉致された二〇万人以上の女性と少女を偲んで』との碑文が設置された」とある。七月一二日付訴状一八頁の表記では、それぞれ「二〇一〇年一〇月にはニュージャージー州バーゲン郡のパリセイズパーク公立図書館脇に、二〇一三年三月には同じくバーゲン郡ハッケンサック市の裁判所脇に、二〇一四年八月にはハドソン郡ユニオンシティ市営公園に、慰安婦の碑が設置された」と表記されており、訴状と準備書面とで地名の表記が異なっている。米ニュージャージー州バーゲン郡に実在する都市はHackensack（ハッケンサック市）なので、九月の準備書面の「ハッセンタック」は誤記とみられる。

101 二〇一六年五月一六日付原告・馬場信浩外「第四準備書面」（原告・馬場信浩外　被告・朝日新聞社　東京地裁平成二七年（ワ）第四二八二号、二一六九四号、二四一七一号、二八三三五号）一六～一七頁

102 二〇一六年九月一二日付被告・朝日新聞社「準備書面（四）」（原告・馬場信浩外　被告・朝日新聞社　東京地裁平成二七年（ワ）第四二八二号、二一六九四号、二四一七一号、二八三三五号）七頁

103 原告「第四準備書面」一七頁。この一文は段落の末尾に句点のマル（。）がない。

104 被告「準備書面（四）」七～八頁

105 原文ママ。毎日新聞記事には「米国立公文書館」とある。

106 二〇一六年七月一一日付原告・馬場信浩外「第五準備書面」（原告・馬場信浩外　被告・朝日新聞社　東京地裁平成二七年（ワ）第四二八二号、二一六九四号、二四一七一号、二八三三五号）二頁。同五頁「韓国挺身隊問題協議会」は、正しくは「韓国挺身隊問題対策協議会」。六頁「挺隊協」は正しくは「挺対協」。七頁「宮沢首相は訪韓中何度も盧武鉉大統領に謝罪をした」とあるが、当時の大統領は盧泰愚氏。七頁〈日韓外交問題となった一九九一年一～二月には「きわめて暴力的な『強制売春』への日本軍の関与」等とのまとまって報道をした〉とあるが、「まとまった報道をした」期間は「一九九二年一～二月」。九頁「EBSの歴史科目（インターネネット講義）」とあるが「ネ」の字がダブり。一三頁「九二年一月プロパンガンダ」とあるが「プロパンガンダ」ではなく「プロパガンダ」。

107 同二頁

108 二〇一六年九月一二日付被告・朝日新聞社「準備書面（五）」（原告・馬場信浩外　被告・朝日新聞社　東京地裁平成二七年（ワ）第四二八二号、二一六九四号、二四一七一号、二八三三五号）二頁

109 原告「第五準備書面」一二頁

110 この箇所、「ついて」の「い」の字が欠落している。
111 被告「準備書面（五）」五頁
112 「カリフォルニア州」と表記すべきだろう。
113 二〇一六年九月一四日付原告・馬場信浩外「訴えの変更申立書」（原告・馬場信浩外　被告・朝日新聞社　東京地裁平成二七年（ワ）第四二八二号、二一六九四号、二四一七一号、二八三三五号）一〇頁
114 原告側が「甲一〇八」として提出した、「米国第三次不法行為法リステイトメント　製造物責任法」の日本語訳版の編著者表記は「アメリカ法律家協会」ではなく「アメリカ法律協会」となっている。
115 同一二頁
116 正しい表記は「マイノリティ」。なお「カルフォルニア州」「アメリカ法律家協会」「マイナリティ」の誤記は七月一四日付の旧「第六準備書面」からそのまま、この「訴えの変更申立書」に引き継がれている。
117 同一三頁
118 二〇一六年九月二六日付被告・朝日新聞社「準備書面（六）」（原告・馬場信浩外　被告・朝日新聞社　東京地裁平成二七年（ワ）第四二八二号、二一六九四号、二四一七一号、二八三三五号）三頁
119 アメリカ法律協会編、森島昭夫監訳、山口正久訳『米国第三次不法行為法リステイトメント（製造物責任法）』（木鐸社、二〇〇一年）一八四頁

11　第七～九回弁論（二〇一六年一〇～一二月）

一〇月二七日の第七回口頭弁論は、東京地裁五二二号法廷の傍聴席四二席のところ五五人程度が行列に並び、抽選となった。原告側が原告二人と証人二人の尋問を申請したことについて、裁判所側は尋問するとしたら一二月二二日の第九回口頭弁論期日をあてるとした。

弁論終了後の原告側報告集会は今回も弁護士会館五階で開かれ、筆者も参加した。山岡鉄秀氏はこう語った。

われわれは何とたたかっているんでしょうか。慰安婦像でしょうか。中韓反日団体でしょうか。朝日新聞でしょうか。全部たたかっているんですけれども、真にたたかっている正体は戦後レジームです。はっきり言って敗戦レジーム。朝日新聞だとか共産党、日教組とかが一生懸命守ろうとしているのは、戦後七〇年間、連綿と築き上げられてきた戦後敗戦レジーム。

朝日、外務省幹部、アジア女性基金の根底にあるメンタリティーは一緒なんですよね。戦後敗戦レジームを守らなきゃいけないと信じている方々がやっている。

一一月二四日には第八回口頭弁論が東京地裁五二二号法廷で開かれた。被告・朝日新聞社側は一七日付で「準備書面（七）」、二四日付で「準備書面（八）」の二通を提出し、二四日の口頭弁論で手続き上「陳述」した。このうち「準備書面（七）」は原告側が一〇月二四日付で提出し、一〇月二七日の第七回口頭弁論で「陳述」とした「第八準備書面」に対するもの。「準備書面（八）」は一一月一八日付の原告側「第九準備書面」に対する認否や反論を、それぞれ記したものである。

このうち「第八準備書面」で原告側は一九九六年の国連クマラスワミ報告を「被告の誤報の影響下に生まれたもの」と主張し、同報告について以下のように説明した。

「慰安婦」について「軍性奴隷」が「正確かつ適切な用語である」とされた初めての国連文書である[120]

これに対し被告・朝日新聞社は、慰安婦を「性奴隷」だとする記述は、クマラスワミ報告以前に作成された国連文書や、原告側が問題視する一九九二年一月一一日朝日新聞報道以前の外国紙報道にもすでにあることを指摘した。下記の被告側準備書面で言及された一連の国連文書は、いずれも「アジア女性基金」のサイトに掲載されていたものである。

原告らは、クマラスワミ報告書が、慰安婦について「軍性奴隷」（military sexual slaves）であるとされた初めての国連文書であると主張する。

しかし、クマラスワミ報告書が発表された一九九六年一月以前に作成された以下の複数の国連文書の中で、日本の慰安婦制度について「sexual slavery」（性奴隷）とされている。

① 国連人権委員会差別防止少数者保護小委員会の現代奴隷制作業部会の一九九三年六月二三日付報告書（ウェブサイト「デジタル記念館　慰安婦問題とアジア女性基金」に掲載 http://www.awf.or.jp/pdf/h0033.pdf）

② 同現代奴隷制作業部会に特別報告者リンダ・チャベス氏が提出した一九九三年九月七日付予備報告書（http://www.awf.or.jp/pdf/h0032.pdf）

③　リンダ・チャベス氏が同現代奴隷制作業部会に提出した一九九五年七月一三日付報告書
(http://www.awf.or.jp/pdf/h0043.pdf)

また、クマラスワミ報告書の発表や一九九二年一月一一日付朝日新聞記事（甲三五）の掲載以前から、欧米の英字紙では、慰安婦が性奴隷とされている。すなわち、一九九一年一二月一二日付英国紙ガーディアン（乙一三の一）では「slave」の語が用いられ、同年一二月一五日付英国紙インディペンデント（乙一四の一）では「sex slavery」の語が用いられている[121]。

原告側は、米国政府が二〇〇七年に作成した通称「ＩＷＧ報告書」をもとに、「米軍の機密資料には慰安婦の性奴隷化や、強制連行を裏付けるものがない」と主張。同時期の二〇〇七年に慰安婦問題をめぐって日本政府に謝罪を求めた米下院決議と矛盾する、との主張を展開した。

ＩＷＧ報告書の正式の題は「Nazi War Crimes & Japanese Imperial Government Records Interagency Working Group: Final Report to the United States Congress April 2007」[122]。産経新聞が二〇一四年一一月二七日一面で古森義久・ワシントン駐在客員特派員の署名記事として、以下のように報じていた。

米政府がクリントン、ブッシュ両政権下で八年かけて実施したドイツと日本の戦争犯罪の大規模な再調査で、日本の慰安婦にかかわる戦争犯罪や「女性の組織的な奴隷化」の主張を裏づける米側の政府・軍の文書は一点も発見されなかったことが明らかとなった。

米政府の調査結果は「ナチス戦争犯罪と日本帝国政府の記録の各省庁作業班（ＩＷＧ）米国議会あて最終報告」として、二〇〇七年四月にまとめられた。

調査対象となった未公開や秘密の公式文書は計八五〇万ページ。そのうち一四万二千ページが日本の戦争犯罪にかかわる文書だった。

日本に関する文書の点検基準の一つとして「いわゆる慰安婦プログラム＝日本軍統治地域女性の性的目的のための組織的奴隷化」にかかわる文書の発見と報告が指示されていた。だが、報告では日本の官憲による捕虜虐待や民間人殺傷の代表例が数十件列記されたが、慰安婦関連は皆無だった[123]。

原告側は以下の通り主張した。

同報告書[124]の結論である米軍の機密資料には慰安婦の性奴隷化や、強制連行を裏付けるものがないという事実は、本下院決議による「日本軍によって二〇万人もの朝鮮人慰安婦が朝鮮半島から強制的に連行されて性奴隷とされた」旨の非難決議とは矛盾する。もしも、それだけショッキングな強制連行という大規模な人権侵害が日本軍によって組織的に行われたのであれば、米国議会が調査した膨大な機密資料に一切、触れられていないということは不自然極まりない[125]。

原告側が二〇一六年九月二九日の第六回口頭弁論で証人尋問を申請したマイケル・ヨン氏は、二〇一七年に出版された共著で、IWG報告書について、以下のように述べている。

ナチスドイツと日本帝国政府の戦争犯罪について、米国政府が三〇億円以上の巨費を投じ七年の歳月を掛けて調査し、その結果が二〇〇七年に最終報告書として米議会に提出されました。そのなかで、日本に関わる件に関して、韓国が主張するような「慰安婦問題」を証明する証拠は何一つ発見されなかったのです[126]。

IWG報告書をめぐる問題は、この裁判の後も、慰安婦の強制連行を否定する勢力によって繰り返し主張されている。二〇一九年に公開されたドキュメンタリー映画「主戦場」（ミキ・デザキ監督）にも、在米日本人らがサンフランシスコ市議会などで発言する場面で「IWG報告書」への言及がある。

これに対して被告・朝日新聞社側は、「IWG報告書に慰安婦に関する文書がなかったのは、IWGが調べたのは機密扱いの記録だったが、慰安婦関係などアジア戦域の記録はほとんどが公開済みでIWGの管轄外だったためだ」と指摘し、報告書の記述を引用しつつ、以下のように反論した。

ＩＷＧ報告書（甲一二九）とは、米国政府が、戦略諜報局、ＣＩＡ、ＦＢＩなどの機密情報について調査したものであり（甲一二九の二、一枚目）、同報告書は「The IWG uncovered and released few Asian theatre records because few such U.S. records remained classified. Unclassified records were not under IWG jurisdiction.」（甲一二九・xii頁右列二九～三二行目）（ＩＷＧはアジア戦域の記録をほとんど発見・発表しなかったが、そのような米国の記録で機密扱いのままのものがほとんどないためである。機密でない記録はＩＷＧの管轄ではなかった。）としているのであって、すでに機密指定が解除され公開されている文書については、ＩＷＧの調査対象外であった。ニクシュ氏の報告書は、すでに公開された文書を列挙しているものであり、ＩＷＧ報告書の内容とは何ら矛盾しない[127]。

ドキュメンタリー映画「主戦場」にも登場する日系米国人のケネディ日砂恵氏は二〇一六年二月に自身のブログ「ＨＫｅｎｎｅｄｙの見た世界」で、ＩＷＧ報告書について「『慰安婦に対する戦争犯罪がなかった事の証拠』とは呼べない」「慰安婦問題に関する証拠資料とは到底なり得ず、このような無理な議論を展開すれば、却って日本人としての評判を落としかねません」と書いている。

このレポートは、その纏めで書いてある通り、膨大な八五〇万ページに上る合衆国連邦政府管轄の資料の中から、CIAの諜報作戦に関する資料など新しく公開された資料も含め、ナチス（と日本）の戦争犯罪について調査を試みられたものですが、その資料の多くは冷戦の終了と共に公開されたナチス関連のもので、日本の戦争犯罪については、殆どありません。

その理由は、まず、①外国政府や裁判所が既に扱った戦争犯罪については、そもそもアメリカ政府による非公開の扱いになっていなかった点、

②、また終戦直前から直後にかけてアメリカが集めた日本の政府資料の中で、機密文書の扱いを受けたものが殆ど無かった点、

③、また逃亡中の元ナチスの将校を抱えるドイツと違い、日本に逃亡中の戦争犯罪者はいない為に情報の公開が進み、一九七〇年代から一九八二年までには殆どが公開されていた点…などが挙げられます。

IWGレポートに慰安婦についての言及が無いのは、当時は日本人として考えられていた朝鮮半島出身者、また台湾人などに対する暴力や犯罪を日本軍が犯していたとしても、（日本の）国内問題として考えられ、『戦争犯罪』とは考えられていなかった為です。

当時のアメリカ人の『戦争犯罪』の定義には、軍が軍専用の慰安所を管理する事は含まれていませんでした。ですからアメリカ政府とすれば、日本軍の日本人・朝鮮人慰安婦に対する扱いは、（比較して）詳しく調べる対象とはならなかったのでしょう。

因みにIWGレポートは、連合国軍が既に調査をしていた、日本軍による連合国側の女性に

対する犯罪についても言及していません。オランダ人女性が強制的に慰安婦とされた事件や、中国が既に裁いていた戦争犯罪についての言及もありません。実際に起こったオランダ人女性に対する犯罪が記載されていない事から考えても、『慰安婦に対する戦争犯罪がなかった事の証拠』とは呼べないように思われます。

そもそも詳しく調べる対象とならなかった慰安婦たちの状況について、このレポートの為に「アメリカ政府が多くの年月を使った」、「いくらの費用をかけた」と強調しても、慰安婦問題に関する証拠資料とは到底なり得ず、このような無理な議論を展開すれば、却って日本人としての評判を落としかねません[128]。

原告側は、西岡力氏の著書『朝日新聞「日本人への大罪」』（甲一三七）を引用し、日本人ジャーナリストの慰安婦問題の著書として先駆けとなった千田夏光氏の著書『従軍慰安婦』の記述を批判した。

千田氏の根拠は次に引用するごとく韓国の記事である。（中略）ところが、研究者らがソウル新聞の当該記事を探したところ、千田氏は重大な捏造をしていたことが分かった。七〇（昭和四五）年八月一四日ソウル新聞に、「一九四三年から四五年まで、挺身隊に動員された韓・日の二つの国の女性は、全部でおよそ二〇万。そのうち韓国の女性は、五—七万人とされている」という記述がある。軍需産業への勤労動員であった挺身隊への動員に関する記述であり、慰安婦とは全く関係がないし、二〇万人という数字は日本人と朝鮮人を合わせた勤労動員数だった[129]。

これに対し、被告・朝日新聞社は吉方べき氏の調査をもとに、ソウル新聞の記事をめぐって千田夏光氏が「重大な捏造をしていた」とする西岡氏の記述が「不正確」だと指摘した。西岡氏が引用したソウル新聞の記事を見ると、記事本文には慰安婦についての記述がないものの、同じ記事の写真説明に「挺身隊の名の下で多くの婦女子たちを動員、軍需工場の職工や前方部隊の慰安婦として犠牲にした」と書かれている。千田氏の記述は、西岡氏がいうような「重大な捏造」ではなく、むしろソウル新聞の記事の写真説明に慰安婦への言及があったことまで把握したうえで、自著で紹介していたことになる。

韓国仁川大学講師吉方べき氏が指摘するように、西岡氏が言及している一九七〇年八月一四日付ソウル新聞記事は「挺身隊の名の下で多くの婦女子たちを動員、軍需工場の職工や前方部隊の慰安婦として犠牲にした」（乙一九・五段目四〜七行目）というもので、慰安婦についての記述があるのであり、西岡氏の著書の記述は不正確である。吉方べき氏は、西岡氏の同著書の「軍需産業への勤労動員であった挺身隊への動員に関する記述であり、慰安婦とは全く関係がない」との指摘について「実情からかけ離れている」（乙一八・二七頁三段目一八〜二一行目、同二八頁一四行目）としている[130]。

一一月二四日の第八回口頭弁論で地裁は、原告側から出されていた四人の尋問申請をいずれも却下した。佐久間健吉裁判長は、

原告本人の意見書はいただいていますし、（証人尋問を申請された）島田さんやヨンさんのものもいただいています。今回いただいている書証で評価は十分に認定できるので、申請については四人は必要を認めないということです。

と述べて尋問申請の却下を告げた。さらに間髪を入れず、原告、被告の双方に対してこう求めた。

次回は法律家からどう評価するかについての最終弁論をいただければ。集中的にまとめてビビッドな主張を。ここがポイントだと絞っていただきたい。それぞれ三〇分程度差し上げますので、自由にやっていただきたい。

第八回口頭弁論後の原告側集会は虎ノ門の貸し会議室で開かれたが、筆者はまた取材を断られた。九月の第六回弁論、一〇月の第七回弁論後の集会は支援団体のホームページでも事前に告知さ

れ、筆者も参加できた。しかし一一月の第八回弁論後の集会は、受付で「きょうの集会は原告のみですから」と言われ、入場できなかった。

一一月三〇日には文京区民センターで歴史認識問題研究会の発足シンポジウムがあった。講演した渡辺利夫・元拓殖大学総長は慰安婦問題をめぐる朝日新聞の対応を以下のように批判した。

いわゆる従軍慰安婦の問題であります。ご存じのように一昨年の八月五日と六日の、朝日新聞による検証記事が二日間にわたって、合計四面によって縷々出たことはご承知のとおりであります。朝日が自分でつくって自分でついに取り消した、ということでありますから、ひとまずのけりはついたという問題であるかもしれませんけど、これは朝日にとってはけりはついたかもしれませんけども、日本という国の威信とか権威というものを失わせた、国益を失わせたという事実は厳然として残っているわけです。

朝日はある種の謝罪をしたようでありますけれども、その職業的ペテン師といわれた吉田清治証言ですね。発言ですね。これを論拠として朝日新聞はプロパガンダをやっていたわけです。で、このプロパガンダがウソだということは、その後、秦郁彦先生やきょうのご出席の西岡力さんやら、その他何人かの志の高い言論人によって、このウソはばれたわけでありますけども、つまり根拠不明の論拠であるということを明らかにしたわけですけれども、にもかかわらず、朝日新聞はいっこうに記事の取り消しとか訂正は一切しなかったのであります。

逆に「慰安婦問題の本質は広義の強制性、女性の人権問題である」というふうに問題を次々とすりかえていくわけです。自分がウソだ、プロパガンダをやっているということを世の知識人に知られてしまったがために、すりかえをやっていくわけですね。なんとこのすりかえは、いま申し上げた一昨年の八月五日、六日の検証記事においても、このすりかえは依然としてなされているということであります。

そういう意味で朝日新聞の最大の問題はですね、根拠の乏しい報道によって、先ほど申し上げましたが、日本の名誉、威信、総じて国益がいかに貶められたかにあるわけです。

朝日新聞も自分の検証によって記事を出しただけでは国民も本当には納得しないと考えたらしくって、朝日新聞の指名によって第三者委員会というものが組成されて検証をしました。その検証は、まあ半分くらいはかなり、まあまあ正しい指摘だったと思うんですが、肝心の、いま言ったことですね、日本の威信、名誉、総じて国益がいかに貶められたかという一点については、その第三者委員会はそれらしい結論を出していない。ほとんど出していないということです。つまり一番肝心なテーマに答えることをしてない[131]。

そのうえで、この日のシンポジウムに登壇した高橋史朗、西岡力両氏らが中心となって取り組んだ独立検証委員会の活動を高く評価した。

それに業を煮やした日本の知識人がおられます。中西輝政さん。いまの西岡力さん、等が加わって独立検証委員会、朝日とまったく無関係に、独立した機関として検証するということをやったわけです。それが昨年の二月に報告書が出されました。その報告書は、今日もご厄介になっている日本政策研究センターのウェブに今なお掲載されておりますので、ご覧いただければと思います。

で、そこで非常にみごとな検証をしておりますですね。朝日新聞の慰安婦報道の原型が完成したのは、もちろん八十何年からやっていますが、原型が確定したのは一九九二年一月一二日付の社説。「歴史から目をそむけまい」という社説にあるんだということを特定しています。私もそのコピーを持っております。そしてそのことを報告書で確証してですね、そして朝日による従軍慰安婦問題というのは、九二年一月強制連行プロパガンダ、九二年一月強制連行プロパガンダ。こう名付けたのであります。とてもネーミングといいますか、名称づけはまことに的確なものだと私は考えます。

注目すべきことは、その報告書のなかで、こういうことをやっているんですね。荒木信子さん。朝鮮語の、韓国語の大変な使い手でありますけれども、彼女が韓国の東亜日報以下主要七紙を検証いたします。いまではウェブでそれぞれが新聞が全部拾えますから、それを使って、いつからこの問題が韓国で大きな問題になったか。それから、島田洋一さんですね。ご存じの方は多いかと思いますが、福井県立大学の先生ですけれども、彼がニューヨーク・タイムズをはじめとするいわゆるアメリカのクオリティペーパー三紙について徹底的な検証をしたわけです。

その資料解説を通じてですね、韓国と米国のジャーナリズムが慰安婦問題を言いつのるようになったのは一九九二年一月強制連行プロパガンダ以降に集中しているということを検索の結果、出しました。まさにその報道量がですね、コンスタントに、ほとんどなかったのに、このプロパガンダ以降、一挙に非連続的な形で上昇を見せたということを、だれにも反駁できないような形で論証した。私は刮目すべき報告書だとみているのであります。

そういう意味で日本の国益の毀損、これをどうつぐなうかという重大な責任が朝日新聞にはあるわけですけれども、口をぬぐったままというのが現状であります。かような次第でありまして、いずれの歴史認識も、今日は南京事件につきまして高橋先生が触れますから言及いたしませんけれども、少なくとも歴史認識問題として世に知られている教科書問題、靖国問題、それからこの慰安婦問題、この三つはすべてメイドインジャパンであるということは明らかだと私は見ております[132]。

一二月二二日の第九回口頭弁論は原告、被告双方の最終弁論が行われて結審した。筆者は傍聴券の抽選にはずれ、傍聴できなかった。

法廷を傍聴した朝日新聞の同僚や知人などによると、原告側は一二月二一日付で提出した「第一〇準備書面」を手続き上「陳述」し、約五〇分かけて要旨を読み上げた。徳永信一弁護士は「三〇分以内という裁判長の注文を一〇分ほど超過することになったが、裁判長は頷きながら最後まで聞き入ってくれた[133]」と書いている。被告側も一五日付で提出した「準備書面（九）」を陳述し、約一〇分間、要旨を読み上げた。

原告側は一審の最終準備書面とした「第一〇準備書面」で、「『慰安婦問題』は、国家意思の発動として組織的・計画的に命じられたものであり、逸脱した兵士らによる例外的なレイプや人権侵害とは別物である[134]」と主張したうえで、その「例外的な逸脱行為」の例としてスマラン事件に言及した。

慰安所における強制売春の実例とされるスマラン島事件[135]は、将校が慰安所におけるオランダ女性の強制売春にかかわった事件であるが、あくまで例外的な逸脱行為であり、発覚するや直ちに責任者は軍法会議で処罰され、慰安所は閉鎖されている[136]。

スマラン事件とは、第7章Iの2でも触れた通り、「スマラン島」ではなく旧オランダ領東インド（現インドネシア）のジャワ島の一都市スマランで戦時中、日本軍が「敵国人」として抑留していたオランダ人女性を連行し慰安所を開いた事件である。原告が指摘した通り、事件を知った軍司令部の命令により慰安所は二カ月で閉鎖されている。ただし、慰安所開設にかかわった将校らは日本軍内部で軍法会議にかけられたり、処罰されたりすることはなく、事件当時少将だった部隊の責任者は、終戦までに中将に昇進している。処罰されたのは戦後、オランダがジャワ島のバタビア（現ジャカルタ）で開いたBC級戦犯裁判によってであり、この中将をはじめとする将兵や業者らが、死刑や禁錮刑などを宣告されている。

原告側第一〇準備書面では、二〇〇七年の米下院決議に触れた際、大沼保昭氏の著書を引いて、以下のように述べている。

この決議案については、アジア女性基金の理事長[137]を務めた大沼保昭東大教授も、慰安婦の募集・連行について不正確な事実認識にもとづくものであるのは確かであり、不正確な認識への批判は、日本政府としてなすべきことだといっている（甲九三『慰安婦問題とは何だったのか』p二三九）。いうまでもなく、そこでいわれる「不正確な事実認識」を定着させたのが誰かが本件訴訟の主題である[138]。

原告が引用したのは大沼氏の著書『「慰安婦」問題とは何だったのか』（二〇〇七年）。その大沼氏は、八年後の対談本『「歴史認識」とは何か』（二〇一五年）で二〇〇七年の米下院決議について、「慰安婦問題をナショナリスティックにとらえ、『日本の名誉にかかわる』と考える人たちの言動」に米国側が反発したと述べている。とくに櫻井よしこ氏らが「THE　FACTS」と題して、慰安婦は公娼だったとする意見広告をワシントン・ポスト紙に掲載したことで「米国の議会関係者、学者、ジャーナリストから強烈な反撥を招き」、「おおむね親日的で安倍政権に好意的だった共和党系の人たちからも、批判がまきおこりました[139]」と述べている。

原告側は第一〇準備書面で、第九準備書面でも触れられていたＩＷＧ報告書についても再び言及

し、

同年年[140]四月に完成したＩＷＧの調査において、朝鮮半島における慰安婦狩りを裏付ける資料が何ら見つからなかった[141]。

ＩＷＧは、ドイツと日本の戦争犯罪を調査するため八年の期日と三〇億円の費用をかけて機密資料八四〇万頁を調査したが、その結果として日本軍の慰安婦制度の犯罪性や強制連行を示す文書は一点も発見されなかったことが報告書に記されている[142]。

と書いている。このことについて被告・朝日新聞社側は「ＩＷＧはアジア戦域の記録をほとんど発見・発表しなかったが、そのような米国の記録で機密扱いのままのものがほとんどないためである。機密でない記録はＩＷＧの管轄ではなかった」「すでに機密指定が解除され公開されている文書については、ＩＷＧの調査対象外であった[143]」と指摘している。

120　二〇一六年一〇月二四日付原告・馬場信浩外「第八準備書面」（原告・馬場信浩外　被告・朝日新聞社　東京地裁平成二七年（ワ）第四二八二号、二一六九四号、二四一七一号、二八三三五号、平成二八年（ワ）第二一三〇三二号＝原文ママ）二頁。第八準備書面三、五頁「メデイア」は「メディア」、七頁「リベル勢力」は「リベラル勢力」、一〇頁「泰郁彦教授『昭和氏の謎を追う（上）』」とあるのは「秦郁彦教授『昭和史の謎を追う（上）』」がそれぞれ正しい。一二頁「戸塚悦郎弁護士」「戸塚悦郎『日本が知らない戦争責任』」の戸塚氏の名前の表記はいずれも「戸塚悦朗」が正しい。

121 二〇一六年一一月一七日付被告・朝日新聞社「準備書面（七）」（原告・馬場信浩外　被告・朝日新聞社　東京地裁平成二七年（ワ）第四二八二号、二一六九四号、二四一七一号、二八三三五号、平成二八年（ワ）第一三〇三二号）二〜三頁
122 https://www.archives.gov/files/iwg/reports/final-report-2007.pdf
123 二〇一四年一一月二七日産経新聞朝刊一頁「慰安婦『奴隷化』文書なし　米政府二〇〇七年報告に明記」
124 IWG報告書をさす。
125 二〇一六年一一月一八日付原告・馬場信浩外「第九準備書面」（原告・馬場信浩外　被告・朝日新聞社　東京地裁平成二七年（ワ）第四二八二号、二一六九四号、二四一七一号、二八三三五号、平成二八年（ワ）第一三〇三二号＝原文ママ）八頁
126 マイケル・ヨン他『「慰安婦」謀略戦に立ち向かえ！　日本の子供たちを誰が守るのか？』（明成社、二〇一七年）一〇七頁
127 二〇一六年一一月二四日付被告・朝日新聞社「準備書面（八）」（原告・馬場信浩外　被告・朝日新聞社　東京地裁平成二七年（ワ）第四二八二号、二一六九四号、二四一七一号、二八三三五号、平成二八年（ワ）第一三〇三二号）三〜四頁
128 二〇一六年二月二五日「ＩＷＧレポートについて、」：「ＨＫｅｎｎｅｄｙの見た世界」（http://hkennedy.hatenablog.com/entry/2016/02/25/181436）
129 原告「第九準備書面」一〇〜一一頁
130 被告「準備書面（八）」五頁
131 『歴史認識問題研究』創刊号（平成二九年秋冬号）（歴史認識問題研究会、二〇一七年）四五頁。ただし、本書では録音にもとづき発言を収録しており、同誌の記載とは表記が異なる箇所がある。
132 同四五〜四六頁
133 『「慰安婦」謀略戦に立ち向かえ！』一六一頁
134 二〇一六年一二月二日付原告・馬場信浩外「第一〇準備書面」（原告・馬場信浩外　被告・朝日新聞社　東京地裁平成二七年（ワ）第四二八二号、二一六九四号、二四一七一号、二八三三五号、平成二八年（ワ）第一三〇三二号＝原文ママ）四頁。『「慰安婦」謀略戦に立ち向かえ！』一二五頁
135 事件が起きたスマランは、ジャワ島にある一都市の地名であり、「スマラン島」との表記は誤り。
136 原告「第一〇準備書面」四頁、『「慰安婦」謀略戦に立ち向かえ！』一二六頁
137 大沼保昭氏はアジア女性基金の理事だったが、理事長を務めたことはない。

138 原告「第一〇準備書面」一四頁、『「慰安婦」謀略戦に立ち向かえ！』一四一頁
139 『「歴史認識」とは何か』一三一頁
140 原文ママ
141 原告「第一〇準備書面」一六頁、『「慰安婦」謀略戦に立ち向かえ！』一四四頁
142 原告「第一〇準備書面」一七頁、『「慰安婦」謀略戦に立ち向かえ！』一四六頁
143 被告「準備書面（八）」四頁

12　結審後報告会（二〇一七年一月）

二〇一六年一二月二二日の第九回口頭弁論後の集会は開かれず、代わりに年明けの二〇一七年一月一四日、東京都千代田区平河町の砂防会館別館「シェーンバッハ・サボー」で報告会「歴史戦の最前線　朝日新聞は世界に拡散した『慰安婦』の嘘をただせ」が開かれた。会場で「朝日新聞を糺す国民会議」の訴訟原告代理人の荒木田修弁護士を見かけた。あいさつしたら苦笑いされ、「敵情視察ですか」と聞かれたので、筆者は「いえいえ、取材です」と答えた。

報告会では、「最終準備書面」として、一二月二一日に提出され二二日の第九回口頭弁論で陳述された原告側「第一〇準備書面」[144]が配布された。徳永弁護士は裁判のポイントについて、

この裁判の主たる争点は、クマラスワミ報告が世界に広げたんじゃなくて、クマラスワミ報

告自体が朝日新聞の虚偽報道によっているんだということ。そして、アメリカにおける決議自体が朝日新聞の虚偽報道によるものなんだということを実証すること。そしてもう三つ目は、今も続く韓国世論の沸騰というもの、誤解、これは韓国世論が勝手に沸騰しているんじゃなくて、朝日新聞が火をつけたんだということ。この三つを主張して立証することがこの裁判の主たる争点となったわけです。

と位置づけた。

杉田水脈・元衆院議員（当時。この後、二〇一七年一〇月の衆院選で当選）は、訴訟をはじめとする運動のねらいについてこう述べた。

朝日新聞を崩せば外務省もおのずと崩れるんです。朝日新聞を崩せば、日本の政府も崩れるんです。いま日本の反日の人たちは何を根拠にこの問題を闘っているかというと、最後の砦は河野談話だと言っています。「私たちには河野談話があるじゃないの」って。「これがある限り私たちは闘えるよ。後生大事に河野談話を守っていきましょう」って、反日の弁護士の方がおっしゃってました。吉見義明裁判の弁護士の方がおっしゃってました。

（な）ので、まずは朝日新聞を崩す。それによって外務省も、そういうふうなことはちゃんと見てますから、外務省にも口実をあげられるわけです。私も昔は公務員でしたけれども、公務員って前例踏襲ですから、前の人がやったことをね、前の人がやったことを覆せないんですよ。一般企業だったら考えられないです。

けども、リークとかそういうのがないですから、本来だったら国益っていうものを考えてちゃんとやってもらわないと困る人たちなんですが、そういうことより自分たちの立身出世のことしか頭にない人たちですから、先輩がやったことが覆せないんですよ。その覆す口実を与えるのが、朝日新聞を崩すことなんです。ここがまず一点。

それから、それによって反日の左翼の人も崩れていきますから、そして最後はこれで包囲網をかぶせて、河野談話を見直しさせるところまで持っていかないといけないと私は思っています（場内から拍手）。

そのためにはですね、みなさんのご協力が必要ですし、まだまだ、私がいま言った段階は国内の問題ですが、一番最後に必要なのは国際的にいかに発信するかということなんです。誤解が広まっているのは日本じゃないです。誤解が広まっているのは、アメリカでありオーストラリアであり、ヨーロッパでありアジアであり世界なんです。ここにいかに誤解を解く動きをもっていくのか。朝日新聞にいかに英語で訂正記事を載せさせるか。いかに自分たちの犯した罪を自分たちでつぐなってもらうか。自分たちで責任をとってもらうか。そして最終的には外務省のホームページの書き換えまでやってもらわないといけないわけです（拍手）。そこにもっていって初めて勝利なので[145]。

西岡力氏は二〇一六年に発足した「歴史認識問題研究会」のねらいについて、こう説明した。

向こうが二〇年以上かけてウソを世界に広めてきたので、われわれも一〇年ぐらいは腰を据えてまず研究をする。そしてきちんとした学術的な論文をきちんとした形で発表していく。そしてそれを英語にして、あるいは韓国語にして中国語にして論争をしていこうと。今までは個別的な問題について対処してきましたが、それではもぐらたたきのようで間に合わない。腰を据えて組織的に継続してやることにしました。本来は日本政府の中に、外務省の外にそういうことをやる対策本部をつくれと繰り返し提言してきましたが、そういうことが起きなかったので、まず民間でやろうということで立ち上がりました[146]。

山岡鉄秀氏は、結審の際の朝日新聞社側の弁論を批判した。

裁判は、先月結審しているわけなんですね。そのときの最後の口頭弁論で朝日新聞の弁護士の方がおっしゃったことを聞いて、ほんとに心から落胆して、暗い気持ちになりました。何を言ったか。「誤報があったとしても七〇年以上も前のできごとで、日本人の名誉が貶められることはない」「韓国の反日活動は韓国人の意思によるもので、朝日新聞は関係ない」。これだけ問題が大きくなって、われわれがあれだけ努力して、朝日がどんだけ問題を起こしたかを証明して、外務省もそれを認めて三回も四回も明言して、それに対する最後の弁論が、これですか。これいいんですか、これで（場内から「よくありません」と発言あり）[147]。

朝日新聞の弁護士さんとか、あるいは記者さんとかですね、みなさん、お子さんもいらっしゃるでしょうし、まあお孫さんもいらっしゃると思うんですよね。だけど自分の子どもたちが、あるいは孫たちが何の関係もないことで、またこの憎しみ工場の産物の結果としてですよ、何のいわれもない差別やいじめを受けたとしたらどんな気持ちになるんでしょうか。そのことをよーく胸に手を当てて考えていただきたいですね。これはもうイデオロギーの問題じゃなくてモラルの問題じゃないですか。人間としてそれで本当にいいんですかと、私は問いかけたい。

この朝日新聞のあり方を見ていて、つくづく戦後というものは終わっていない。日本人が抱えるこの心の闇の深さというものに私は大変な疲労感、絶望感を感じることがございます。しかし、それを跳ね返す努力をしなくてはなりません。日本という国、英霊の名誉、そして子どもたち、すなわち日本の未来、これを守らなければいけません。

ここは何とかがんばって本当の意味での日本の戦後を終わらせて、子どもたちのために、日本の明るい未来のために心を一つにしてがんばっていきましょう[148]。

---

144 二〇一七年一月一四日の報告会で配布された「最終準備書面」は、前年一二月に法廷に提出された原告「第一〇準備書面」で見られた誤記が訂正されずそのままになっている例が目についた。「スマラン島事件」、「アジア女性基金の理事長を務めた大沼保昭東大教授」「同年年四月に完成したＩＷＧの調査」などの記述である。このほかにも『JAPN'S COMFORT WOMEN』（=JAPAN'Sの「A」が欠落）、「60 minuits」（＝米テレビ局ＣＢＳの報道番組。正しくは「60 Minutes」）などの誤記があった。「第一〇準備

書面」は、五月三一日付で書籍化された『「慰安婦」謀略戦に立ち向かえ！』にも「最終準備書面」として収録された。ここでは「同年年」や「JAPN'S」の誤記が正された一方、「スマラン島事件」「アジア女性基金の理事長を務めた大沼保昭東大教授」「60 minuits」などの誤りはそのままとなっている。

145 杉田水脈氏の発言は、『「慰安婦」謀略戦に立ち向かえ！』にも概要が収録されている。ただし、報告会で「朝日新聞を崩せば外務省も崩れる」と発言した部分は、同書三八頁では「朝日新聞に誤報を認めさせることで、外務省も自ずと変わらざるをえない」と改められている。「反日の弁護士」「吉見義明裁判の弁護士」「公務員って前例踏襲ですから、前の人がやったことを覆せない」「自分たちの立身出世のことしか頭にない人たち」などという表現はいずれも本では削除されたり、書き換えられたりしている。

146 西岡氏の発言の概要も同書四〇～四八頁に収録されているが、引用した部分は前置き部分であるためか、本にはない。

147 山岡鉄秀氏の発言は日本会議が発行する『日本の息吹』二〇一七年四月号一二～一四頁に収録され、さらに単行本『「慰安婦」謀略戦に立ち向かえ！』五〇～五六頁にも収録された。その際、報告会の発言にはなかった「などとまくし立てたのです」「なんという厚顔でしょうか」などの表現を書き加えている。

148 報告会での山岡氏の発言のうち、「歴史認識問題研究会」や「放送法遵守を求める視聴者の会」の活動に言及した部分については、雑誌や本に収録する際に省略されている。

13　判決（二〇一七年四月）

一審判決は二〇一七年四月二七日午後一時一五分から、東京地裁五二二号法廷で言い渡された。記者席八席が確保され、一般傍聴席三四席の抽選のため八〇人余りが行列に並んだ。日本会議の椛島有三事務総長や高橋史朗、百地章、勝岡寛次、山岡鉄秀各氏らも判決言い渡しを傍聴した。

佐久間健吉裁判長は原告らの請求を棄却するとの主文だけを読み上げて「理由は判決文に書いて

おきましたので、よく読んでおいてください」と付け加えた。

判決はまず、名誉毀損の成立する要件について以下の通り述べた。

不法行為としての名誉毀損が成立するためには、問題となっている名誉、すなわち、品性、徳行、名声、信用等の人格的価値について社会から受ける客観的評価が特定の者に帰属するものと評価することができ、かつ、その特定の者についての品性、徳行、名声、信用等の人格的価値について社会から受ける客観的評価が被告の表現行為によって低下したと評価することができることが必要であるというべきである[149]。

問題とされている名誉が原告らという特定の者に帰属し、かつ、その特定の者に帰属する名誉が被告の表現行為によって毀損されたと評価することができる必要がある[150]。

そのうえで、朝日新聞の一連の記事についてこう評価した。

本件各記事は、吉田証言や元慰安婦であるという女性の体験談等の紹介を通じて約七〇年前の第二次世界大戦中の旧日本軍の非人道的行為を報じ、その被害者に対する日本政府によるいわゆる戦後補償が不十分であることを示唆するものであるということができるが、その報道内容の対象は、当時の旧日本軍ひいては大日本帝国ないし日本政府に関するものであり、原告らを始めとする現在の特定個々人を対象としたものではないことは明らかである[151]。

また判決は、「日本人としてのアイデンティティ」に関する原告側の主張について、以下のように整理した。

原告らは、いずれも日本人としてのアイデンティティと歴史の真実を大切にし、これを自らの人格的尊厳の中核に置いて生きている日本国内外に居住する日本人であると自らを同定した上で、本件各記事によって日本人は二〇世紀最大級の残虐な人権侵害をし、かつ、それを認めない無責任な民族ないし人種であるという二重の不名誉な烙印を押されることにより、原告らの人格的尊厳の中核が傷つけられた旨主張する[152]。

そのうえで判決は以下のように述べて、原告側の主張を否定した。

しかしながら、我が国の歴史の真実を大切にし、これを自らの人格的尊厳の中核に置いて生きる者は原告らだけに限られないばかりか、原告らのいう日本人集団の内包は主観的であって、原告らのいう日本人集団の外延は不明確であり集団として特定していないといわざるを得ない[153]。

原告らのいう日本人集団及びその構成員を特定することができないから、本件で問題となっている、品性、徳行、名声、信用等の人格的価値について社会から受ける客観的評価が原告ら個々人に帰属するものと評価することは困難であるし、したがってまた原告ら個々人についての国際社会から受ける社会的評価が低下したと評価することもまた困難である。また、その他本件各記事の掲載等によって原告ら個々人の社会的評価が低下したことを認めるに足りる証拠もない。したがって、原告らの上記主張は失当であり採用することができない[154]。

原告側は、米国在住の原告に関しては米国法を適用すべきとも主張していた。これに対して判決は以下のように述べて、米国法の適用を否定した。

本件各記事の掲載は、在米原告らの名誉を毀損するとはいえず、在米原告らとの関係で我が国民法七〇九条及び同七一〇条所定の不法行為を構成しないというべきであるから、米国法における必須要素を検討するまでもなく、在米原告らは、本件訴訟において、被告に対して米国法に基づく損害賠償その他の処分の請求をすることができないこととなる[155]。

続いて判決は、双方の主張をもとに事実認定をおこなった。まず原告側の主張をもとにした部分（判決第三の二（二）ウ＝「ウの各認定事実」）の抜粋は以下のとおり。

菅義偉内閣官房長官が、平成二六年（二〇一四年）九月五日、クマラスワミ報告の一部は被告が取り消した記事内容に影響を受けている旨述べたこと、杉山外務審議官が、平成二八年（二〇一六年）二月一六日、国連女性差別撤廃委員会の対日審査において、慰安婦が強制連行されたという見方が広く流布された原因は昭和五八年（一九八三年）吉田が「私の戦争犯罪朝鮮人強制連行」の中で「韓国のチェジュ島において大勢の女性狩りをした」という虚偽の事実をねつ造して発表したためであり、同書の内容が被告によって事実であるかのように大きく報道され国際社会にも大きな影響を与えた旨述べたことなど、被告による本件各記事の報道がクマラスワミ報告や慰安婦問題に関する国際社会の認識に影響を与えたとする見解があることが認められる。また、証拠（甲八〇、一三九ないし一四三）によれば、米国下院決議一二一号の決議案の説明用資料として米議会調査局のラリー・ニクシュが作成した報告書には「慰安所軍関与示す資料」という見出しの被告の記事（平成四年（一九九二年）一月一一日・甲三五）が証拠リストの筆頭に挙げられていたことから、ジャーナリストであるマイケル・ヨンは、同記事が米国下院決議一二一号を肯定する主要な根拠となったという認識を有していること、韓国においても、誤報がされた結果、被害者である韓国人の立場では吉田証言が事実として拡散していったという見解があること、島田陽一[156]らを委員とする朝日新聞「慰安婦報道」に対する独立検証委員会は被告が一九八〇年代から慰安婦問題につき我が国を糾弾する報道を始め数々の虚偽報道を行い、結果として日本軍が女子挺身隊の名で朝鮮人女性を慰安婦にするために強制連行したという事実無根のプロパガンダを内外に拡散させたことが被告の慰安婦報道の一番の問題点と認識していることが認められる[157]。

判決のうち原告側主張をもとにした部分の事実認定では、「…とする見解があることが認められる」とか「…と認識していることが認められる」などと、あくまで原告側の主観的認識であることを示す表現が多用されている。被告側主張をもとにした部分の事実認定（判決第三の二（二）エ＝「エの各認定事実」）では同様の表現が少ないのと対照的といえる。

被告側の主張をもとにした部分の事実認定の冒頭には、以下の一節がある。

本件各記事自体は、日本人に対する侮辱、脅迫、いじめや嫌がらせ等の違法行為を煽動し又はこれを慫慂するものとは認められない[158]。

そのうえで、原告らが、慰安婦問題をめぐり一九九六年に国連に提出された「クマラスワミ報告」にも朝日新聞による吉田証言などの報道が影響した、と主張した点について判決は、クマラスワミ氏自身に対するインタビュー記事なども引用し、以下のように認定した。

証拠（甲六七、八一、甲A一、甲D三、乙三、四、一七）によれば、吉田証言が慰安婦問題に係る国際世論に対していかなる影響を及ぼしたのかに関して原告らとは異なる見方があること、クマラスワミ報告における慰安婦の強制連行に係る記述は、吉田証言が唯一の根拠ではなく、元慰安婦からの聞取り調査もその根拠であること、さらに、クマラスワミ自身、吉田証言はクマラスワミ報告の証拠のうちの一つに過ぎず、元慰安婦への聞取り調査を根拠に日本軍が雇った民間業者が誘拐した事例があったと認定しているから、被告が吉田証言に係わる記事を取り消したとしても同報告内容を修正する必要はないとの考え方を示していること[159]

また、二〇〇七年に米下院が日本に謝罪を求めた決議や、米国での慰安婦碑・像の設置に朝日記事が影響した、とする原告側主張について判決は、米下院決議の説明資料に吉田清治氏の著書が用いられていない、などと認定した。

米国下院決議一二一号の決議案の説明資料には吉田の著書は用いられていないこと、米国各地では、韓国系住民が慰安婦の碑・慰安婦像の設置を各方面に対して強力に働きかける運動を展開していることが認められる[160]。

原告らは、朝日の慰安婦報道の影響で慰安婦の「強制連行」説や二〇万人いたとする説、性奴隷説や挺身隊との混同が韓国に広まった――とも主張。これらの主張に対して、判決は、論点のいずれについても、朝日新聞が報じるはるか以前から、問題とされた表現での報道が韓国内にあったと認定した。

さらに、証拠（乙一八ないし二七）によれば、韓国においては、「日本軍による慰安婦の強制連行」は昭和二一年（一九四六年）から報じられ、昭和二〇年（一九四五年）ころから一九六〇年代前半までは「挺身隊の名のもとに連行されて慰安婦にされた」と報道されていたこと、また、「慰安婦数二〇万人」についても昭和四五年（一九七〇年）には報道されていたことも認められる[161]。

これらの事実認定を前提として、判決は「在米原告らが主張する具体的被害が本件各記事の掲載という被告行為の結果であると法的に評価することができるか否か」について検討した。まず原告側の主張を踏まえた「前記ウの各認定事実」をもとに、判決は以下のように述べた。

前記ウの各認定事実をも考慮すると、被告の本件各記事掲載が、在米原告らがいう国際社会、具体的には国連関係機関、米国社会や韓国社会などにおける慰安婦問題に係る認識や見解あるいはその一部に対し、何らの事実上の影響をも与えなかったということはできない[162]。

そのうえで、被告側主張を踏まえた「前記エの各認定事実」をもとに、以下のように続けた。

しかしながら他方で、在米原告らが言及する国際社会自体も多元的であるばかりでなく、前記エの各認定事実を考慮すると、国際社会での慰安婦問題に係る認識や見解は、在米原告らがいう、日本人は二〇万人以上の朝鮮人女性を組織的に強制連行して性奴隷として酷使する二〇世紀最大級の残虐な人権侵害を行い、そうであるにもかかわらずこれを認めない無責任な民族ないし人種であるという単一内容のもとに収斂されているとまではいえず、多様な認識や見解が存在していることが窺えるところである。そして、それら認識や見解が形成された原因につき、いかなる要因がどの程度に影響を及ぼしているかを具体的に特定・判断することは極めて困難であるといわざるを得ない[163]。

と判示した。在米の原告らに対する侮辱や嫌がらせなどの行為と、朝日新聞の報道の因果関係については以下のように述べて法的な相当因果関係を否定し、原告側の請求を退ける旨、結論づけた。

在米原告らに対する侮辱、脅迫、いじめや嫌がらせなどの行為は特定の者による行為であるところ、当該行為者は人として自由な意思に基づき自らの思想信条を形成し、また行動する存在であって因果の流れの一部として捉えることができるものではない。

以上からすれば、被告の本件各記事掲載と在米原告らの具体的被害との間には、被告とは別個の行為者の故意行為が介在しており、それは被告の本件各記事掲載と在米原告らの具体的被害との間の因果の流れの一部とみることができないのであるから、在米原告らの具体的被害を被告の本件各記事掲載行為の結果として評価することはできないというべきである。そうする

と、在米原告らの具体的被害の法的責任を被告の本件各記事の掲載に帰せしめることはできない[164]

判決後の記者会見は、午後二時の開始予定より一〇分近く遅れて始まった。徳永信一弁護士は「先ほど法廷でなされた判決は、私たちの敗訴判決でした」と切り出した。

　裁判長はていねいに主張をとらえていただいて、そして判断されているといったところがあります。じつはこの問題については、別の訴訟があるということはご存じだと思いますけれども、そこでも、いわばその法的な要件に乗っかる前に、そもそも日本人に対する名誉毀損ということを理由にした裁判ができるのかというところで、今まで否定的な見解が、裁判の中、判決の中で述べられてきたということで、そのこともご承知のことかと思うわけです。

　本件はしかし、朝日新聞が誤報を流した。そこに落ち度があった、ミスがあったということは、これはもう朝日新聞自体が認めていることですんで、そのこと自体はこの裁判では一切問題になりませんでした。

　ところが、そのことが一体どういう影響を及ぼして、それがどういう個々人の損害となって裁判の俎上にあげるかというところの問題で、私たち弁護団としても、この裁判としても、いろいろな考えがあったわけですけれども、わかりやすい話としては確かに名誉毀損というものがあって、そのことによって嫌な思いをし、あるいは屈辱的な思いをし、まあしかしその思いはそれぞれ一人ひとりの考えいかんに関わるんでしょうけれども、そのことは名誉毀損という枠組みの中では、裁判所では取り上げにくいんだという見解が、やはり今回も示されています。

あくまでも個人の声望や名誉、そういったものを害するのが名誉毀損の裁判なんで、本件では朝日新聞が言っていることは、「特定の個人を非難しているものじゃない」と。私たちはしかし、日本人としてのアイデンティティーを持つ者としては、自分自身がかかわって帰属している団体のヒストリー。すなわち、いわゆるアイデンティティーというものですね。それとか現在も「日本人は最大の人権侵害をやってきたにもかかわらず、いっこうに反省しようともしないし、きちんとした賠償もしないんだ」ということを国際世論の中で言われ続けているわけで。その「いっこうに反省しない人たち」ということには私たちも入っているわけなんで、そのことを申し上げていっているわけですけれども、やはり日本人という集団というのは、そう思う人もいない人もいるし、アイデンティティーのとらえ方もさまざまなので、その「日本人」というくくりというのは、裁判所にとってはちょっと一般的すぎるという評価をされていて、それゆえにそのことを理由に損害賠償請求の、いわゆる不法行為裁判というものには乗らないんだという判断が示されています。

判決が「記事が国際社会における慰安婦問題の認識や見解に何ら事実上の影響も与えなかったということはできない」と述べた点について、徳永氏は評価し、こう語った。

判断の前提として、私たちが主張していることをとりあげたうえで、「朝日新聞の報道が、そういう現在の不当なアメリカにおける日系人がこうむっている生活環境等に影響を及ぼしていないとはいえないんだ」という判断はしてくれました。すなわち「影響がないとはとてもいえない」とは言ってくれたんですけれども、しかし具体的ないじめだとかいう損害の発生の間には、まずいじめた人の故意行為があるだろうと。

いくつかの故意の自由意思がからんでいるという意味合いにおいて、法的因果関係は認められないということで、私たちの請求は棄却されたという形になっています。

軍の関与というふうにとりあげた朝日新聞の報道が、実は「軍自体が強制連行とか、不当な慰安婦の募集をして性奴隷にしたんだ」という偏見を広めたという意味で大いに責任があるところなんですけれども、裁判所はそこまで踏み込んではみていただけなかった。

こうまとめたうえで、

朝日新聞が及ぼした影響が非常に強いというところまで踏み込んで判断していただきたかったなというふうに思います。そのことについてまで裁判所を説得しきれなかったのは、私たち自身の力不足があったかと思うんですけれども、逆にそういう判決が出たことで、裁判の中において私たちがやるべきことというのがはっきりしました。そういったことにおいて朝日新聞の影響があったということを、控訴審ではより細密に、そして資料を用いて立証していくつもりですし、そのことによってこの裁判を逆転する可能性が、この判決自体から読み取れたということは、大変意義の大きいことだったというふうに思って報告させていただいています。

とも語った。

判決後の原告側報告集会は弁護士会館五階会議室で開かれ、筆者も記者会見を終えた徳永信一、内田智弁護士らとともに、集会の途中から参加した。ちょうど山岡鉄秀氏が「より多元的な、この慰安婦問題のあり方、見方、考え方、そのことが日本人の日本国のあり方、戦後のあり方というところまでずーっと結びついていく、このビッグピクチャーをですね、ぜひ理解していただければ誠に幸いでございます。まだまだこの問題は終わりません。これは日本国の、極端に言えば日本という民族の存亡をかけてまだまだ続く長い真剣な闘いであります」と裁判を総括しているところだった。

内田弁護士は判決について、

結論的には、被告の本件各記事掲載、つまり従軍慰安婦の虚報、誤報ですけれども、本件各記事掲載が、在米原告らがいう国際社会、具体的には国連関係機関、米国社会、韓国社会などにおける慰安婦問題にかかわる認識や見解、あるいはその一部に対し、何らの事実上の影響をも与えなかったと言うことはできないと。非常に間接的なあいまいな言い方ではありますが、朝日新聞の一連の報道がこのような問題を引き起こしているということを、ある一面では認めております。

そのうえで、法的な問題としては朝日新聞の責任にすべて帰することはできないというような言い方で、因果関係論の問題のなかで、在米原告らの具体的な被害を、被告の本件各記事の掲載行為の結果として評価することはできないと。まあそこが結論として出されてしまって。

と説明した。そのうえで、

終始、この裁判長、裁判体においては、提起した問題を基本的には誠実に、かつていねいに受け止めていただいたんだということは、率直な印象としてございます。ですからきょうの判決期日を臨むにあたっても、うまく行けば勝たしてくれるのかと。ちょっとでも勝てばもうもちろん全面勝訴です、この事件は。お金が認められようが、まして謝罪広告ということになれば。逆に言うとそれだけバーは高いのでございますが、判決理由中には、非常に重要な事実を、この二年間にわたる裁判のなかで認めていただいているという事実がございます。控訴審は、この勝ち取ったところから法的な問題をさらに深掘りし、綿密な主張と立証をしていけば何とか勝機は見いだせるのではないかというふうに弁護団の一員としては思っております。

とまとめた。岩原義則弁護士は、

　勝っていたら「勝訴」というのを用意、要するにお金とか認められたら、用意してました。で、負けになったときどうするんやというときに「不当判決」というのも用意していたんです。ただこれは、やめときましょう。「不当判決」というのはやめときましょうというのを、最初のところで打ち合わせしていたんですね。

と、判決の結果について大書した紙を弁護士らが裁判所前で掲示する「旗持ち」を計画し、用意もしたが、敗訴の際の「不当判決」を掲げることについては、当日になってやめたことを明らかにした。上原千可子弁護士もこう明かした。

　弁護団唯一の女性ということで、今日は旗持ちという大役で、先ほど岩原弁護士がおっしゃってくださったように、「勝訴」というものを準備させていただいていたんですけれど、残念ながらみなさんの前にはそれをお持ちすることができませんでした。

徳永弁護士は記者会見で語った「希望」を、集会でも強調した。

この判決は、私たちが積み上げた法律的な理論、それ自体を否定しませんでした。それを認めてくれました。間違っている、そしてアメリカにおいて損害をこうむっている、これも事実だと。その間の因果関係が追えれば、朝日新聞は責任を負うべきだということになると。これが出発点です。この枠組みについては裁判所は認めて、しかしここが足りないというふうに言ってくれたんです。まあ裁判所はなぜこの事実のなかからそこまで認定してくれなかったのかと。そういう意味では大変残念な判決ではあるんですけれども、同時にそこが私たちの活動に足りなかったところだということを指摘してくれたんだと。ここさえきちっと立証して主張を練り上げれば控訴審は勝ちますよという、そういう希望の光を照らしてくれている判決でもあるというふうに評価しています。

支援団体代表の百地章氏も、

ふつうに考えればまず勝てない裁判、難しい裁判でしたから、結果的には敗訴になりました。しかし判決内容につきましては、これまで徳永先生をはじめ、諸弁護士さんからお話しいただきましたように、かなり手応えのあるものであったということも言えると思います。たとえば被害の事実をそれなりに認定しているということ。それから朝日新聞の影響ということをそれなりに認定したということ。これは画期的です。ただし朝日の記事が決定的なものであったとか、直接影響を与えたものではないという言い方をしています。

私は高裁では、それなりに勝機があると考えています。

と言葉をついだ。

原告側は判決を不服として、五月一〇日付で控訴した。ただし一審原告二五五七人のうち二四九五人は、七月三一日付で控訴を取り下げたため、第一回口頭弁論までに控訴人として残ったのは在米日本人ら二六人を含む六二人となった。

一審では原告の筆頭だった馬場信浩氏もいったん控訴人に加わったが、七月三一日に取り下げた。馬場氏はテレビドラマ「スクール・ウォーズ」の原作者として知られる作家で、米国に移住。二〇一五年九月三日の東京地裁で開かれた第一回口頭弁論で意見陳述した。訴状にも馬場氏を筆頭に三人の在米日本人の体験が記されている。

馬場氏は一審判決前の二〇一七年一月には、公開している自身のフェイスブックで「朝日・グレンデール裁判の原告から降りることにしました」と題して、以下のように書き込んだ。

『朝日・グレンデール裁判の原告』から降ります。好結審[165]が予測される中、勝ちを捨てるのかと笑われそうですが、ことは人間として最低限守らなければならない誠実と真実の欠如が原因です。

二年前、朝日新聞を訴えると我々ロスに住む者に説きに来られたのは高橋史郎[166]明星大教授でした。その時、教授はアメリカでのイジメの話しをされました。即刻、その場で、「イジメのウラをとられたのですか」と問いました。
「いえとっていません。しかし、これは黒ですね。私は専門家ですから」と言われたのです。
「それはダメだ」と言い放ちました。これが発端でした。

馬場信浩はイジメありなどと嘘をついて裁判に荷担したくありません。おのれの良心に従って行動します[167]。

さらに判決後の六月にも、以下のように書き込んだ。

もう二〇一三年にグレンデール市で銅像が建って足かけ五年になります。その間にイジメがあるという話しが日本~アメリカを何回飛び交いましたでしょうか。無数です。ですがこれらは「ヒアリング」という段階の代物です。学者、評論家、ジャーナリスト、政治家の方々がそれぞれ調査を行われました。時間的にとても無理だろうと思われるヒアリングもありましたで、ただの一件もウラが取れてはいないのです[168]。

149 二〇一七年四月二七日言渡　佐久間健吉裁判長、吉川昌寛、葛西正成裁判官「判決」（東京地裁民事第四九部　平成二七年（ワ）第四二八二号　米紙謝罪広告等請求事件、同年（ワ）第二一六九四号、同年（ワ）第二四一七一号、同年（ワ）第二八三三五号、同二八年（ワ）第二三〇三二号各米紙謝罪広告掲載等請求事件、http://www.ianfu.net/contents/contents029.html）一七頁

150 同一七～一八頁
151 同一八頁
152 同一八頁
153 同一八～一九頁
154 同一九頁
155 同一九～二〇頁
156 原文ママ。正しくは「島田洋一」。
157 同二二～二三頁
158 同二三頁
159 同二三頁
160 同二三頁
161 同二三～二四頁
162 同二四頁
163 同二四～二五頁
164 同二五頁
165 原文ママ
166 原文ママ。正しくは「高橋史朗」。
167 二〇一七年一月一五日付馬場信浩氏フェイスブック（https://www.facebook.com/nobuhiro.baba/posts/1194071393962254）。馬場氏の書き込みは公開設定になっており、「友達」承認がなくても誰でも見られる。
168 二〇一七年六月一二日付馬場信浩氏フェイスブック（https://www.facebook.com/nobuhiro.baba/posts/1334811969888205）

Ⅱ　控訴審・東京高裁

1　控訴理由書（二〇一七年八月）

二〇一七年八月一九日には、元慰安婦の日本での支援団体「希望のたね基金」が米国で元慰安婦の支援や慰安婦の少女像建立を進めるグループを招いて、東京都文京区の文京シビックセンターでシンポジウムを開いた。日本の右派運動を研究している米モンタナ州立大学准教授の山口智美氏が米国で慰安婦像に反対する日本人らの活動について報告した。以下は山口准教授の報告による。

二〇〇七年一月に米国下院で、慰安婦問題で日本政府に謝罪を求める決議案一二一号が出された。当時は第一次安倍政権。危機感を覚えた日本の右派がつくった「歴史事実委員会」という団体が同年六月、ワシントン・ポスト紙に「ＴＨＥ　ＦＡＣＴＳ（事実）」と題する意見広告を出し、慰安婦問題に反論したが、決議は採択された。

決議後、慰安婦の記憶を伝えようと、二〇一〇年にニュージャージー州パリセイズパークに慰安婦の記念碑ができた。当時は日本は民主党政権で、めだった動きは何もなかった。この碑に対する日本での反発が強まるのは二〇一二年。「正論」五月号に「米国の邦人子弟がイジメ被害　韓国の慰安婦反日宣伝が蔓延する構図」と題される論文が掲載され、在米日本人がいじめにあっているという話が広がるきっかけとなったという。さらに二〇一二年一一月には、「歴史事実委員会」が二〇〇七年に続いて米紙に「Yes, we remember the facts.」という広告を出した。首相になる直前の安倍晋三氏が賛同している。

さらに、今回の訴訟のもととなったカリフォルニア州ロサンゼルス近郊のグレンデールに二〇一三年、慰安婦の少女像ができた。カリフォルニア州の韓国人系団体が呼びかけた。日本人系の団体も反発し抗議があったが、一方で日系人のなかには、戦時中に米国政府によって収容所に入れられた被害体験から、少女像の建立への支持もあったという。

米国で調査を続ける山口氏は、在米日本人らの境遇や心境について、以下のように解説した。

　在米の日本人や新一世たちは、米国社会で差別され、うまくいかないこともたくさんある。言葉もできなかったり、生活も楽ではない。コミュニティーでうまくやっているとは限らない。不安もあるし、攻撃されたとかいじめられたという思いをどっちに持っていくか。

　今まで米国に住んでいて市民運動や社会運動に興味がなかったが、自分の不安感を共有し、慰安婦像阻止という共通のゴールで盛り上がる。彼らは地道に運動を展開し、勉強会や集会も開く。これで新しい人間関係もできたといっていて、それが重要になってしまった。

　在米日本人の気持ちはわかる。米国でマイノリティーとして暮らす苦労はわかる。その思いがどこに向かうか。慰安婦のメモリアルを建てる人に向けるのではなく、米国のマジョリティーに向かわないと生活は良くならない。しかし実際はマイノリティー同士の攻撃になっている。

言葉ができないと孤立しがちになり、それはきつい。ただ日本語しかしゃべらなくてもロサンゼルスやニューヨークでは生活できる。そこで小さな世界だけで盛り上がってしまう。

ネットを見ると圧倒的に右派の情報が多い。学術書では右派の情報はほぼない。査読プロセスに耐えられないから。でも査読を経て出るような学術書は一般市民は読まない。いくら出たところで一般の人には広がらない。

原告側は控訴理由書を八月三〇日付で提出した。そのなかで、最近の動きとして、吉田清治氏が韓国に建てた謝罪碑の碑文を、吉田氏の長男が撤去したいと申し出た件についての言及があった。申し出を実行するため訪韓して碑文を書き換えようとした元自衛官の奥茂治氏が、韓国の当局に一時拘束され、出国禁止措置をとられたことについて、以下のように述べている。

最近、吉田清治の長男が、ソウルにある父の碑文を撤去することを申し出たが、そのことをめぐって関係者が逮捕される[169]事件に発展している。現在の頑迷な韓国世論は、朝日新聞が真実として継続的に取り上げた吉田清治の嘘に基づくものであることについては、原審でも主張したところであるが、更に主張と証拠を追加する予定である[170]。

この件では、ジャーナリストの大高未貴氏が吉田清治氏の長男にインタビューした雑誌記事や本『父の謝罪碑を撤去します』（産経新聞出版、二〇一七年）が発表された。

右派からは、「吉田証言を報じた朝日新聞は責任をとってこのニュースを報じ、碑文書き換えに協力すべきだ」などとする主張が出た。元慰安婦支援グループが設けた「希望のたね基金」に対抗する形で、藤岡信勝氏らが設立した団体「『真実の種』を育てる会」が九月五日に設立記者会見を開いた際にも、参加していた支援者らからこの件で朝日新聞を非難し、記者席にいる筆者を問い詰める発言もあった。

九月二六日には「歴史認識問題研究会」の緊急シンポジウムが開かれた。ユネスコの「世界の記憶」（世界記憶遺産）への「慰安婦の声」の登録に反対し、櫻井よしこ氏の司会で、西岡力氏や高橋史朗氏らが語らう内容。

質疑応答で参加者の男性から発言があり、
グレンデールの目良（浩一）さんですかね、慰安婦像の広告がありました。もとはといえば朝日新聞がもとなんで、目良さんが全財産を出してやっているという話をうかがいましたけれども、朝日新聞にそういった訴訟のカネを出せとかですね。朝日、もともと朝日なんですよね。ですから、そういうことはできないんでしょうか。それと、今もわれわれ日本人の名誉が毀損されているわけですね。朝日の報道によって。朝日を訴えるとか、そういったことはできないんでしょうか[171]。

と尋ねた。これに対し高橋氏は「朝日を訴える訴訟は何件かあったわけです。目良さんの訴訟とは別に『朝日・グレンデール訴訟』が現在進行形で進んでいるのですが、他の団体もまだ、訴えの訴訟があります。少なくとも私が知っている限りで三つ四つございます。そういうことがないわけじゃないんです。現在訴訟が進行中でございます[172]」と答えた。櫻井氏はこう言葉を継いだ。

ただですね、朝日というのはこのうえなく厚かましい人たちですから（場内笑い）、いくら訴えられても、いくら非難されても、自分たちが正しいと思い込んでいる。ですからいちばんいいのは、一切朝日新聞の購読をやめること（拍手起きる）。それでも朝日は不動産収入がありますから、生き延びていくんですけれども、本業が大幅に赤字になると、これはやっぱり一つのメッセージになると思います[173]。

169 二〇一七年六月二七日朝日新聞朝刊第三社会面「韓国で邦人男性、一時拘束」によると、実際は逮捕ではなく一時拘束された後、出国禁止措置がとられたとみられる。

170 二〇一七年八月三〇日付控訴人・今森貞夫外「控訴理由書」（控訴人・今森貞夫外六一名　被控訴人・朝日新聞社　東京高裁平成二九年（ネ）第二五九四号）七頁

171 『歴史認識問題研究』第二号（平成三〇年春夏号）（歴史認識問題研究会、二〇一八年）五四頁。同誌では目良浩一氏の名を「米良さん」と誤記している。
172 同五四～五五頁
173 同五五頁

2　第一回弁論、結審（二〇一七年一〇月）

控訴審第一回口頭弁論は二〇一七年一〇月二六日に東京高裁八〇九号法廷（阿部潤裁判長）であり、一回で結審した。四二席の傍聴席に三〇人ほどが着席した。

控訴人として原告側は五月一〇日付控訴状、八月二四日付控訴状訂正申立書、八月三〇日付控訴理由書、一〇月二六日付「準備書面（一）」と同日付「準備書面（二）」を手続き上、陳述。さらにケント・ギルバート氏の陳述書や西岡力氏の意見書などを書証として提出した。被控訴人として被告・朝日新聞社は九月二九日付答弁書を陳述し、参考書類として「朝日新聞を糺す国民会議」が呼びかけた訴訟で原告らの控訴を棄却した二〇一七年九月二九日付東京高裁判決文（村田渉裁判長）を提出した。

控訴理由書で原告側は、一審の東京地裁判決を以下のように批判した。

原告らの民族的アイデンティティ権（民族的アイデンティティを人格的自律の中核に置いて生き、そのアイデンティティを構成する民族の歴史的事実や民族に対する総体的評価を、虚偽の中傷によって歪曲ないし損壊し、もって民族的アイデンティティに基づく社会的評価及び名誉感情を毀損されない権利ないし利益）が憲法一三条の人格的自律権に由来する憲法上の権利であり、その存在が社会的に認知されている以上、その内包が主観的であることを理由に集団の特定性を否定することはできない[174]。

これに対し被告・朝日新聞社は、一審判決を引用する形で反論した。

原判決の「原告らに対する関係で不法行為としての名誉毀損が成立するためには、問題とされている名誉が原告らという特定の者に帰属し、かつ、その特定の者に帰属する名誉が被告の表現行為によって毀損されたと評価することができる必要がある（中略）」（一七～一八頁）、「我が国の歴史の真実を大切にし、これを自らの人格的尊厳の中核に置いて生きる者は原告らだけに限られないばかりか、原告らのいう日本人集団の内包は主観的であって、原告らのいう日本人集団の外延は不明確であり集団として特定していないといわざるを得ない。そうすると、その集団を構成している者もまた客観的に特定していないこととなる。」（一八～一九頁）との判示は全く正当であって、控訴人らの主張は理由がない[175]。

一審・東京地裁判決のうち、朝日新聞の報道について「在米原告らがいう国際社会、具体的には国連関係機関、米国社会や韓国社会などにおける慰安婦問題に係る認識や見解あるいはその一部に対し、何らの事実上の影響をも与えなかったということはできない[176]」と述べた部分をめぐって、原告と被告の解釈は対立した。

原告側は控訴理由書で、以下のように述べた。

これは、朝日新聞の誤報記事と強制連行や性奴隷といった誤った風評との事実的因果関係を認めたものと評価できる[177]。

これに対し、朝日新聞社側は以下のように反論した。

原判決の控訴人ら引用部分は、（中略）朝日新聞の報道がなければ控訴人らのいう「強制連行や性奴隷といった誤った風評」がなかった（あれなければこれなし）とはしていないことは明らかであり、本件各記事の掲載と在米原告が被ったとする個別的被害に事実的因果関係（条件関係）を認めたものといえないことは一層明らかである[178]。

原告側は一審に引き続いて、朝日イブニングニュースなどの英文表現「forced to provide sex」を問題視し、以下のように指摘した。

被控訴人が系列の英字紙「朝日イブニングニュース」等で、慰安婦問題を取り上げる度に、二〇万人強制連行性奴隷説を想起させる英文表現を行っていることである。既に、強制連行性奴隷説が国際的に流布し、誤った風聞として定着してしまった現状においては、慰安婦の説明として使用されるforced to sex[179]は、二〇万人・少女・強制連行・性奴隷の内容を伴う吉田清治証言を連想させ、これを強化し、その流布を助長している[180]。

これに対して、朝日新聞社は以下の反論を繰り返した。

朝日イブニングニュースは日本国内でのみ発行されていたもので、朝日イブニングニュースの英文報道と在米原告らが被ったとする個別的被害に条件関係はなく、相当因果関係もない。また、朝日イブニングニュースにおける「forced to provide sex」との記述（控訴人らは「forced to sex」とするが誤記と思われる）は、日本政府と国民が協力して設立した「女性のためのアジア平和国民基金」（アジア女性基金）が「慰安婦」について「forced to provide sexual services to officers and soldiers」としているのと同様で適切な表記であり（乙三二の一、二）、慰安婦を「性奴隷」（sex slaves）とはしておらず、強制連行があったともしておらず、「二〇万人強制連行性奴隷説」を想起させるなどということはない[181]。

朝日新聞社はさらに一審判決を援用したうえで、以下のように主張した。

　原判決の判断は全く正当であり、控訴人らの主張はいずれも理由がなく、本件控訴は直ちに棄却されるべきである[182]。

法廷では、原告弁護団長の徳永信一弁護士が控訴理由書や準備書面について一〇分ほど弁論した。

　原告は、偏見や誤解による風評により、朝日が訂正を放置した不作為による訂正義務違反を問題にしています。

　朝日が独自調査して、事実として慰安婦の強制連行は存在しないとして記事を取り消していたら、韓国や米国、豪州での性奴隷のモニュメントに伴う不幸な行為は生まれなかった。

　朝日が訂正、取り消しを世界に発信すれば、状況は改善するはず。

原告側は原告一人と証人三人の尋問を申請した。証人申請されたのは「独立検証委員会」の副委員長として、朝日新聞の慰安婦報道を批判する報告書を書いた西岡力・麗沢大学客員教授、二〇〇七年の米下院決議と同時期に出されたＩＷＧ報告書などに詳しいとされる米国人ジャーナリストのマイケル・ヨン氏、元自衛官の奥茂治氏の三人。

奥氏は、一九八〇年代に「慰安婦狩り」を証言した故・吉田清治氏の長男の依頼で、吉田氏が一九八〇年代に韓国の国営墓地「望郷の丘」に設置した強制連行の謝罪碑の上に「慰霊碑」と書かれた石板を貼り、書き換えたとして、二〇一七年に韓国当局から公用物件損傷と建造物侵入の罪で起訴され、翌一八年一月に有罪判決を受けている。

徳永氏は控訴審第一回口頭弁論で、証人申請した奥茂治氏について触れ、こう述べた。

奥氏の義挙は、朝日新聞が謝罪している事実を広めようとしたもので、本来は朝日がやるべきことだ。奥氏に尋問して、その考えと、朝日の誤報の影響を説明したい。

原告側の主張を一通り聞いた後、阿部裁判長は「三分程度休廷して、証拠の採否を決定します」と述べ、裁判官三人はいったん退出。三分後に戻ってきた。裁判長が何か言おうとするのを制するように、原告側弁護士が次々と発言した。

採否のご判断をいただく前に、意見を述べます。奥氏はいま陳述書を作成中で、原稿のやりとりを始めており、詳細なものを書く予定です。

原告本人についても、陳述書を作成しています。

原告側弁護士の発言を聞いた後、阿部裁判長は口を開いた。

　四方の証人尋問や本人尋問は、これまでに取り調べた証拠から、必要ないと判断して却下します。弁論を終結し、判決は二月八日木曜日午後四時と指定します。これにて閉廷します。

　尋問申請の却下から結審、判決日の指定まで一気に言い終えて閉廷を告げると、間髪を入れず退廷した。結局、東京高裁は原告側が申請していた証人三人と原告一人の計四人の尋問申請をいずれも却下した。閉廷後の原告側報告集会は、事前に取材を打診していたが断られたので、筆者は参加しなかった。

174 控訴人「控訴理由書」二頁
175 二〇一七年九月二九日付被控訴人・朝日新聞社「答弁書」（控訴人・今森貞夫外六一名　被控訴人・朝日新聞社　東京高裁平成二九年（ネ）第二五九四号）二～三頁
176 二〇一七年四月二七日言渡　東京地裁判決二四頁
177 控訴人「控訴理由書」三～四頁
178 被控訴人「答弁書」五頁
179 ここの英語表現「forced to sex」は、被告側が答弁書で指摘したとおり、「forced to provide sex」とすべきところを「provide」の語が脱落したものとみられる。
180 控訴人「控訴理由書」五頁
181 被控訴人「答弁書」六頁
182 同一〇頁

3　判決（二〇一八年二月）

東京高裁の阿部潤裁判長は二〇一八年二月八日の判決で、原告側の控訴を棄却した。まず名誉毀損裁判の基本的前提として、以下のように述べた。

人格権たる名誉権の侵害とは人の客観的な社会的評価を低下させる行為をいうのであって、そこでいう社会的評価は名誉権侵害を主張する特定の人に対する評価であることは、私法上の権利侵害の救済を図ることを目的とする不法行為制度が当然の前提とするところである[183]。

そのうえで、原告による「民族的アイデンティティ権」をめぐる主張については以下のように述べ、対象となる人を特定できないとの判断を示した。

控訴人らが主張する「日本人としてのアイデンティティと歴史の真実を大切にし、これを自らの人格的尊厳の中核において生きている日本人」ということだけでは、社会的評価が帰属する人として特定しているものと評価できないばかりか、社会的評価が帰属する一定の集団を構成する人としても特定しているものとは評価できない[184]

また今回の訴訟の対象となった朝日新聞の慰安婦関連記事と原告の関係については以下のように

認定し、原告側の主張を否定した。

本件各記事は、旧日本軍が慰安婦として多くの朝鮮人女性を強制連行した旨を報道する新聞記事であり、その報道内容の対象は、当時の旧日本軍ひいては大日本帝国ないし日本政府に関するものであって、控訴人らに関するものではなく、本件各記事の掲載等によって、控訴人らの名誉が毀損されたものとは認められない[185]

原告側が「二〇万人・強制連行・性奴隷説の風聞形成に主要な役割を果たしている本件各記事の掲載等と控訴人らが被った個別被害との間には相当因果関係が認められるべきである[186]」と主張している点について、高裁判決は以下のように判示した。

まず吉田証言の評価については、

吉田証言が慰安婦問題に係る国際世論に対してどのような影響を及ぼしたのかについては、控訴人らとは異なる見方があることは原判決（第三の二の（二）エ）が説示するとおりである。また、原判決（第三の二の（二）エ）が説示するとおり、クマラスワミ報告は、吉田証言を唯一の根拠とはしておらず、元慰安婦からの聞取り調査等をもその根拠としている[187]

と述べて、地裁判決（原判決）のうち被告側の主張を採用した事実認定部分（第三の二の（二）

エ＝「エの各認定事実」）を援用した。米下院決議への影響や、韓国への影響についても地裁判決の事実認定を援用し、朝日の記事について「風聞形成に主要な役割を果たしていると認めるには十分ではない」との見方を示した。

米国下院決議一二一号の決議案の説明資料には吉田の著書は用いられていないこと、米国各地では、韓国系住民が慰安婦の碑等の設置を各方面に働きかける運動を展開していること、韓国においては既に昭和二一年頃から慰安婦についての報道がされていたことが認められるのであるから、本件各記事の掲載等が、直ちに控訴人らがいう二〇万人・強制連行・性奴隷説の風聞形成に主要な役割を果たしていると認めるには十分ではないというべきである。[188]

さらに、米下院決議については下記の認定も行い、朝日の記事が下院の審議や説明資料に影響を与えたとする原告側の主張を改めて否定した。

ニクシュは、上記決議に係る決議案の作成に関与するなどした者らと連名で、議員のアドバイザー役となった学者らは、ジョージ・ヒックスの著書「性の奴隷　従軍慰安婦」やクマラスワミ報告のような日本の歴史修正主義者が問題視している文献を参照事項としたり、精査したりしないことを申し合わせ、そのように努力したこと、吉田証言やそれを報じた被控訴人作成の記事は上記決議の要素とはなっていないことを内容とする声明文を公表した上、ニクシュらは、新聞社からの取材に対し、吉田証言や本件各記事が上記決議に係る審議に影響したことはない旨の回答をしたことが認められるから、上記説明資料が本件各記事に基づいて作成されたということもできない[189]。

また、記事自体について、地裁判決の表現を繰り返す形で以下のように認定し、原告らの被害との相当因果関係を否定した。

本件各記事自体は、控訴人らはもとより、日本人に対する侮辱、脅迫、いじめや嫌がらせ等の違法行為を扇動し、又は、これを慫慂するものではないところ、在米控訴人らに対する嫌がらせ等を行ったのは被控訴人とは異なる第三者であり、第三者がどのような思想、意思を形成して、どのような行動をとるかは当該第三者の問題であることをも考慮すれば、仮にこれらの者が本件各記事を閲読するなどして日本人に対する否定的評価を持ったとしても、本件各記事の掲載等と在米控訴人らが被ったという被害との間の相当因果関係を認めることはできない[190]。

その報道内容の対象は、当時の旧日本軍ひいては大日本帝国ないし日本政府に関するものであって、在米控訴人らに関するものではなく、それを閲読等した一般の読者らがそれによってどのような受け止め方をし、どのような行動をとるかあるいはとらないかなどは、その読者個人の考えや思想、信条等が大きく影響するものであるから、本件各記事の掲載等をした被控訴人において、在米控訴人らに対する糾弾、非難、説教等を反復継続して行うことが予見可能であるとはいえない[191]。

また、英文表現「forced to provide sex」をめぐる主張について判決は、原告側主張を以下のようにまとめた。

英字夕刊紙「朝日イブニングニュース」等（甲一五五、一五六）で慰安婦問題を取り上げる度に、二〇万人・強制連行・性奴隷説を想起させる英文表現（「forced to provide sex」や「Comfort Women」）を用いて二〇万人・強制連行・性奴隷説の流布を助長しており、誤報による侵害は現在も継続し、拡大していると主張し、当審において、ケント・ギルバートの陳述書（甲一五四）等を提出する[192]。

そのうえで、この英文表現をめぐる主張については、判決の結論には影響しないとの判断を示した。

そもそも本件各記事の掲載等が控訴人らに対する名誉毀損の不法行為にはならないことはこれまでに説示したとおりであるから、控訴人らの上記主張は、被控訴人に不法行為責任がないとの判断を左右するものではない[193]。

さらに原告側が、朝日新聞の誤報に基づく「風評被害の現状」として、以下のとおり主張した点について列挙した。〈ブルックヘブン市等における慰安婦像、碑の建立、サンフランシスコ市における慰安婦の日の制定、慰安婦が性奴隷であるとする内容の文書についての世界記憶遺産への登録申請、中国研究者が主張する「慰安婦四〇万名説」の指摘、韓国挺身隊問題対策協議会が日本大使館前に少女像を設置し集団示威行動を益々激化させ、吉田氏の長男による謝罪碑書き換えに関与した奥茂治氏が建造物侵入罪・公用物件損傷罪で起訴されたことなどに表れているように、本件各記事が慰安婦に関する韓国世論に決定的な影響を与えた〉[194]。これらの点に対しても、判決は同様の表現を繰り返し、判決の判断を左右しないと述べた。

控訴人らが指摘するような事実があるとしても、本件各記事の掲載等が控訴人らに対する名誉毀損の不法行為にはならないとの判断を左右するものではない[195]。

判決後の集会で原告側は「forced to provide sex」という英文表現を朝日新聞の英語版が使い続けているとして、この表現を非難する署名運動を今後も続けると主張した。上告については明言しなかった。

二月二二日の期限までに上告はなく、高裁判決が確定した。

183 二〇一八年二月八日言渡　阿部潤裁判長、土田昭彦、岡野典章裁判官「判決」（東京高裁第八民事部　平成二九年（ネ）第二五九四号　米紙謝罪広告等、各米紙謝罪広告掲載等請求控訴事件）四～五頁
184 同五頁
185 同五頁
186 同六頁
187 同六頁
188 同六頁
189 同七頁
190 同七頁
191 同八頁
192 同八～九頁
193 同九頁
194 同九頁
195 同九頁

4　集団訴訟がすべて終結（二〇一八年二月）

朝日新聞社を被告とする一連の裁判は、三つのグループに分かれてはいたが、いずれも朝日新聞の慰安婦問題に関する報道が、「日本や日本人の名誉を傷つけた」「訂正義務に違反して日本人の知る権利を侵害した」などと主張するものだった。判決が東京地裁や東京高裁、甲府地裁で計七回出され、さらに最高裁決定が一回出されたが、そのすべてにおいて原告側の請求が棄却されて判決が

確定し、裁判は終結した。一審の口頭弁論が二回や三回で打ち切られた裁判も、一審の弁論が九回にわたり開かれた裁判も、判決の結論はほぼ同じで、慰安婦報道における原告らに対する朝日新聞社の不法行為責任や、記事訂正の法的義務などは、いずれも否定された。

朝日新聞が報じた吉田証言などが一九九六年の国連クマラスワミ報告や二〇〇七年の米下院決議に影響したなどとする主張については、「朝日・グレンデール訴訟」の東京地裁と東京高裁の判決がいずれも否定的な見解を示した。韓国での慰安婦と挺身隊の混同や「二〇万人を強制連行」といった認識についても、朝日新聞が報道するはるか前の一九七〇年には、すでに韓国内で報じられていたことが認定された判決が確定した。

二〇一八年二月末、グレンデール訴訟の原告側敗訴の高裁判決が確定したことをもって、朝日新聞社を相手取り起こされた三グループの集団訴訟がすべて終結した。その際、朝日新聞の記事や朝日新聞広報部名のツイートでは「本社の勝訴確定」などと表現されたが、これに対して反発するツイートが多数みられた。

まず、朝日新聞広報部名のアカウントでは以下のように投稿された。

「朝日新聞の慰安婦に関する報道で誤った事実が世界に広まり名誉を傷つけられた」などとして、国内外に住む六二人が弊社に謝罪広告の掲載などを求めた訴訟が、弊社勝訴で確定しました。これで慰安婦報道を巡り弊社を訴えた裁判がすべて、弊社の勝訴で終結したことになります[196]。

しかし筆者は、今回の一連の訴訟の結果について「朝日が勝訴」とは言えない、と考えていた。このため自分のアカウントのツイッターとフェイスブックに、おおむね下記のように書き込んだ。

慰安婦報道をめぐり朝日新聞社を相手取り起こされた三グループの集団訴訟が、すべて原告の請求棄却で終結しました。朝日新聞の記事や本社広報部のツイートは「朝日新聞社が勝訴」と書きましたが、私はこの裁判結果はあくまで「原告敗訴」なのであって、「朝日が勝った」とは言えないと考えています。

三グループの集団訴訟で判決や最高裁決定により裁判所の判断が八回示され、すべて原告の請求が退けられました。この結果は被告側から見れば通常は「勝訴」です。だから朝日記事や広報部ツイートは誤りではない。しかし、一度失われた朝日新聞への信頼がこの裁判結果だけで戻るはずもなく、朝日に向けられた視線はなお厳しいことを受けとめなければなりません。裁判で「勝った」と喜んでいる場合ではないことは、私から言うまでもないことです。

これまでの取材について、以下のように振り返った。

これまで、慰安婦問題をめぐって、裁判の原告側が開く右派・保守系の集会も、元慰安婦を支援する立場の集会も、どちらにもできるだけ幅広く顔を出し、朝日新聞を厳しく批判するさまざまな声に耳を傾けてきました。立場が異なり、まったく交わらないそれぞれの主張を、ただただ聞いてきました。社内では逐一報告してきましたが、それだけではなく、いつか文章にまとめて社外にも公表するぞという一念で、ひたすら集会に足を運び、パソコンでカタカタとメモを取りました。

原告側報告集会などで、入口で名刺を出したら取材を拒否されたことも何度もありましたが、多くの保守系集会では、私が朝日記者であることを承知で取材を受け入れてくれました。登壇者が次々と朝日新聞を非難し攻撃する中、絶対的アウェー感にいたたまれなさを覚え、げんなりすることもたびたびでした。折れそうな気持ちを「この集会に出て発言を記録している記者は自分しかいないのだから」と奮い立たせ、ひたすらパソコンのキーボードに発言を打ち込んでいると、打鍵音がうるさいと参加者に何度かにらまれました。

一九八七年に朝日記者が撃たれた一連の赤報隊事件の問題は常に念頭にありましたし、私はたぶん集会会場で一人浮いていたはずですが、私が鈍感だからか、身の危険を感じたことがほとんどなかったのは幸いなことでした。

続けて、今回の東京高裁判決について、かいつまんで紹介した。

以下、二月八日の東京高裁判決から。「（二〇〇七年の）米下院決議の説明資料作成者らは

『吉田清治氏証言や朝日の記事は決議の要素とはなっておらず、決議に係る審議に影響したことはない』と答えており、説明資料が朝日の記事にもとづいて作成されたということはできない」

「原告は朝日が『forced to provide sex』の英文表現を用いて強制連行・性奴隷説の流布を助長し、誤報による侵害は継続していると主張するが、朝日の記事が原告に対する名誉毀損の不法行為にならないのであるから、上記主張が被告に不法行為責任がないとの判断を左右するものではない」

慰安婦問題を英語で説明する際の「forced to provide sex」という表現は朝日新聞の英文記事だけでなく他の英字紙にも使われていますし、アジア女性基金の英文ページ（http://www.awf.or.jp/e1/facts-00.html）にも同様の表現「forced to provide sexual services」がありま す。朝日が使い始めた表現でもないのに、なぜ一部の方々がこの表現にこだわるのか、今後もさらに取材を続けたいと思います[197]。

元裁判官で、「朝日・グレンデール訴訟」の原告弁護団の一員だった大西達夫弁護士は判決確定後の二〇一八年一二月に出版された本で、一連の裁判の結果を以下のように評した。

我々原告側の主張立証は、在米原告らの具体的被害の発生事実が判決理由中で認定されたという点では奏功しました。しかし残念ながら、この因果関係のハードルを越えられず、在米原告らに嫌がらせ等を行った第三者の行為（A′）の介在を理由として、朝日新聞の慰安婦問題に関する記事掲載（A）と上記被害発生（B）との間の相当因果関係は否定されてしまいました[198]。

朝日新聞の誤報が国際社会等の慰安婦問題への認識に与えた「事実上の影響」、つまり事実的因果関係については、〝霞が関文学・司法版〟とでも言えそうな控え目な表現ながら、肯定しています[199]。

裁判所は確かに、朝日新聞社に対して法的責任を否定する判決を言い渡しました。そもそも報道の自由が尊重される報道機関の法的な責任を認めるハードルは、かなり高い。しかし、だからといって司法が朝日新聞に対して『報道機関として自主的・自律的に誤解の是正・払拭の措置を執るべき道義的・倫理的必要性』までも否定したわけではありません。

むしろ、『報道機関としての自律性の観点から、自身の判断で誤解の払拭の必要性と程度を判断すべきだ』というのが各裁判所の判断に共通するメッセージだと理解できますし、報道倫理としてはまさにそう理解すべきなのです[200]。

そのうえで、筆者が書き、共著本『フェイクと憎悪　歪むメディアと民主主義』（大月書店、二〇一八年）に収録された論文を含めた朝日新聞の報道姿勢に触れ、以下のように批判した。

北野編集委員の記事でも、元慰安婦の声や支援活動の紹介に消極的な日本のメディア全体の姿勢を、暗に批判する論調で述べています。しかしこれでは、朝日新聞は、特定の党派的な価値判断に基づいて『救われるべき人権』の主体（ここでは韓国人元慰安婦）を独断で措定し、それに当てはまらない人々（例えば海外に広まった慰安婦報道によって不利益を被っている在外邦人）を視野の外に置いている印象を受けてしまいます[201]。

慰安婦問題をめぐる朝日新聞批判が（不当なものも含めて）いまだに沈静化しない最大の原因は、朝日新聞の姿勢が『ミスに対してここまでやるのか』という、いい意味での社会的インパクトを与えていないことにあります。

最初に間違った報道をしておきながら、それによる誤解の払拭と真摯な反省という責任の取り方を放棄したまま、いつの間にか「広義の強制性」という議論のすり替えに走る姿勢こそが、自らの責任から逃げようとしているかのような印象を広めてしまい、慰安婦問題を始めとする第二次世界大戦に関する朝日新聞の一連の報道の説得力を自ら弱めている面があるのです[202]。

196 https://twitter.com/asahi_koho/status/966961673440407552
197 ツイッターでは、同趣旨の文章を分割して以下のＵＲＬから連続で投稿（ツイート）した。https://twitter.com/R_KitanoR/status/967761425933336576

198 ケント・ギルバート、山岡鉄秀『日本を貶め続ける朝日新聞との対決　全記録』（飛鳥新社、二〇一八年）一八二頁
199 同一八三頁
200 同一八六頁
201 同一八九頁
202 同一九五頁

第10章　米国での慰安婦像撤去訴訟

1 グレンデール市に慰安婦像（二〇一三年七月）

米カリフォルニア州グレンデール市は二〇一三年七月九日、慰安婦を象徴する少女像の建立を決めた。七月三〇日には市の公園に少女像と碑が建立され、除幕式が行われた。この像に反対し、撤去を求める在米日本人らが二〇一四年二月に「歴史の真実を求める世界連合会」（The Global Alliance for Historical Truth, GAHT[1]）を結成。米国代表は目良浩一・元南カリフォルニア大学教授。

GAHTの「活動通信」第一号創刊号にはこうある。

二〇一三年の七月九日に、カリフォルニア州のグレンデール市で、慰安婦の像を公園に設置する決議が市議会でされた時に、市議会議場に反対のために集まった八〇人余の日本人の頭の中に何らかの組織が必要であると感じられたと思われる。（中略）

そこで考えたことは、法的な手段である。米国はかなりのことは訴訟に持っていかなければ解決しない国である。しかし、グレンデール市が行ったことが、どのような法律に違反するのかは、法律の素人には、明らかではない。そこで、そのような問題を扱った経験のある弁護士を探し出し、相談することになった。こちらから、訴因になりそうな項目を探して、列挙して、弁護士の意見を聞いたである[2]。そして、洗い出されたのが、市が連邦政府が単独でするべき外交問題に介入したことと、市議会の決議を経ていない碑文が像のわきに提示されていることであった。

そこで、我々の組織を「歴史の真実を求める世界連合会」とすることにして、組織つくりを始めた。まずは、米国と日本にＮＰＯ法人を作ることである。同時にそれまで協力してくれたメイヤー・ブラウン法律事務所に訴状の作成を依頼した。米国におけるＮＰＯ法人の登録は、直ちにできた。二〇一四年二月六日のカリフォルニア州の承認が下りた。GAHT-US CORPORATION である。日本でも殆ど同時に、始めたのであるが、紆余曲折があり、承認が下りたのは、二〇一五年三月であった。東京都が認可した「特定非営利活動法人 歴史の真実を求める世界連合会」(GAHT-Japan) である。この二つの組織は、それぞれ独立したものであるが、協調して活動できるようになっている。

これらの組織は、グレンデール市の慰安婦像の撤去を目的とした裁判を目前の目的として作られたが、主要な目的は、第二次世界大戦における日本の果たした役割を世界の人々により正しく理解してもらい、正しい歴史認識の育成と世界の平和と安定に貢献することである。

1　http://gahtjp.org/

2　「聞いたである」となっているが、おそらくここは「の」を補って「聞いたのである」が正しい表記と思われる。

3　二〇一六年二月二〇日付「歴史の真実を求める世界連合会」ニュースレター（活動通信）第一号創刊号（http://gahtjp.org/wp-content/uploads/2016/02/%E3%83%8B%E3%83%A5%E3%83%BC%E3%82%B9%E3%83%AC%E3%82%BF%E3%83%BC%E5%89%B5%E5%88%8A%E5%8F%B7%E7%AC%AC1%E5%8F%B7.pdf）一頁

2　連邦地裁に提訴（二〇一四年二月）

目良氏らはグレンデール市を相手取り、慰安婦像の撤去を求めて、二〇一四年二月二〇日に連邦地方裁判所に提訴した。原告らは当初、「日本人に対する名誉毀損」を理由に提訴しようとしたが、弁護士に反対されたといい、「日本人へのいじめ」を訴因にしようとしたが、具体例を探し出すのが困難だったため断念したという。日本で朝日新聞社に対して集団訴訟を起こした原告らの発想との類似性がうかがえる。

我々としては、この慰安婦像は撤去されなければならないと確信したが、その理由は以下の通りである。この碑は明らかに捏造された歴史観に依存するもので、このような記念碑が設置されれば、米国内の他の都市にもこのような慰安婦像が設置されて、米国の人は日本人が極めて残忍な性格を持っているという認識が広まる。そして、それが全世界に広がる可能性があり、そうすればその見解は数世紀に亘り残るであろう。それでは、我々の子孫は、「君たちは残忍な人たちの子孫だ」とする汚名を負って生まれることになる。このようなことは許せない。何としても、我々の世代でこのような世紀の汚名は濯がなくてはならないという信念です。

それまでに慰安婦の記念碑は米国のいくつかの都市に作られていましたが、韓国ソウル市の日本大使館の向かいに設置されたものと同じ少女の像が建てられたのは、初めてでした。そこで日本から新聞・雑誌の記者や地方公共団体の議員などが来訪して、グレンデール市の関係者に会い、見解を聞いたり、撤去を求めたりしました。また、撤去を求める署名運動も行われましたが、効果はありませんでした。そこで、我々が考えたのが、裁判を起こすことです。

裁判を起こすには、訴因が必要です。第一に考えられたのは、日本人に対する名誉毀損でした。しかし、弁護士は、日本人と称する漠然とした集団では訴訟は出来ないと答えました。他に、学校に行っている子供がいじめられたとか、そのために反日感情が強くなり住居を移転しなければならなかった等も考えましたが、具体例を探し出すことが困難でした。

そこで、残ったのが市の越権行為と碑文の未承認です。越権とは、外交問題は、米国では連邦政府が扱うものとされていて、州や地方公共団体が関与すべきものではないと決められているので、日韓関係の問題である慰安婦問題に市が関与するのは、米国憲法に違反するとするものです。記念碑に書かれている文章は、日本政府を直接に非難しているものですが、慰安婦像の設置が承認された市議会では、この文面は提出されていなく、設置されるまで全く公表されなかったので、市の承認手続きに瑕疵があったとするものです[4]。

訴状で原告らは、グレンデール市が承認した慰安婦像と碑の設置は、市の権限を越えた行為であり、米連邦政府の外交政策の権限を侵害しているとして、裁判所に碑設置の差し止め命令を求めた。

原告は、グレンデール市とオチョア市長[5]の承認を受けて設置された記念碑ならびに、いわゆる「従軍慰安婦」への関与やその処遇について日本国を非難することへの（確認判決及び違憲性にもとづく）差止命令を求める。碑は、セントラルパークとして知られているグレンデールの公有公園（カリフォルニア州グレンデール市サウスコロラド通り二〇一番地）内の公有地にある「公的記念碑」である。原告は、この公的記念碑がグレンデール市の権限を越え、米国の外交を独占的に行う連邦政府の権限を侵害し、そして合衆国憲法の連邦法優越条項に違反するという理由で、この差止命令を求めている。

この公的記念碑は、米国にとって最も重要な同盟国の一つである日本との外交関係に悪影響を及ぼす恐れがあり、米国の外交方針とも矛盾している。日本政府や大韓民国（韓国）を含む、慰安婦に関する歴史的出来事に直接関与している各国に対し、慰安婦に関する議論は米国を関与させずに、当事国間で解決するよう奨励しているのが米国の方針だ。問題となっている出来事の適切な歴史的評価とそれらの行為における各国政府の的確な対応については、何十年もの間、日韓両政府間の議論と交渉の主題であり、政治的議論が盛んに行われている[6]。

4 ニュースレター第一号四頁

5 訴状原文（英語）には「City Manager」とあり、直訳すると「市支配人」となるが、原告側も日本語で「市長」と表記しているので、本書も「市長」を使う。

6 二〇一四年二月二〇日付訴状　米連邦カリフォルニア中部地裁（Case No. 2:14-cv-1291, Plaintiffs: MICHIKO SHIOTA GINGERY, KOICHI MERA, GAHT-US Corporation, v. Defendants: CITY OF GLENDALE, SCOTT OCHOA, in his capacity as Glendale City Manager, http://gaht.jp/img/Fdoc1_140220_FiledComplaint.pdf）一～二頁（英語。以下、原文が英語のものは筆者が抄訳）

3　連邦地裁で敗訴（二〇一四年八月）

これに対し、米連邦カリフォルニア中部地裁のパーシー・アンダーソン判事は二〇一四年八月四日、訴えを退ける判決を言い渡した。

被告グレンデール市（以下「被告」という）によって提出された棄却の申し立てを認める二〇一四年八月四日の訴訟記録命令に従い、ミチコ・シオタ・ジンジャリー、コウイチ・メラおよびGAHT-USA Corporation（以下「原告」と総称する）が主張した唯一の連邦法上の請求については確定力をもって棄却する。また原告の残りの州法上の請求をめぐってなされた補足的な管轄権行使については却下するし、請求を棄却する。

原告による主張のうち、外交権限や連邦法優越条項違反を理由とする連邦憲法上の請求は確定力をもって棄却し、残りの州法上の主張は却下するようここに命令し裁定することを決定した。

原告が得るものはなく、被告は自身の訴訟費用を負担することをさらに命令し裁定することも決定した[7]。

この判決についてGAHTのニュースレターにはこう書かれている。

二〇一四年八月四日には、全く開廷もしなかった判事のパーシイ・アンダーソン氏が突然判決を伝えてきました。それは、原告が、市の慰安婦像の撤去を要求する資格（Standing）が無いとするものです。第二の訴因については、それは連邦裁判所が管轄する案件ではないので、州の裁判所へ提出することを勧告していました[8]。

連邦裁判所への控訴は二〇一六年八月四日、控訴裁判所（高裁に相当）により棄却された。ニュースレターにはこうある。

米国連邦裁判所の第九地区控訴裁判所は八月四日に、原告・上告者[9]に判決を下し、第一審で認められなかった原告の資格は認めるが、訴訟の目的であるグレンデール市の慰安婦像の撤去を求める根拠は認められないとして、我々の敗訴となりました[10]。

控訴裁は判決要旨でこう書き、連邦地裁の判決を支持した。

裁判の合議体は、原告にとって最も有利な観点から訴状の事実関係の主張を見て、グレンデール市による今回の記念碑の設置については、伝統的な州の責任の領域に関するものであり、連邦政府の外交権限を侵害していないと結論付けた。したがって合議体は、グレンデール市の行為が外交上の方針に基づいて権限を簒奪したとする原告の主張には理由がない、とする連邦地裁の結論に同意する。合議体は、今回の公的記念碑を通じて、連邦法優越条項が外交問題に関する特定の観点からの地方自治体の意見表明を阻むものではないとの結論に達した[11]。

判決理由部分で控訴裁は以下のようにも述べた。

原告は、グレンデール市の「本当の目的」が外交政策に自ら介入することだとの見解を示しているが、同意できない。記念碑の碑板によると、グレンデール市は碑を建立した目的について、(一) 慰安婦の「記憶」を保持すること、(二) 市による「慰安婦の日」の宣言や、慰安婦の歴史的責任を問う下院決議[12]の可決を「記念する」こと、および (三) これらの人権侵害が二度と起こらないようにとの「切実な希望」を表明することだ、と言明している。これらの目的、つまり被害者のことを記憶し、他の人々が同様の被害を受ける運命をたどらないようにという願いを表明することは、自分たちの見解や価値観を市民に伝えるという地方自治体の伝統的な機能と完全に一致している。さらに、ある市議会議員が述べたように、グレンデール市の目的が「グレンデール市を国際地図の上に置く」ことであったとしても、この目的は地方自治体が外交に関する公的な論議において伝統的に果たしてきた役割とは矛盾しない[13]。

原告は控訴裁判所の再審査を請求したが、一〇月一三日に却下された。

---

7 二〇一四年八月四日付判決　米連邦カリフォルニア中部地方裁判所（CV 14-1291 PA (AJWx), UNITED STATES DISTRICT JUDGE: Percy Anderson, Plaintiffs: MICHIKO SHIOTA GINGERY, KOICHI MERA, and GAHT-USA CORPORATION, v. Defendant: CITY OF GLENDALE, http://gaht.jp/img/Fdoc3_140804_Judgment.pdf）一～二頁（英語）

8 ニュースレター第一号五頁

9 原文ママ。「上告者」とあるが、「控訴者」とした方がより正確であろう。

10 二〇一六年一〇月一日付「歴史の真実を求める世界連合会」ニュースレター（活動通信）第三号（http://gahtjp.org/wp-content/uploads/2016/10/%E3%83%8B%E3%83%A5%E3%83%BC%E3%82%B9%E3%83%AC%E3%82%BF%E3%83%BC%E7%AC%AC3%E5%8F%B7%E3%82%AB%E3%83%A9%E3%83%BC.pdf）一頁

11 二〇一六年八月四日付判決　米連邦第九巡回控訴裁判所（No. 14-56440, D.C. No. 2:14-cv-01291-PA-AJW, Before: Stephen Reinhardt, and Kim McLane Wardlaw, Circuit Judges, and Edward R. Korman, Senior District Judge. Plaintiffs-Appellants: MICHIKO SHIOTA GINGERY, KOICHI MERA, GAHT-US CORPORATION v. Defendant-Appellee: CITY OF GLENDALE. http://gaht.jp/img/Fdoc8_160804_9thCircuitOpinionHP.pdf）二～三頁（英語）

12 二〇〇七年の米下院決議一二一号のことをさす。

13 米連邦第九巡回控訴裁判所判決一四～一五頁（英語）

4　敗訴確定、日本政府が意見書（二〇一七年三月）

原告側は二〇一七年一月一〇日に連邦最高裁に上告した。最高裁は三月二七日に上告の不受理を決定[14]。原告側敗訴が確定した。

確定前に、原告側の求めに応じ、日本政府が二月二二日付で最高裁に意見書を提出し、「上告は認められるべきだ」と主張した。以下、GAHTが翻訳した「日英対訳版」に、経緯が書かれている。

我々の動きを支援していただいている日本の国会議員諸氏に働きかけ、支援を求めた。効果はあり、二月半ばには、日本政府が意見書を出すことが明らかになり、二月二二日には、アミカス・キューリエと称する日本政府の意見書が、前述したワシントンの弁護士事務所を通じて提出された。内容的には、申し分のない素晴らしいものであったので、日本語でも皆様に読んで頂きたい[15]思い、此の出版を決定した。

このような政府が直接に関わらない外国における裁判に対して、日本政府が意見書を出すのは誠に例外的なことであり、我々は此の政府の意見書提出に対して深く感謝をしている。政府を動かすことが出来たことに喜びを感じている。

結果的には、此の意見書も裁判の結果を変えることが出来なかったが、日本政府がこのように慰安婦問題と称する国際問題について、積極的に動き始めたことを大変好ましいことであると考えている。二〇一五年末の日韓合意に始まり、二〇一七年初頭の釜山における慰安婦像設置を契機に、大使・総領事を帰国させたこと、そして二月のこの意見書の提出などにみられる一連の動きを積極外交の始まりであると受け取っている[16]。

意見書で日本政府は、以下のように主張し、原告を支持するよう訴えた。

グレンデール中央公園にある碑は、慰安婦問題での日本政府の外交的努力に対して際立った障害物となっている。その碑は二〇一五年の日韓合意精神に反し、且つ合意の円滑な実行も邪魔するからである。日本政府は、この碑の存在が日本政府ばかりではなく、米国、韓国政府にとっても外交上際立った障害物であるとの見解を持つ[17]。

日本政府は十分に歴史上の事実を調査して来たので、グレンデール市の碑文に記載されている歴史上の記述の正確さに強く異議を唱える。

昨年ジュネーブでの女子差別撤廃委員会に於いて、日本の外務副大臣[18]（審議官）が、一九九〇年代に実施した大規模な事実関係の調査結果を公言した。

参照：杉山晋輔日本政府副大臣[19]の二〇一六年年[20]二月一六日国連女子差別撤廃委員会質疑回答会合発言纏め（二〇万人の女性を強制的に性奴隷にしたとする主張を証明する証拠がない事を含めた日本の調査結果の審議）（注5[21]）

慰安婦問題を含む個人の請求権は、一九六五年の「財産及び請求権に関する問題の解決並びに経済協力に関する日本国と大韓民国との間の協定」で対処されている。
この一九六五年の協定は（個人の請求権である）慰安婦問題が日韓両国間の外交問題である事を明確にするものである。実際に、日韓間のこの件に関する現在の外交は、米国政府の支持を得て先に述べた二〇一五年に合意に至った。日本政府は二〇一五年の合意を尊重し、誠意ある態度でその実施を続けている[22]。

日本にとり何にも増して重要な事は、州やグレンデール市の様な地方都市が、特にこの慰安婦問題の様な敏感な外交問題に、首を突っ込まない事であり、その為に州・市が米国がその外交方針作成に於いて発信せねばならない統一的メッセージを妨害出来ない事である[23]。

「歴史の真実を求める世界連合会（日本）」の共同代表を務める藤井厳喜氏は、この冊子に以下のように書き、敗訴した中で日本政府が意見書を提出したことが「最大の成果の一つ」と述べている。

ＧＡＨＴは残念ながら、アメリカにおける裁判によって、カリフォルニア州グレンデール市の慰安婦像を撤去するという目的を実現することはできませんでした。誠に残念です。多くの方々の御支援を頂いたにも関わらず、我々の努力は実りませんでした。ＧＡＨＴ構成員の一人として、強く責任を痛感するところです。しかし裁判の戦いを続ける中で、いくつかの成果もありました。

その最大のものの一つが、日本政府が米国連邦最高裁判所へ堂々たる意見書を提出してくれたことです。

この意見書を読めばお分かりいただけるように、この日本政府の意見書は、今後の慰安婦像撤去や慰安婦像設置阻止の世界的運動に大きな力を与えるものです。

日本の内外には、日本国民の名誉を貶めようとする政治勢力が厳然として存在します。これらの勢力とＧＡＨＴは戦い続けてきました。この反日包囲網を打ち破り、慰安婦像や慰安婦記念碑を撤去してゆく為に、この意見書は大きな力を発揮することでしょう[24]。

---

14 二〇一七年三月二七日付決定　米連邦最高裁判所（No. 16-917, Petitioners: Koichi Mera, et al., v. Respondent: City of Glendale, California, https://www.supremecourt.gov/docketfiles%5C16-917.htm）（英語）、二〇一七年三月二八日朝日新聞夕刊二頁「少女像撤去の上告、米最高裁受理せず　原告側の敗訴確定」

15 原文ママ。「頂きたい」の後に「と」を補うべきだろう。

16 歴史の真実を求める世界連合会（ＧＡＨＴ）「日本政府　米国連邦最高裁判所への意見書　日英対訳と解説」（二〇一八年、http://gahtjp.org/wp-content/uploads/2018/04/300406%E6%97%A5%E6%9C%AC%E6%94%BF%E5%BA%9C%E6%84%8F%E8%A6%8B%E6%9B%B8%E3%81%A8%E8%A7%A3%E8%AA%AC%E7%AC%AC2%E8%A8%82%E7%89%88.pdf）二頁

17 同一三頁

18 原文ママ。杉山晋輔氏は当時、副大臣ではなく、その後も副大臣は務めていない。

19 同

20 ＧＡＨＴによる日本語訳原文のまま。英文にはこのようなダブり表記はない。

21 日本政府意見書日本語訳原文の「注5」には「資料は次のURLで閲覧可能　http://www.mofa.go.jp/a_o/rp/page24e_000163.html」とある。
22 同二三頁
23 同二五頁
24 同三頁

5　州裁判所で「SLAPP」認定（二〇一五年八月）

GAHTは二〇一四年八月に連邦地裁判決で敗訴した後、同年九月三日付でカリフォルニア州の裁判所にも提訴した[25]。州の裁判所は、原告の訴えはSLAPP[26]（恫喝訴訟）にあたるとする被告・グレンデール市側の主張を認め、翌二〇一五年八月二五日、制裁的な金額（約一五万ドル）を市に支払うよう原告に命じた[27]。以下はGAHTのニュースレターから。

州の裁判所へ提訴するきっかけは、アンダーソン判事が、慰安婦像に付随している碑文上の文面が市議会で承認されていないという市議会内の手続き問題は、州の裁判所へ提出すべきだと判決で述べたことです。しかし、弁護士と相談するうちに、市の越権行為も含めることができる事、更に、市が特定のグループ（日本人や日系人）に対して平等な扱いをしなかったことも含めて訴状を用意することにした。加えて、原告にロスに居住する人を加えた。此のことによって、この訴訟は、連邦裁判所に提出した訴訟とは、異なるものであると主張できるのである。この訴状は、二〇一四年九月三日に州の裁判所に提出された。

この訴状に対して、グレンデール市側は、この訴訟は州法で定められている濫訴防止のためのアンタイ・スラップ動議を持ち出してきた。この法律は、名誉棄損などで個人が気軽に組織などを訴えて、経済的な負担をかけることを防止するために設けられたものですが、公共の利益のために行う訴訟には適用されないなどの例外が設けられています。しかし、グレンデール市側は、この動議で対抗してきました。

二〇一五年二月二三日に、リンフィールド判事の下で、公判が開かれました。この判事は、公判の直前に予備的な判決文を原告と被告に送付する習慣があります。その予備的な判決文は、以下の文章で始まります。

「日本政府が、第二次世界大戦中及びそれ以前に慰安婦に対して残忍な犯罪を犯したことに関しては、その正当性を疑う余地は無い。米国の下院もそれを認知しているし、日本政府自体もそれを認めている。」

このような記述には大きな問題があります。第一に、我々が訴えていることは、連邦政府が独占的に行うべき外交問題に市が関与することは、米国の憲法に違反するとして、訴訟をしているので、慰安婦に関する日本政府の犯罪性は全く関係の無いことなので、そのような見解が判決文に入ってくること自体が不当であります。更に、そのような見解からして、悪人を助けようとしているものは、悪人に決まっているという意識で、この訴訟を見ていることです。法廷では、我々の弁護士は、厳しく判事に迫りました。しかし、判事は、例外中の例外のケースに当たるとして、事前に用意した判決を再確認しました。グレンデール側の動議を認めたのです。

アンアタイ・スラップ[28]動議が認められますと、敗訴した方は、勝訴した方に訴訟に必要とした費用を支払う義務が発生します。支払い費用の確定のための裁判が八月二五日に開かれ、原告がグレンデール側に一五万ドル余の弁護士費用とその日から支払日までの利子を支払うことが、言い渡され、九月一六日に必要額全額が支払われた。支払い総額は、$150,992.34 であった[29]。

原告側は控訴したが、カリフォルニア州控訴裁判所は二〇一六年一一月二三日の判決で一審の「SLAPP」認定を支持し、以下のように述べて控訴を退けた。

原告の主張には同意しない。われわれは、原告が訴因について勝訴する蓋然性を立証していないとの結論に達した。最後に原告は、原審の裁判所が適正な手続きの権利を侵害し、審理および（州民法）四五の一六条[30]上の判決において司法上の偏見を示したと主張している。しかし手続きの違反や司法上の偏見は見当たらない。われわれは原審の判決を支持する[31]。

原告は州控訴裁の判決については上告を断念[32]。連邦裁判所とカリフォルニア州裁判所のいずれ

でも、原告敗訴が確定した。

---

25 二〇一四年九月三日付訴状　米カリフォルニア州上級裁判所（Case Number: BC556600, SUPERIOR COURT OF THE STATE OF CALIFORNIA FOR THE COUNTY OF LOS ANGELES, Plaintiffs: MICHIKO SHIOTA GINGERY, KOICHI MERA, GAHT-US CORPORATION v. Defendants: CITY OF GLENDALE）（英語）

26 「Strategic Lawsuit Against Public Participation」の頭文字を取った略語で、米国で生まれた概念。直訳は「市民参加を排除するための戦略的訴訟」だが、「恫喝訴訟」「嫌がらせ訴訟」などと訳される。大企業や公的機関、宗教団体などが、市民活動家やジャーナリストなどによる批判を抑圧する目的で、名誉毀損や業務妨害を理由に訴えることを指す。（二〇一六年三月七日付朝日新聞朝刊二社面）

27 http://gaht.jp/img/Cdoc7_150825_FeeMotion.pdf（英語）

28 正しい表記は「アンタイ・スラップ」（anti-SLAPP）。

29 ニュースレター第一号五～六頁。引用したニュースレターの文体は「だ・である」調と「です・ます」調が混在しているが、藤岡信勝編著『国連が世界に広めた「慰安婦＝性奴隷」の嘘―ジュネーブ国連派遣団報告』（自由社、二〇一六年）一二四～一三五頁に収録された際には「です・ます」調でほぼ統一された。ただし「アンアタイ・スラップ」の誤記はそのまま収録されている。

30 引用元のpdfデータ上の判決文でこの箇所は「45.16」と表記されているが、おそらく正しい表記はカリフォルニア州民法条文番号を意味する「425.16」であろうと推定される。

31 二〇一六年一一月二三日付判決　米カリフォルニア州控訴裁判所第二上訴地区第五部（B264209, COURT OF APPEAL OF THE STATE OF CALIFORNIA SECOND APPELLATE DISTRICT DIVISION FIVE, Plaintiffs: Gingery et al., v. Defendant: City of Glendale, https://casetext.com/case/gingery-v-city-of-glendale-1）一一頁（英語）

32 二〇一七年三月一二日付「歴史の真実を求める世界連合会」ニュースレター（活動通信）第四号（http://gahtjp.org/wp-content/uploads/2017/03/%E3%83%8B%E3%83%A5%E3%83%BC%E3%82%B9%E3%83%AC%E3%82%BF%E3%83%BC%E7%AC%AC4%E5%8F%B7R4.pdf）一頁

6　最大の成果は日本政府の意見書（二〇一八年二月）

敗訴確定から約一年後の二〇一八年二月一五日、参議院議員会館で講演会「国際社会での歴史戦GAHTの闘いと今後の展望」が開かれ、GAHTの目良浩一代表や藤井厳喜・日本代表らが参加した。政治家は中山恭子、山田宏各参院議員や杉田水脈衆院議員が出席。

釈量子・幸福実現党党首も参加した。司会の山本優美子・なでしこアクション代表からは「二〇一六年の二月に国連の女子差別撤廃委員会、ジュネーブでありました。そこに私と杉田先生と一緒に日本の立場として慰安婦問題を発信させていただきました。実はそのときに一緒にいた方が、もう一人ここにいらっしゃいます。幸福実現党党首の釈量子様。ちょっとお立ち（ください）。実は釈様もその場で日本の立場をはっきり発信、発言していただきました。ある意味同志でございますので紹介させていただきました[33]」と紹介され、慰安婦問題で幸福実現党党首が「同志」であることが強調された。

目良浩一氏は二〇一七年に敗訴が確定したGAHTの裁判について、「日本政府の意見書が最大の成果だった」と振り返った。

こういうような裁判をすることによって、日本の国家の名誉ということを人々が直截的に考えるようになったのではないかというふうに思います。今まではそういうことはある程度意識しないうちに考えているということはあったかと思いますけれども、やはり名誉というものを積極的に具体的に考えて行動するというような、そういう傾向が出て来て、それはこの我々が裁判をやって具体的にみなさんが寄付金を投入していただいた。ということはやはりそういう方々が日本の名誉ということについてかなり真剣な関心をお持ちであった。ということで、そういう点では非常に影響力があったんではないかと思います。

それから次に、おそらくですね、この裁判をやった一番大きな成果というのは、日本政府は、これはその裁判をやりはじめて、二〇一四年、それから一五年、一六年と外務省に来て、いろいろと状況を説明してお願いしたんですけれども、当時の外務省は「いやいやこれは国際問題ではない。外交問題ではない。外交問題にむしろしない、してはいけない」というような意見だったんですけれども、昨年の二月二二日に、われわれが知らないうちに外務省は、アメリカのワシントンにある弁護士事務所に依頼して、日本政府の意見書というのを最高裁判所に提出した。

これは我々は全然知らなかったんで青天の霹靂。「あ、日本政府が我々を支援したんだ」ということが二月二二日に初めてわかったんですけれども。そういうふうに非常に明確な形で外務省が我々を支援した。こちらで言いたいことは、支援しはじめた。今後も続くであろうということを感じた。これが非常に具体的に表れた成果としてはいちばん大きい点であろうというふうに思います[34]。

33 二〇一八年二月二〇日の動画「【民間防衛】国際社会での歴史戦～GAHTの闘いと今後の展望［桜H30/2/20］」(https://nico.

ms/so32768079）で視聴可能だが、山本優美子氏のこの発言は収録されていない。

34 同

第11章　植村隆・元朝日新聞記者の訴訟

1　提訴（二〇一五年一～二月）

元朝日新聞記者の植村隆氏は、韓国人元慰安婦・金学順さんの証言を報じた一九九一年の朝日新聞記事をめぐって、「捏造記事」と記述されたことに対し、名誉を傷つけられたとして、二〇一五年一月に東京地裁、二月には札幌地裁に提訴した。

このうち東京地裁の訴訟は、二〇一四年二月の「週刊文春」記事で西岡力・東京基督教大学教授（のちに退職し麗沢大学客員教授）が植村氏の記事について「捏造記事と言っても過言ではない」と述べた談話で名誉を傷つけられたとして、西岡氏と「週刊文春」版元の文藝春秋を相手取り二〇一五年一月九日に提訴した。損害賠償計一六五〇万円と週刊文春への謝罪広告掲載などを求めた[1]。また札幌地裁の訴訟では、ジャーナリスト櫻井よしこ氏が「週刊新潮」や月刊「W・i L L」、「週刊ダイヤモンド」などで植村氏の記事を「捏造」と記述したとして、櫻井氏と版元の新潮社、ワック、ダイヤモンド社の三社を相手取り二〇一五年二月一〇日に提訴した。損害賠償計一六五〇万円と被告各誌、櫻井氏が運営するウェブサイト「櫻井よしこオフィシャルサイト」への謝罪広告掲載などを求めた[2]。

1　二〇一五年一月九日提訴「訴状」（原告・植村隆、被告・株式会社文藝春秋、西岡力　平成二七年（ワ）第三九〇号、東京地裁民事第三三部合議一B係、https://sites.google.com/site/uemuraarchives/sojoutokyo, https://docs.google.com/viewer?a=v&pid=sites&srcid=ZGVmYXVsdGRvbWFpbnx1ZW11cmFhcmNoaXZlc3xneDo1MGVkMDM0N2M1M2Q0NzBm）二～三頁。一審結審時までに東京地裁の組織が変わり、当初担当していた民事三三部は、判決の際には民事三二部となった。また一審結審までに訴因を追加し、請求額合計は二七五〇万円となっている。

2　二〇一五年二月一〇日提訴「訴状」（原告・植村隆、被告・櫻井良子、株式会社新潮社、ワック株式会社、株式会社ダイヤモンド社　平成二七年（ワ）第二二三三号、札幌地裁民事第五部合議一B係、https://sites.google.com/site/uemuraarchives/sojousapporo, https://docs.google.com/viewer?a=v&pid=sites&srcid=ZGVmYXVsdGRvbWFpbnx1ZW11cmFhcmNoaXZlc3xneDo0ZDA4ZDk5ZDQzOTdiNWYz）二頁

2　植村氏の元慰安婦証言記事（一九九一年）

植村氏は、朝日新聞大阪本社社会部に所属していた一九九一年八月と一二月、慰安婦として韓国で最初に名乗り出た金学順さんについての署名入り記事を書いた。

このうち八月一一日の記事（植村記事A）[3]は「思い出すと今も涙　元朝鮮人従軍慰安婦　戦後半世紀　重い口開く」の見出しで、慰安婦だった韓国人女性が支援団体「韓国挺身隊問題対策協議会」の聞き取りに初めて応じた、として、匿名で証言テープの内容を紹介した。また一二月二五日記事（植村記事B）[4]は「かえらぬ青春　恨の半生　日本政府を提訴した元従軍慰安婦・金学順さん」の見出しで、太平洋戦争犠牲者遺族会が一二月六日に提訴する前に、弁護団が準備のため訪韓した際の聞き取りに同席し、金さんから詳しい話を聞いた際の証言を再現した。

3　一九九一年八月一一日朝日新聞大阪本社版朝刊二七頁（第一社会面）。この訴訟では「植村記事A」と称した。

4 一九九一年一二月二五日朝日新聞大阪本社版朝刊五頁「語りあうページ」。この訴訟では「植村記事B」と称した。

3 西岡、櫻井両氏の植村氏批判（二〇一四年）

植村氏は二〇一四年三月に朝日新聞を早期退職。四月からは神戸松蔭女子学院大学の専任教授への就任が内定していた。しかし「週刊文春」二〇一四年二月六日号に「〝慰安婦捏造〟朝日新聞記者がお嬢様女子大教授に」と題した記事（文春記事A）[5]が掲載されると、状況は一変したという。そこで西岡氏は以下の通りコメントしている。

「植村記者の記事には、『挺身隊の名で戦場に連行され』とありますが、挺身隊とは軍需工場などに勤労動員する組織で慰安婦とは全く関係がありません。しかも、このとき名乗り出た女性は親に身売りされて慰安婦になったと訴状に書き、韓国紙の取材にもそう答えている。植村氏はそうした事実に触れずに強制連行があったかのように記事を書いており、捏造記事と言っても過言ではありません[6]」

この週刊文春記事掲載直後、神戸松蔭女子学院大学に非難が殺到したことから、植村氏は大学側から就任辞退を求められ、契約解除を余儀なくされた。

さらに週刊文春八月一四日・二一日号掲載の記事「慰安婦火付け役　朝日新聞記者はお嬢様女子大クビで北の大地へ」（文春記事B）[7]で、植村氏が北星学園大学の非常勤講師をしていることが記され、「韓国人留学生に対し、自らの捏造記事を用いて再び〝誤った日本の姿〟を刷り込んでいたとしたら、とんでもない売国行為だ[8]」と書かれた。

五月ごろから、北星学園大に脅迫やいやがらせの電話やメールが来るようになっていたが、文春記事Bが掲載されたころから非難が急増。植村氏の娘の写真もネットで公開され、誹謗中傷や脅迫の言葉が集中した。

櫻井よしこ氏もまた、植村隆氏の一九九一年の記事について「植村記者が、真実を隠して捏造記事を報じた[9]」、「意図的な虚偽報道[10]」、「若い少女たちが強制連行されたという報告の基となったのが『朝日新聞』の植村隆記者（すでに退社）の捏造記事である[11]」などと記述した。

---

5 「週刊文春」二〇一四年二月六日号二八～二九頁。この裁判では「文春記事A」と称した。
6 「文春記事A」二八頁
7 「週刊文春」二〇一四年八月一四日・二一日号一七七～一七八頁。この裁判では「文春記事B」と称した。
8 「文春記事B」一七八頁
9 櫻井よしこ「朝日は日本の進路を誤らせる」：「WiLL」二〇一四年四月号四一頁
10 「週刊新潮」二〇一四年四月一七日号一三五頁
11 「週刊ダイヤモンド」二〇一四年九月一三日号

4　札幌地裁からの移送申し立て（二〇一五年）

札幌地裁に提訴された裁判は、すぐには審理が始まらなかった。被告の櫻井よしこ氏や出版社三社が、裁判を札幌地裁から東京地裁に移送するよう申し立てたからだ。

二〇一五年二月一〇日の提訴後、被告側は三月二七日から三一日にかけて相次いで「移送申立書」を提出。東京への移送を求める理由を以下のように列挙した。

・被告らの住所地はいずれも東京であること
・原告主張の不法行為地は東京であること
・訴訟の著しい遅滞を避け、当事者間の衡平を図るためにも、東京地方裁判所を管轄裁判所とすべきであること[12]

・証人として予想される者は東京におり、少なくとも札幌にはいない
・原告の代理人らには、東京に事務所を有する者が多数いる
・原告は、株式会社文藝春秋及び西岡力を被告とする本件とほぼ同趣旨の訴訟を、平成二七年一月九日、東京地方裁判所に提起していることから、東京地方裁判所で手続を維持することに格段の不都合はないと思われる。

さらに、上記事件と本件の期日を同一日に設定すれば、本件に関する、原告の負担は、大幅

に軽減される[13]

・二つの訴状請求原因の形式比較からも直ちにわかるとおり、原告の執筆した同一の二記事についての真実性、原告の記事執筆当時の背景事実、これに対する個々の言説・論評の問題となるものである。であるからこそ両訴訟の代理人を兼ねた受任も可能となったものと推測もできよう。本件訴訟における記事は、西岡力氏がなしてきた、原告の二記事の分析に負うところ大であり、密接な関連性を有しているものでもある。

それにも拘わらず、西岡力氏、文藝春秋を被告とした事件のみが東京地方裁判所に提起され、被告櫻井執筆記事にかかる本件訴訟が敢えて札幌地方裁判所に提起されたのか、その理由は不明である[14]。

これに対し原告側は、以下のように反論した。

被告らの言説が流布され続けていることによって、札幌在住の一市民に過ぎない原告は、今も「捏造」記者のレッテルを貼られたまま、被害を受け続けているのである。現実の被害は、東京ではなく札幌で発生している。

したがって、本件訴訟は、ここ札幌の地で審理すべきである[15]。

被告櫻井は多数の著作と多数のマスメディア出演のある著名人であり、被告ワック、被告新潮社及び被告ダイヤモンド社は全国で書籍等を販売する大企業であって、被告らには経済力がある。(中略)

これに対し、原告は札幌市に在住し、北星学園大学で非常勤講師として勤務する一個人に過ぎず、原被告間の経済的格差は極めて大きいものである。

このように、原告と被告との経済的格差に鑑みれば、東京地方裁判所への移送を認めるに足るだけの当事者間の衡平を図る必要性は認められない[16]。

札幌地裁の本田晃裁判長は五月二九日、東京地裁に事件を移送する決定をし、理由として以下のように述べた。

当該申立人らの関係者は、東京都又はその周辺に在住していると認められる。(中略)

申立人らは、四名で、いずれも東京都内が住所地又は本店所在地であり、それぞれ異なる代理人らに訴訟追行を委任し、その代理人らは、いずれも東京都内に事務所を設けている。ところで、裁判所において、上記四名の申立人らの各代理人らと電話会議システムを利用して争点整理を行うことは技術的に困難であるし、遠隔地である当庁において、電話会議システムを利用しないで審理するとすれば、上記四名の申立人らの各代理人らの出頭等に必要な時間の確保を含めた期日調整に著しい困難を来すこととなる。他方、記録によれば、相手方は、基本事件に先立って、東京地裁に、本件各論文が掲載される前に本件各記事についての論文を掲載した、株式会社文藝春秋の発行する「週刊文春」の平成二六年二月六日号等による名誉毀損を主張し、同社及び上記論文を記載した西岡力に対して損害賠償等を求める別訴を提起しており、本件訴訟と別訴の代理人として共通する弁護士もいるから、相手方が東京地裁で基本事件の訴訟活動を行うことが困難であるとは認められない。

そうすると、本件各論文により精神的損害を受けたとする相手方が札幌市所在の北星学園大学で非常勤講師を務める個人であって、申立人らとの間に相当の経済的格差があること、その他本件事案の性質等を十分考慮したとしても、本件訴訟については、訴訟の著しい遅滞を避け、又は当事者間の衡平を図るため、東京地裁に移送する必要があると認められる[17]。

原告側は札幌高裁に即時抗告した。札幌高裁の岡本岳裁判長は八月三一日、札幌地裁の原決定を取り消し、移送申し立てを却下すると決定。審理を札幌地裁で行うこととした。理由として以下のように述べた。

訴訟手続については音声の送受信により同時に通話をすることができる方法による弁論準備手続（民事訴訟法一七〇条三項）、書面による準備手続（同法一七五条、一七六条）、映像等の送受信による通話の方法による尋問（同法二〇四条）等の制度があって、当事者の出頭の負担は軽減されているし（なお、被抗告人らは四名であり、それぞれが異なる訴訟代理人に委任をしているが、被抗告人らの代理人の一部が出頭する又は被抗告人らの代理人が一箇所に集合する等の工夫をすることにより、音声の送受信により同時に通話をすることができる方法による弁論準備手続を利用することは十分可能である。)、計画的審理をし、あらかじめ複数の期日を定めること等により、審理の遅滞を避けることが可能であるから、基本事件を札幌地方裁判所で審理した場合に訴訟が著しく遅滞するとは認められない。抗告人は、東京地方裁判所に別訴を提起し、別訴の訴訟代理人には本件訴訟と共通する東京の弁護士がいるが、本件訴訟の主な担当者は札幌の弁護士であるから、本件訴訟の期日には札幌の弁護士が抗告人の代理人として出廷する必要があるところ、同代理人が東京地方裁判所へ出頭することによる抗告人の経済的負担と比べ、被抗告人らの代理人が札幌地方裁判所へ出頭することの負担が格別に重いとは認め難い。

したがって、訴訟の著しい遅滞を避け、又は当事者間の衡平を図るために、基本事件を東京地方裁判所へ移送する必要があるとは認められないから、被抗告人らの移送申立てはいずれも理由がない[18]。

被告らは九月、札幌高裁へ許可抗告、最高裁へ特別抗告を申し立てたが却下された。札幌地裁の審理は提訴から一年二カ月後の二〇一六年四月二二日に始まり、第一回口頭弁論が行われた。

12 二〇一五年三月二七日付被告・櫻井良子「移送申立書」(原告・植村隆、被告・櫻井良子外三名　平成二七年(ワ)第二七五号

謝罪広告等請求事件、札幌地裁民事第五部合議係）一～二頁
13 二〇一五年三月二七日付被告・株式会社ダイヤモンド社「答弁書」（原告・植村隆、被告・株式会社ダイヤモンド社他　平成二七年（ワ）第二七五号　謝罪広告等請求事件、札幌地裁民事第五部合議係）一～二頁
14 二〇一五年三月三一日付被告・ワック株式会社「移送申立書」（原告・植村隆、被告・ワック株式会社外三名　平成二七年（ワ）第二七五号　謝罪広告等請求事件、札幌地裁民事第五部合議係）四頁
15 二〇一五年四月六日付原告・植村隆「移送申立に対する意見書」（原告・植村隆、被告・櫻井良子外三名　平成二七年（ワ）第二七五号　謝罪広告等請求事件、札幌地裁民事第五部合議係）二頁
16 同三頁
17 二〇一五年五月二九日付　本田晃裁判長、榎本光宏、山田雅秋裁判官「決定」（札幌地裁民事第五部　平成二七年（モ）第一〇〇九七号、一〇一〇二号、一〇一〇四号　申立人（被告）櫻井良子、株式会社ダイヤモンド社、株式会社新潮社、ワック株式会社　相手方（原告）植村隆　基本事件：平成二七年（ワ）第二七五号　謝罪広告等請求事件）四～五頁
18 二〇一五年八月三一日付　岡本岳裁判長、高木勝己、石川真紀子裁判官「決定」（札幌高裁第三民事部　平成二七年（ラ）第一一四号　移送決定に対する抗告事件（抗告人・植村隆、被抗告人・櫻井良子、株式会社ダイヤモンド社、株式会社新潮社、ワック株式会社　原審・札幌地方裁判所平成二七年（モ）第一〇〇九七号、一〇一〇二号、一〇一〇四号　基本事件：平成二七年（ワ）第二七五号　謝罪広告等請求事件）四～五頁

5　「捏造記事」と主張（二〇一五年）

裁判の審理が始まると、東京訴訟の被告・西岡力、札幌訴訟の被告・櫻井よしこの両氏とも、植村氏の一九九一年の記事（植村記事A、B）を「捏造」と主張した。根拠は三点。以下、西岡氏の答弁書から引用する。

（一）被告ら[19]が、原告[20]の上記各記事[21]につき、「捏造」であると論評する論拠は、主として、以下の三点である。

（二）原告が初めて名乗り出た元慰安婦（金学順）の述べていない経歴を付加したこと

ア　原告は、一九九一年八月一一日付け新聞記事（甲一）において、以下のとおり、記述している。

日中戦争や第二次世界大戦の際、「女子挺（てい）身隊」の名で戦場に連行され、日本軍人相手に売春行為を強いられた「朝鮮人従軍慰安婦」のうち、一人がソウル市内に生存していることがわかり、（以下略）[22]

ウ　しかし、金学順自身は、その後の記者会見や講演、日本政府を相手に提起した裁判の訴状においても、「『女子挺身隊』の名で戦場に連行され〈た〉」とは一切述べていない。

エ　このように、一九九一年八月一一日付け新聞記事（甲一）において、原告は、本人が述べていない「『女子挺身隊』の名で連行され〈た〉」との経歴を付加して、あたかもこれが事実であるかのように報じた[23]。

（三）原告が金学順自ら述べた経歴を適切に報じなかったこと

ア　金学順は、一九九一年八月一四日にソウルで行った記者会見で貧困のため母親にキーセンとして売られた自身の経歴について語り、同記者会見の内容について、『ハンギョレ新聞』は、同月一五日、「生活が苦しくなった母親によって一四歳の時に平壌にあるキーセンの検番に売られていった。三年間の検番生活を終えた金さんが始めての就職だと思って、検番の義父に連れられていった所が、華北の日本軍三〇〇名余りがいる部隊の前だった」（下線被告ら代理人）と報じている[24]。

ウ　しかし、原告は、（中略）金学順が貧困のため母親にキーセンの検番に売られた事実、並びに金学順が騙されて慰安婦にされたと主張するその騙した主体及び金学順が中国南部の慰安所に連れて行かれたと主張するその連れて行った主体（検番の義父・養父であるという事実）を報じていない[25]。

オ　このように、原告は、金学順の経歴について、「『女子挺身隊』の名で連行され〈た〉」と、本人の述べていない経歴を付加するにとどまらず、本人が述べた「従軍慰安婦にされた重要な経緯や経歴に関する事実」を報じなかった[26]。

（四）以上のとおり、原告は、金学順が自ら述べた「貧困のため母親にキーセンの検番に売られ、検番の義父・養父に連れられて中国にわたったという経歴」について報じずに、同人が述べていない「『女子挺身隊』の名で連行され〈た〉」という経歴を付加して報じることで、これらの新聞記事を読んだ読者に対して、日本軍による強制連行の事実があったと誤解させる記事を報じている。

したがって、被告らが、これらの事実を前提として、本件各新聞記事が「捏造」であると論評することはなんら問題がない[27]。

(五) 原告が本件各記事に関して利害関係を有していたこと

ア また、これにとどまらず、原告は、本件各記事を執筆するにあたり、日本軍による強制連行の事実があったと誤解させる記事を報じることに利害関係を有していたという事実も存在する。

原告の義母である梁順任氏は、家族が徴兵や徴用などで戦争に動員され亡くなった遺族などの被害当事者の団体である太平洋戦争犠牲者遺族会の幹部であり、同遺族会は、日本政府を相手に戦後補償を求める裁判を提起しているのである。

イ すなわち、日本軍による強制連行との事実が報じられれば、原告の義母が幹部を務める太平洋戦争犠牲者遺族会の裁判が有利に働くことが予測されるのであり、このような客観的な状況を鑑みると、原告には、日本軍による強制連行の事実があったと誤解させる記事を報じる動機が存在した[28]。

要約すれば、植村氏の記事について被告側が「捏造」と主張する根拠は、以下の三点ということになる。

① 元慰安婦（金学順氏）の述べていない経歴を付加したこと
② 金学順氏が自ら述べた経歴を適切に報じなかったこと
③ 植村氏が記事に関して利害関係を有していたこと

19 西岡力氏と文藝春秋のこと。
20 植村隆氏のこと。
21 一九九一年八月一一日「植村記事A」、同一二月二五日「植村記事B」
22 二〇一五年四月二七日付被告「答弁書」（原告・植村隆、被告・西岡力、株式会社文藝春秋　平成二七年（ワ）第三九〇号、東京地裁民事第三三部合議一B係）六頁
23 同六頁
24 同六～七頁
25 同七頁
26 同八頁
27 同八頁
28 同八～九頁

6 植村氏側の反論（二〇一八年）

これに対し原告側は、被告側の主張には誤りがあるとして、以下の点を指摘した。

まず①について。「女子挺身隊の名で連行され、慰安婦にされた」という記述をめぐり、原告側は金学順さんが一九九一年八月一四日に名乗り出た際の記者会見を取り上げ、同日の韓国KBSテレビのニュース映像をもとに、金さんが「一六歳をちょっと過ぎたくらいのを引っ張って行って。強制的に」「逃げ出したら、捕まって、離してくれないんです」と語っていたことを指摘。また、この記者会見に実際に出席した韓国人記者が述べた「金学順さんは会見で自己の経歴を示す言葉として『挺身隊』という言葉を使用しました」との証言を紹介。同じ日に金さんに単独インタビューした日本人記者も、金さんがインタビューの冒頭に「私が挺身隊であったことを」と語っていたとする陳述書にも言及[29]。以下のように結論づけた。

（一）今回三人の記者の陳述書から、当時、金学順さんが自分自身のことを指して、従軍慰安婦という意味で「挺身隊」であったと述べていたことが明らかになりました。

（二）またKBSニュース映像及び同反訳書により、金学順さん自身が、当時、強制連行されたとの事実を述べていたことも明らかになりました。

（三）そうすると一九九一年八月の本件記事A（甲一）[30]で原告が書いた「『女子挺（てい）身

隊』の名で戦場に連行され、日本軍人相手に売春行為を強いられた『朝鮮人従軍慰安婦』」との記述は、金学順さん自身が述べた経歴を記事の前文として簡潔にまとめた記述ということになります。

以上の証拠から、①原告が金学順さんの述べていない経歴を付加したこと、との被告らの抗弁は成り立たないことが明白となるわけです[31]

続いて②について。被告・西岡氏は、原告・植村氏が記事で「金学順氏がキーセンの検番に売られた事実」や「金学順氏が義父・養父に慰安所に連れて行かれた事実」を報じていないと述べたうえで、植村氏が「慰安婦にされた重要な経緯や経歴に関する事実を報じなかった」と主張。植村氏の記事を「捏造」とした根拠のひとつにあげた。

これに対し原告は以下のように反論した。

一九九一年当時、原告記事以外の日韓の報道各社の記事も、この経歴については触れていないこと（甲二二乃至二四）からして、「金学順が一四歳のときにキーセンの検番に身売りされキーセン学校に行っていた」という経歴が重要なものであると一般的に認識されていなかったことは明らかであり、したがって、原告も当該経歴を記事に書くことが重要なものとは認識していなかった[32]。

キーセンだからといって慰安婦になるわけではなく、キーセン学校にいたことと慰安婦になったこととの間には関連性が認められないのであるから、キーセン学校の経歴が重要なものと認識されていなかったことには合理性がある[33]

さらに③については、西岡氏は二〇〇七年、このように書いていた。

最初の朝日新聞のスクープは、金学順さんが韓国で記者会見する三日前です。なぜ、こんなことができたかというと、植村記者は金学順さんも加わっている訴訟の原告組織「太平洋戦争犠牲者遺族会」のリーダー的存在である梁順任常任理事の娘の夫なのです。つまり、原告のリーダーが義理の母であったために、金学順さんの単独インタビューがとれたというカラクリです[34]。

この主張について朝日新聞は、二〇一四年八月五日検証記事「慰安婦問題を考える」の中で、植村氏が最初のスクープを書いた一九九一年八月当時、金学順さんが名乗り出て証言した先の団体が「韓国挺身隊問題対策協議会」（挺対協）であり、植村氏の義母の団体「太平洋戦争犠牲者遺族会」（遺族会）とは別の組織であると指摘したうえで、植村氏による説明を紹介した。

植村氏は「挺対協から元慰安婦の証言のことを聞いた、当時のソウル支局長からの連絡で韓国に向かった。義母からの情報提供はなかった」と話す。元慰安婦はその後、裁判の原告となるため梁氏が幹部を務める遺族会のメンバーとなったが、植村氏は「戦後補償問題の取材を続けており、元慰安婦の取材もその一つ。義母らを利する目的で報道をしたことはない」と説明する[35]。

朝日新聞の第三者委員会報告書も「義母を利する目的」や「捏造」説を否定し、以下のように述べている。

一九九一年八月一一日付記事（上記（二）イａ）については、担当記者の植村がその取材経緯に関して個人的な縁戚関係を利用して特権的に情報にアクセスしたなどの疑義も指摘されるところであるが、そのような事実は認められない。取材経緯に関して、植村は、当時のソウル支局長から紹介を受けて挺対協のテープにアクセスしたと言う。そのソウル支局長も接触のあった挺対協の尹氏からの情報提供を受け、自身は当時ソウル支局が南北関係の取材で多忙であったことから、前年にも慰安婦探しで韓国を取材していた大阪社会部の植村からちょうど連絡があったため、取材させるのが適当と考え情報を提供したと言う。これらの供述は、ソウル支局と大阪社会部（特に韓国留学経験者）とが連絡を取ることが常態であったことや植村の韓国における取材経歴等を考えるとなんら不自然ではない。また、植村が元慰安婦の実名を明かされないまま記事を書いた直後に、北海道新聞に単独インタビューに基づく実名記事が掲載されたことをみても、植村が前記記事を書くについて特に有利な立場にあったとは考えられない[36]。

植村の取材が義母との縁戚関係に頼ったものとは認められないし、同記者が縁戚関係にある者を利する目的で事実をねじ曲げた記事が作成されたともいえない[37]。

この指摘を受けて西岡氏は、月刊「正論」誌上で二回にわたり下記のように言及したうえで、「訂正した」と主張した。

確かに私は、植村氏が説明をしない前には、金氏に関する情報提供も梁氏が行ったのではないかと考え、そのように書いて来た。しかし、それは推量であって批判ではない。私が批判しているのは、利害関係者が捏造記事を書いてよいのかというジャーナリズムの倫理だ[38]。

私が義理の母からの情報提供で記事を書いたのではないかと書いてきたのは、当時の状況をもとにした推測だった。先に書いたように植村氏は私の批判に対して二二年間反論しなかった。その結果、私は推測にもとづく主張を繰り返してきた。当時のいきさつを最もよく知っているソウル支局長が植村氏の主張を裏付ける証言をしているのだとすれば、義理の母から情報をもらったという私の推測は誤りであったのだろう。その点前月号の拙論で訂正したところだ[39]。

29 二〇一八年四月二五日付原告側代理人・吉村功志弁護士「意見陳述要旨」（原告・植村隆、被告・西岡力、株式会社文藝春秋 平成二七年（ワ）第三九〇号、東京地裁民事第三三部合議一B係）二頁、植村裁判取材チーム『慰安婦報道「捏造」の真実――検証・植村裁判』（二〇一八年、花伝社）三七頁
30 「植村記事A」のこと。
31 吉村弁護士・意見陳述要旨四頁
32 二〇一八年一一月二二日付「原告最終準備書面」（原告・植村隆、被告・株式会社文藝春秋外一名 平成二七年（ワ）第二九〇号、東京地裁民事第三三部合議一B係）五五頁
33 同五五～五六頁
34 西岡力「すべては朝日新聞の捏造から始まった」：「W i L L」二〇〇七年五月号六七～六八頁（http://www.ianfu.net/will/opinion/nisioka.html）
35 二〇一四年八月五日朝日新聞朝刊一七頁「（慰安婦問題を考える：上）慰安婦問題どう伝えたか　読者の疑問に答えます」
36 朝日新聞社第三者委員会報告書一七頁
37 同四二頁
38 西岡力「許せない植村隆氏の弁明手記」：「正論」二〇一五年二月号七二頁
39 西岡力「なぜ『言論』に背を向けるのか　私を訴えた植村隆・元朝日新聞記者へ」：「正論」二〇一五年三月号一九八～一九九頁

7　櫻井氏への尋問（二〇一八年三月）

札幌訴訟で原告側は櫻井よしこ氏に対して、植村氏を批判する文章のなかでの記述の誤りを追及

した。櫻井氏が「Ｗｉｌｌ」二〇一四年四月号に書いた「朝日は日本の進路を誤らせる」にはこうある。

訴状には、十四歳のとき、継父によって四十円で売られたこと、三年後、十七歳のとき、再び継父によって北支の鉄壁鎮という所に連れて行かれて慰安婦にさせられた経緯などが書かれている。

植村氏は、彼女が継父によって人身売買されたという重要な点を報じなかっただけでなく、慰安婦とは何の関係もない「女子挺身隊」と結びつけて報じた[40]。

櫻井氏は、二〇一四年三月三日産経新聞一面コラムでも「この女性、金学順氏は後に東京地裁に訴えを起こし、訴状で、一四歳で継父に四〇円で売られ、三年後、一七歳のとき再び継父に売られたなどと書いている[41]」と書いた。二〇一四年八月五日放送のＢＳフジ「プライムニュース」や二〇一四年九月放送の読売テレビ「たかじんのそこまで言って委員会」でも同様の発言をしている。

ところが一九九一年一二月六日に東京地裁に提訴された金学順さんの訴状に「四〇円で売られた」との記述はない。この誤りは二〇一六年四月二二日、植村氏が札幌地裁での第一回口頭弁論で指摘した。植村氏は産経新聞社の一面コラム記事の訂正を申し入れたが、応じなかったため、同社を相手取って二〇一七年九月一日、櫻井氏のコラムの訂正を求める調停を東京簡裁に申し立てた。

櫻井氏は二〇一八年三月二三日に札幌地裁で開かれた被告本人尋問で原告側代理人の川上有弁護

士と以下のようにやりとりした。四〇円のくだりについては「間違いですから、これは改めます[42]」と述べ、訂正の意向を示した。

川上　で、もう一度ここで確認したいんですが、訴状には継父によってという記載がない、これは間違いないですね。
櫻井　はい。
川上　四〇円でという言葉も訴状には出てないことも間違いありませんね。
櫻井　はい。
川上　売られたという単語も入ってませんね。
櫻井　はい。
川上　あるいは、訴状には、継父に慰安婦にさせられたとの記載もありませんね。
櫻井　はい。
川上　訴状には、継父によって人身売買されたとの記載もありませんね。
櫻井　はい[43]。
川上　四〇円という記載がないことに気が付かなかったということですか。
櫻井　四〇円の記載はほかにもあったのと混同したということです。
川上　でも、そのときによく読めば分かったはずですね。

櫻井　そうですね。

川上　正に、あなたの文章では重要だと書かれている部分についての論述部分なんだから、もう少し丁寧に見るべきだったんだ、先ほどのあなたの御発言は、そういう趣旨で理解してよろしいですか。

櫻井　四〇円ということは、訴状に書かれていませんけれども事実であります。本質的な意味では間違いでないと私は考えています。

川上　訴状に四〇円と書いていなかったことは、間違いですね。

櫻井　訴状にはありませんでしたけれども、四〇円で売られたという事実は間違いではありませんので、本質的には間違いではないと考えております[44]。

川上　ということは、ここで述べたことは明らかな間違いだということになりますね。

櫻井　はい、四〇円に関しては、そのとおりです。

川上　しかも、あなたは、この二〇一四年当時、共同記者会見の中で四〇円で売られたと金学順さんは話していないという認識を持っておられたと、先ほど認めておられましたね。

櫻井　その金学順さんが話していなかったということをどこまではっきり認識していたかということは、今になっては分かりません。どのくらいはっきり自分の頭の中で、彼女が記者会見でこのようなことを言ったのか言わなかったのかということを明確に区別していたのかは、ちょっと今は分かりません。

川上　だから、明確にされていたら、それはうそだということになっちゃうものね。

櫻井　意図的にうそをつくということは私はいたしませんので、間違っていたら訂正しますけれども、私の頭の中で、彼女が四〇円で売られたということを臼杵さんに言った、そのことが非常に強い印象となって自分の頭の中にあって、訴状とも取り違えていたということだと思います[45]。

櫻井氏が「四〇円で売られた」の記述についての誤りを認めた後、産経新聞社は二〇一八年六月四日に、二〇一四年の一面コラムについての訂正記事[46]を掲載。被告のワックも月刊「Ｗｉ LL」二〇一八年七月号に訂正記事[47]を載せた。

40「朝日は日本の進路を誤らせる」四一頁
41 櫻井よしこ「美しき勁き国へ　真実ゆがめる朝日報道」二〇一四年三月三日産経新聞朝刊一頁
42『慰安婦報道「捏造」の真実』五一頁
43 同四九頁
44 同五〇～五一頁
45 同五八～五九頁
46 二〇一八年六月四日産経新聞二頁
47「Ｗｉ LL」二〇一八年七月号三四四頁（奥付）

8　西岡氏への尋問（二〇一八年九月）

ハンギョレ新聞や月刊「宝石」の記事を踏まえ、二〇一八年九月五日に東京地裁で開かれた被告本人尋問で、原告側代理人の穂積剛弁護士は以下のようなやりとりをした。

穂積　これらからすると義父が金学順さんを日本軍に売り飛ばしたんじゃなくて、日本軍が義父から金学順さんを武力で奪い取ったんではないですか。

西岡　そのように金さんは証言しています。

穂積　そうすると、金さんにとっては日本軍に武力で奪い取られたということこそが慰安婦にされた本質だというふうに金学順さんは思っているんじゃないんですか。

西岡　そのように主張していました。だけど、さまざまな状況から私はその部分については裏づけをとらないと信憑性が大変小さいと思っています。

（中略）

穂積　これらの記事なりを見る限りでは、むしろ日本軍が金学順さんを武力で奪ったことこそが金学順さんが慰安婦にされた本質だというふうに私は思うわけです。それって全くあり得ない解釈ですか。

（中略）

西岡　あり得ないなんて思っていない。そういう解釈が当時は一般的だったです。

穂積　その解釈は当時は一般的だった。

西岡　一般と言ったら言い方、多数派だったかもしれない、そういう解釈たくさんありました。

（中略）

穂積　その一般的な解釈に基づいて原告がキーセンへの身売りを記事に書かなかったとしても、それは一般的な解釈だということでよろしいですね。

西岡　だから、それは朝日新聞が作っていた間違った多数派の解釈だからです[48]。

さらに原告側弁護士は、西岡氏が「文春記事A」でコメントした「このとき名乗り出た女性は、親に身売りされて慰安婦になったと訴状に書き、韓国紙の取材にもそう答えている」についてただした。

穂積　まず、この韓国紙の取材と言っている韓国紙ってどこのことですか。

西岡　ハンギョレ新聞だと。

穂積　（甲第一六号証を示す）じゃまず、最初の訴状のほうを確認しますけれども、これが訴状の一〇五ページから一〇六ページあたりの記載なんだけど、ここには金学順さんが親に身売りされて慰安婦になったとの記述はありませんよね。

西岡　それは、だから私の言葉で要約して言っているんで、この記述を見て私はそういう判断したということ。

穂積　ただ、金学順さんが親に身売りされて慰安婦になったという記述は、この訴状にはないということでいいですね。

西岡　いや、そういうふうに思いません。

穂積　この訴状にはないんでしょう。どこにあるの。あるんだったら示してください。

西岡　そのかぎ括弧の中でそういう記述はないです。

穂積　ないですね。

西岡　その記述はないです。かぎ括弧として。

穂積　（甲第六七号証の二を示す）先ほどの八月一五日のハンギョレ新聞です。二枚目のほうを見てもらったほうがいいと思うんだけれども、一番後ろ、この新聞記事に親に身売りされて慰安婦になったと金学順さんが答えている箇所はありませんね。

（中略）

西岡　その引用形ではないです。

穂積　ここではむしろ金学順さん本人の発言として、「私を連れていった義父も当時日本軍人にカネももらえず、武力で私をそのまま奪われたようでした」とあって、すぐに続けて本人の発言ですが、「その後五か月間の生活はほとんど毎日四、五名の日本軍人を相手にすることが全部でした」と答えていますね。

西岡　そうです。

穂積　つまり日本軍が武力で金学順さんを義父から奪い取ってすぐに慰安婦生活が始まったというふうに金学順さんは言っているわけですから、慰安婦生活の直接の原因になったのは、日本軍の武力のほうだったというふうに金学順さんは答えていたのではありませんか。

西岡　金学順さんはそう答え……。

穂積　そうですよね。

西岡　はい。

穂積　そうすると、金学順さんは親に身売りされて慰安婦になったなんていうふうに韓国紙の取材に答えたという事実はありませんね。

西岡　それを丸めて言って、私はそういうふうに学者として判断したので、当時の生きていた人の常識から言ったら親に身売りをされて……。

穂積　それは、あなたの解釈なんでしょう。

西岡　そうです。それで……。

穂積　だから、あなたのコメントは金学順さんは韓国紙の取材にそう答えていると言っているから、聞いているんです。金学順さんは、そう答えていないですね。

西岡　週刊誌の談話では短いので、私の解釈を答えたんです。だから、実証論文と一緒です。

穂積　じゃ、あれは間違い[49]ということですね。

西岡　間違いではありません。

穂積　間違っていないの。
西岡　縮めて書いている、私はかぎ括弧の中で金さんがこう言ったとは言っていませんから。談話というのはそういうもの[50]。

原告側弁護士は、西岡氏が著書の『よくわかる慰安婦問題』で、金学順さんについて「ハンギョレ新聞からの引用」として「四〇円で売られた」と述べている、と記述した箇所についても追及した。ハンギョレ新聞の当該記事に「四〇円で売られた」という記述がないことを指摘され、西岡氏は「間違いです」「これはまずいです」「確認していないとしか思えないです」と認めた。

穂積　（甲第一二六号証を示す）これ一番後ろの奥付を見てもらったほうがいいと思うんだけど、あなたが一番最初にお書きになった「よくわかる慰安婦問題」の旧版の初刷り、二〇〇七年六月二八日、第一刷発行って書いてある。
西岡　文庫本じゃないやつ。
穂積　文庫本じゃないやつです。旧版です。そこの四二ページを示します。四二ページの冒頭から二行目から今のハンギョレ新聞、一九九一年八月一五日の記事の引用がありますね。
西岡　はい。
穂積　この引用部分の三行目まで「華北の日本軍三〇〇名余りがいる部隊だった」、ここまでは原文のハンギョレ新聞にあるんですけども、その次の一行、「私は、四〇円で売られて、キーセンの修行[51]を何年かして、その後日本の軍隊のあるところに行きました」という記述がありますよね。

西岡　はい。

穂積　この引用部分は、今言ったようにハンギョレ新聞記事には全くないんです。いかにも、金学順さん本人の発言であるようなこの最後の文章をあなたどこから持ってきたんですか。

西岡　覚えていないです。間違い……。

穂積　覚えていない。

西岡　間違いです。

穂積　これ間違いですよね。

西岡　そう、間違いです。

穂積　あなたこれどこから持ってきたんですか、覚えていない。

西岡　うん。

穂積　これ記事の引用なんだから、もとの文章がどこかにないとおかしいですよね。

西岡　そうです。

穂積　今見てこれどこから持ってきたのかなって全然覚えていないですか。

西岡　うん。

穂積　それともこれは月刊宝石の記事か何かをもとにして、あなたが勝手に作って書き足した言葉ですか、そうではないですか。

西岡　いや、覚えていないですけど、これ間違いです。

穂積　この最後の一文、これがもとのハンギョレ新聞の記事には一切ないという事実にあなたいつ気がつきましたか。

西岡　何か新しい版を出すときに、だから気づいて訂正した記憶ありますけど。

穂積　訂正したんですね。

西岡　という記憶が、ちょっとよく覚えていない。これはまずいです。

穂積　まずいですよね。

西岡　まずいです。だから、そのハンギョレ新聞というところがまずいんで、かぎ括弧をここで閉じるべきです。

穂積　（甲第一三八号証を示す）これは、正論の三枚目見ると左面に出ているんだけど、平成二〇年、二〇〇八年一一月号にあなたが書いた従軍慰安婦を捏造した……。

西岡　ちょっと日付もう一回言ってください。

穂積　平成二〇年、二〇〇八年一一月号、これのあなたが書いた従軍慰安婦を捏造した朝日記者の素顔という、そういう記事です。二六六ページの下段を示します。二行目からハンギョレ新聞の引用があって、ここにも「日本軍三〇〇名余りがいる部隊だった」の後に「私は、四〇〇円で売られて、キーセンの修行を何年かして、その後日本の軍隊のあるところに行きました」というのがハンギョレ新聞の記事の引用として書かれていますよね。

西岡　これ間違いです。

穂積　あなたこの記事を書くに当たって、ハンギョレ新聞の原典を確認しなかったんですか。

西岡　ここでは確認していないとしか思えないです。

穂積　だけど、じゃさっきの「よくわかる慰安婦問題」と全く同じ文章が、原文にない文章がどうして入っているんですか。

西岡　だから、自分で本を点検して書いちゃったんじゃないですか。

穂積　じゃ、原典も確認しないで自分の本をもとに書いちゃったって、そういうことですか。

西岡　そうだと思います。ただ、かぎ括弧を外に出せばよかったと思います[52]。

尋問で言及された月刊「宝石」一九九二年二月号の臼杵敬子氏による金学順さんインタビュー記事には、以下の記述がある。

十七歳のとき、養父は「稼ぎにいくぞ」と、私と同僚の「エミ子」を連れて汽車に乗ったのです。着いたところは満洲のどこかの駅でした。サーベルを下げた日本人将校二人と三人の部下が待っていて、やがて将校と養父との間で喧嘩が始まり「おかしいな」と思っていると養父は将校たちに刀で脅され、土下座させられたあと、どこかに連れ去られてしまったのです[53]。

48『慰安婦報道「捏造」の真実』八九～九〇頁
49 原文ママ
50『慰安婦報道「捏造」の真実』九一～九二頁
51 キーセンは「修業」という表記のほうがふさわしいと思われる。
52『慰安婦報道「捏造」の真実』九三～九四頁
53 臼杵敬子「もうひとつの太平洋戦争　朝鮮人慰安婦が告発する　私たちの肉体を弄んだ日本軍の猟色と破廉恥」：月刊「宝石」一九九二年二月号二七八頁

9　植村氏の長女への中傷発信元追及（二〇一六年八月）

植村隆氏の長女が、ツイッターで自身への中傷や写真を投稿されて精神的苦痛を受けたとして、投稿した関東在住の四〇代男性（判決当時）に一七〇万円の損害賠償を求めた訴訟の判決が二〇一六年八月三日、東京地裁であった。朝倉佳秀裁判長は「未成年への悪質な人格攻撃だ」として、請求通りの全額を支払うよう男性に命じた。

判決によると、男性は二〇一四年九月、ツイッターで、当時高校二年生だった長女の氏名や写真とともに中傷する内容の投稿をした。男性は事実関係を争わず、判決は「植村氏が朝日新聞記者時代の慰安婦報道をめぐってバッシングを受けている中で、長女の氏名などを投稿した」と認定。ツイッターの拡散性の高さなども考慮し、「高校生だった長女の恐怖と不安は耐えがたいものだった」として、慰謝料は長女側の請求分を上回る二〇〇万円に相当する、と述べた。

長女側は、米ツイッター社や男性が使ったプロバイダーに対し、発信元の情報を開示するよう求める訴訟などで男性を特定。二〇一六年二月に提訴した。

判決について長女は「ネット空間で利己的な欲求のために誰かを攻撃し、プライバシーをさらすようなことをやめさせる契機になってほしい」とのコメントを出した。長女側の弁護団は「無関係な家族へのネット上の攻撃が許されないことや、匿名の投稿でも特定できるケースがあることが、改めて示された」と判決を評価した[54]。


問題とされた投稿は二〇一四年九月八日、ツイッターにツイート（投稿）された。当時高校一年生だった植村隆氏の長女の名前と高校名、学年と写真を掲載し「朝日新聞従軍慰安婦捏造の植村隆の娘」「詐欺師の祖母、反日韓国人の母親、反日捏造工作員の父親に育てられた超反日サラブレッド。将来必ず日本に仇なす存在になるだろう」と記していた[55]。

植村氏の長女は二〇一五年三月二三日、ツイッター社に対して発信者情報開示を求める仮処分を東京地裁に申し立てた。東京地裁は六月一五日、原告の訴えを認め、ツイッター社に対し、投稿者がツイッターにログインした際に割り当てられていたＩＰアドレスと、ログイン情報が送信された年月日と時刻（タイムスタンプ）の開示を命じる仮処分決定[56]を出した。ツイッター社は六月一七日、ＩＰアドレスとタイムスタンプを原告に開示した。

このＩＰアドレスで、投稿者がインターネットに入る際に使っていたインターネットサービスプロバイダーが特定された。原告はプロバイダー会社を相手取り、投稿者の氏名、住所、メールアドレスなどの個人特定につながる情報開示を求める訴訟を東京地裁に起こした。東京地裁は二〇一六年二月四日の判決で「原告のプライバシー権、名誉権及び肖像権が侵害されたことは明らかであり、原告には発信者情報の開示を受けるべき正当な理由がある[57]」と認定し、プロバイダー会社に対し、投稿者の特定につながる情報開示を命じた。二月二三日、プロバイダー会社は原告に対し、投稿者の情報を開示した。

これを受けて原告は二〇一六年二月二四日、投稿者で関東在住の男性を相手取り、損害賠償を求めて提訴した。ツイッターの投稿によって名誉が傷つけられ、プライバシー権や肖像権が侵害されたとして、慰謝料一〇〇万円と、投稿者特定のために要した調査費用や翻訳費用計六〇万円、弁護士費用一〇万円の計一七〇万円の損害賠償の支払いを求めた[58]。

判決は二〇一六年八月三日に言い渡され、朝倉佳秀裁判長は以下のように認定した。

原告の父は、平成二六年二月頃から、自身が執筆した従軍慰安婦に関する記事がねつ造であるなどとして、不特定多数の者からバッシングを受け、同年五月頃には、生命に危害を加える旨の脅迫状が勤務先に送付されてきたこと及び家族に対する攻撃を示唆するインターネット上の書き込みも多数存在していたことが認められる[59]。

そのうえで、原告の写真と氏名、高校名や学年を明記した投稿について、「原告の父がその仕事上した行為に対する反感から未成年の娘に対する人格攻撃をしたものであって、その行為態様は、悪質で違法性が高いものというべきである[60]」と断じた。さらに「本件投稿がされた当時一七歳の高校生であった原告の恐怖及び不安は耐え難いものであったと考えられる[61]」とも認めた。損害の慰謝料を「二〇〇万円が相当[62]」としたうえで、請求額の満額である一七〇万円の支払いを命じた。

控訴はなく、一審判決が確定した。

54 二〇一六年八月四日朝日新聞朝刊三七頁「植村氏長女を中傷、賠償命令　東京地裁」、同年八月三日朝日新聞デジタル「元朝日記者長女を中傷、男性に一七〇万円支払い命令」(https://www.asahi.com/articles/ASJ835J0KJ83UTIL03G.html)
55 二〇一六年八月三日言渡　朝倉佳秀裁判長、奥田大助、佐々木康平裁判官「判決」(東京地裁民事第二四部　平成二八年(ワ)第五八八五号　損害賠償請求事件、https://sites.google.com/site/uemuraarchives/20160803)二頁
56 二〇一五年六月一五日付仮処分決定(東京地裁民事第九部　前川悠裁判官)
57 二〇一六年二月四日言渡　原克也裁判官「判決」(東京地裁民事第三三部　平成二七年(ワ)第三四三八五号　発信者情報開示請求事件)二頁
58 二〇一六年二月二四日付「訴状」(平成二八年(ワ)第五八八五号、東京地裁民事第二四部)
59 二〇一六年八月三日東京地裁判決四頁
60 同四頁
61 同四頁
62 同五頁

10　札幌地裁判決（二〇一八年一一月）

植村氏による訴訟のうち、櫻井よしこ氏や出版三社を相手取り提訴した訴訟の判決は二〇一八年一一月九日、札幌地裁八〇五号法廷で言い渡され、岡山忠広裁判長は請求をいずれも棄却した。植村氏は控訴した。

岡山裁判長は判決で、櫻井氏の論文などが植村氏の社会的評価を「低下させた」と認めた。一方で、櫻井氏が他の新聞記事や論文などをもとに、「植村氏の記事は事実と異なる」と信じたことには「相当の理由がある」などと結論づけた[63]。

札幌地裁判決はまず、被告側提出証拠をもとに、「女子挺身隊」や「慰安婦」という言葉について以下のように定義した。

女子挺身隊とは、これらの勤労動員制度に基づき、国家総動員法五条が規定する「総動員業務」（総動員物資の生産、修理、配給、輸出、輸入又は保管に関する業務等をいう。同法二条、三条参照）について工場などで労働に従事する女性のことを指すものである[64]。

これに対し、慰安婦ないし従軍慰安婦とは、太平洋戦争終結前の公娼制度の下で戦地において売春に従事していた女性などの呼称のひとつであり、女子挺身隊とは異なるものである[65]

名誉毀損が裁判で認められるためには、名誉を傷つけたとされる側がその言論において「真実性」が成立しない、つまり真実でないことを述べたことが、言論の違法性を認定する要件の一つとされる。

判決は、元慰安婦の金学順さんについて櫻井氏が主張してきた「継父によって人身売買され慰安婦にさせられた」という点については、「真実であると認めることは困難である[66]」と述べた。理由の第一点は、植村氏が聞いた金学順さんの証言テープや当時の取材メモがないこと。第二点として、証人尋問に立った北海道新聞の元ソウル特派員・喜多義憲氏が金学順さんに一九九一年八月一四日に単独インタビューしたときの記事や、同じ八月一四日に共同記者会見した後に韓国や日本で報じられた内容、一九九一年一二月六日に提訴した際の訴状の内容、また臼杵敬子氏が金さんにインタビューして月刊「宝石」一九九二年二月号で報じた内容が必ずしも一致していないことがあげられた[67]。

札幌地裁の訴訟では、櫻井氏が、「WiLL」二〇一四年四月号で「訴状には、一四歳のとき、継父によって四〇円で売られたこと…などが書かれている」と記述した点について、被告本人尋問で、金学順さんの訴状に「四〇円で売られた」という記述がないことを櫻井氏が認め、「WiLL」に訂正記事を掲載した経緯があったが、この判決では触れられていない。

しかし「真実性が成立しない」、つまり櫻井氏の記述に誤りがあるとされた場合でも、筆者が真実と信じたことに相当な理由があるとき、つまり「真実相当性」が成立すれば、その筆者の責任は

免除される。判決はこの「真実相当性」を幅広く認め、被告・櫻井氏の誤りには故意や過失がなかったとして免責した。

被告櫻井が、金学順氏をだまして慰安婦にしたのは検番の継父、すなわち血のつながりのない男親であり、検番の継父は金学順氏を慰安婦にすることにより日本軍人から金銭を得ようとしていたことをもって人身売買であると信じたものと認められる[68]。

上記ハンギョレ新聞、平成三年訴訟の訴状及び臼杵論文は一定の信用性を措くことができる資料であるということができる。そうとすれば、被告櫻井が、これらの資料に基づいて上記のとおり信じたことについて相当の理由があるというべきである[69]。

また、櫻井氏の記述のうち、訴状からの引用に誤りがあると原告側から指摘されて論文を訂正し、判決でも真実性が認められないとされた部分についても、判決は下記のように述べて「真実相当性」を認め、櫻井氏の誤りを免責した。

被告櫻井が、櫻井論文アを記載するに当たっては、同訴状だけではなく、ハンギョレ新聞や臼杵論文もその資料としていた（前記認定事実（一）ケ（ウ））のであるから、平成三年訴訟の訴状の援用に正確性に欠ける点があるとしても、真実であると信じたことについて相当性を欠くとはいえない[70]。

「植村氏が、慰安婦とは何の関係もない女子挺身隊とを結びつけ、金学順氏が『女子挺身隊』の名で日本軍によって戦場に強制連行されたと報じた」と櫻井氏が主張している点[71]について、判決は、植村氏に対する本人尋問の結果などから、

金学順氏が、挺対協の聞き取りにおいて、「女子挺身隊」の名で戦場に連行されたと述べていなかったと認められる[72]。

と認定。そのうえで、ハンギョレ新聞や金学順さんの訴状、臼杵論文を根拠に、

被告櫻井が、金学順氏が挺対協の聞き取りで「女子挺身隊」の名で戦場に連行されたと語っていなかったと信じたとしても、相当の理由があるというべきである[73]。

と認定し、ここでも「真実相当性」を認めて櫻井氏を免責した。さらに、挺身隊と慰安婦の定義や違いについて、先の記述を繰り返す形で、

女子挺身勤労令で規定するところの「女子挺身隊」と太平洋戦争終結前の公娼制度の下で戦

時下において売春に従事していた慰安婦ないし従軍慰安婦は異なるものである[74]と再度述べたうえで、以下のように述べて櫻井氏の記述の「真実相当性」を認めた。

被告櫻井が、原告が本件記事Aにおいて慰安婦とは何の関係もない女子挺身隊を結びつけ、「女子挺身隊」の名で金学順氏が日本軍によって戦場に強制連行されたものと報じたと信じたことについては相当の理由があるというべきである[75]。

さらに、植村氏の妻が韓国の太平洋戦争犠牲者遺族会幹部の娘であることにも言及し、「真実相当性」を補強する認定をした。

原告の妻が本件遺族会[76]の常任理事を当時務めていた者の娘であり、本件記事Aが報じられた数か月後に金学順氏を含む本件遺族会の会員が平成三年訴訟を提起したことを踏まえ、被告櫻井が、本件記事Aの公正さに疑問を持ち、金学順氏が「女子挺身隊」の名で連行されたのではなく検番の継父にだまされて慰安婦になったのに、原告が女子挺身勤労令で規定するところの「女子挺身隊」を結びつけて日本軍があたかも金学順氏を戦場に強制的に連行したとの事実と異なる本件記事Aを執筆したと信じたとしても、相当な理由があるというべきである[77]。

金学順さんが「私は女子挺身隊だった」と語ったとする記録があることを踏まえ、判決は「女子挺身隊という話が出てこなかった」という部分については「真実であるとは認められない」と判断した。だが同時にこうも述べて、櫻井氏の記述について一部「真実性」を認定し、また別の部分については「真実相当性」を認めて、櫻井氏を免責した。

金学順氏が一度も「挺身隊」だったと語っていないという部分については、金学順氏が、共同記者会見で、「挺身隊」又は「挺身隊慰安婦」だったと述べていることからすると、その限度では真実ではないというべきである。しかし、同記述の前後の文脈からすれば、同記述は、韓国で慰安婦の意味として使われている「挺身隊」又は「女子挺身隊」という意味ではなく、金学順氏が第二次世界大戦下における女子挺身勤労令で規定された「女子挺身隊」であったと語ったことはないということを意味するものと解される。そして、金学順氏が、女子挺身勤労令で規定するところの「女子挺身隊」であったと語ったことはないとの事実は真実であると認められる。

そうすると、櫻井論文オの前提事実は、いずれも重要な部分において真実であるか、又は真実であると信じたことについて相当の理由があるところ、これらの事実を前提として、被告櫻井が、原告が金学順氏が女子挺身隊として日本軍に連行されたという事実がないのにこれを知りながら、金学順氏が日本軍に連行されて慰安婦とされたという事実と異なる記事を敢えて執筆したと言われても仕方がないであろうと論評ないし意見をしたとしても、原告に対する人身攻撃に及ぶなど論評ないし意見の域を超えたものであるとはいえない[78]。

名誉毀損が免責される要件として、記述部分が公共の利害に関する事実に関わり（公共性）、もっぱら公益を図る目的でされたか（公益性）についても、いずれも判決は認め、櫻井氏を免責した。

本件各記述の主題は、慰安婦問題に関する朝日新聞の報道姿勢やこれに関する本件記事Aを執筆した原告を批判する点にあったと認められ、そのような目的と異なり、被告櫻井自身の「信念」の正当性を根拠づけ、強調するべく、原告や朝日新聞に対するバッシングを拡散することが主眼とするものであったとは認め難い[79]。

慰安婦問題は、日韓関係の問題にとどまらず、国連やアメリカ議会等でも取り上げられるような国際的な問題となっていると認められるから、慰安婦問題に関わる本件各記述は、公共の利害に関する事実に係るものであるということができ、このような慰安婦問題に関する朝日新聞の報道姿勢やこれに関する本件記事Aを執筆した原告への批判は公益目的を有するというべきである[80]。

63　二〇一八年一一月一〇日朝日新聞朝刊三三頁「櫻井氏らへの賠償請求棄却　慰安婦報道訴訟、札幌地裁判決」

64 二〇一八年一一月九日言渡　岡山忠広裁判長、渡邉充昭、牧野一成裁判官「判決」（札幌地裁民事第五部　平成二七年（ワ）第二二三三号　謝罪広告等請求事件、https://drive.google.com/file/d/1PMh8mvssp3Phw6WooFMwIAU5K8XDCzl5/view。裁判所のサイトで検索すると判決文が以下のＵＲＬで表示される。http://www.courts.go.jp/app/files/hanrei_jp/295/088295_hanrei.pdf）三六頁

65 同三六頁

66 同四九頁

67 同四八～四九頁、『慰安婦報道「捏造」の真実』一〇四頁

68 札幌地裁判決四九～五〇頁

69 同五〇頁

70 同五〇頁

71 同五一頁

72 同五二頁

73 同五二頁

74 同五三頁

75 同五三頁

76 太平洋戦争犠牲者遺族会のこと。

77 同五五頁

78 同六四～六五頁

79 同六五頁

80 同六五～六六頁

11 東京地裁へ忌避申し立て（二〇一九年二月）

植村隆氏が西岡力氏らを相手取り東京地裁に提訴した訴訟の審理は二〇一八年一一月二八日にいったん結審し、判決言い渡しが二〇一九年三月二〇日に指定されていた。ところが原告側によると、東京地裁は判決直前の二月に弁論を再開し、被告側に「朝日新聞社第三者委員会報告書」の全文提出を求めた。原告側は、「第三者委員会報告書はすでに要約版が被告側から、植村氏の関係箇所の抜粋が原告側から提出されており、判決期日が迫る中、一五〇ページにわたる報告書を十分吟味する時間がない」として弁論再開に反対した。しかし裁判所の指示で弁論期日は二月二二日に指定され、報告書全文が証拠として採用された[81]。

これに対し原告側は二月二二日に再開された口頭弁論で、原克也[82]裁判長ら三人の裁判官の忌避を申し立てた。理由として以下のように述べた。

本件審理においては、専ら「金学順が『挺身隊の名で連行された』と証言したか否か」のみが争点とされ、吉田証言の真偽については全く争点になっておらず、これに関する証拠も提出されていなかった。（中略）

それにもかかわらず、これに関する一五〇頁に亘る証拠が、判決のわずか一ケ月前に採用され判決の基礎となることとは、当事者の攻撃防御権を著しく侵害するものであることが明らかであるとともに、そのような手続き進行を裁判所が主導した点において弁論主義・当事者主義と

いう訴訟法の根本理念に反する。（中略）

以上のとおり、合議体の先入見に基づく訴訟運営からすれば、原克也裁判官及び他の二名（砂古剛、小久保珠美）の裁判官には、いずれも公正な判断の能力ないし資格に欠けるものがあると合理的に判断せざるをえないから、民訴法二四条「裁判の公正を妨げるべき事情」が存在すると考え、忌避を申し立てた次第である[83]。

東京地裁は忌避申し立て五日後の二月二七日付で申し立てを却下した[84]。原告側は三月一一日付で抗告を申し立てた[85]のに対し、東京高裁は二六日付で棄却した[86]。最高裁への特別抗告も却下され、東京地裁は五月一〇日に口頭弁論を開き、再び結審した。

東京地裁でこの訴訟を担当した原克也裁判長と、砂古剛、小久保珠美各裁判官はいずれも四月に人事異動で地裁外に転出していた。しかし新年度に入った後の五月一〇日には、東京地裁外に異動したはずの三人とも交代することなく結審に立ち会うという、異例の対応がとられた。結審前に裁判官が交代した場合は、弁論が更新され、判決も新しい裁判官の名で書かれることが予想されたが、転出にもかかわらず異動前の三裁判官の名で判決が書かれた。六月二六日の判決言い渡しの際は、裁判官は三人とも交代し、新たな裁判長のもとで判決文が代読された。

81　二〇一九年二月二二日付原告「忌避申立書」、同二五日付原告「忌避申立理由書」（申立人・植村隆、平成三一年（モ）第六八〇号　東京地裁民事第三七部　基本事件：平成二七年（ワ）第三九〇号　損害賠償等請求事件）七～八頁

82　東京地裁の原克也裁判官は、植村隆氏の長女がプロバイダーを相手取り、書き込みをした発信者の情報開示を求めた裁判（平成二

七年（ワ）第三四三八五号）では、二〇一六年二月四日の判決で「原告のプライバシー権、名誉権及び肖像権が侵害されたことが明らかであり、原告には発信者情報の開示を受けるべき正当な理由がある」と認定して原告の訴えを認め、プロバイダー会社に対し、投稿者の特定につながる情報開示を命じている。

83 忌避申立理由書一五～一六頁

84 二〇一九年二月二七日付 鈴木謙也裁判長、波多野紀夫、矢﨑達彦裁判官「決定」（申立人・植村隆、平成三一年（モ）第六八〇号 東京地裁民事第三七部 基本事件：平成二七年（ワ）第三九〇号 損害賠償等請求事件）

85 二〇一九年三月一一日付原告「抗告状」、同二五日付原告「即時抗告理由書」（抗告人・植村隆、平成三一年（ラ）第四二二号 東京高裁第二民事部 基本事件：平成二七年（ワ）第三九〇号 損害賠償等請求事件）

86 二〇一九年三月二六日付 白石史子裁判長、浅井憲、大垣貴靖裁判官「決定」（抗告人・植村隆、平成三一年（ラ）第四二二号 裁判官忌避申立却下決定に対する抗告事件 東京高裁第二民事部 原審・平成三一年（モ）第六八〇号 東京地裁民事第三七部 基本事件：平成二七年（ワ）第三九〇号）

12 東京地裁判決（二〇一九年六月）

植村隆氏が、西岡力・麗沢大学客員教授と「週刊文春」を出版する文藝春秋を相手取り提訴した訴訟の判決は二〇一九年六月二六日、東京地裁（原克也裁判長、大濱寿美裁判長代読）で言い渡され、請求はいずれも棄却された。植村氏は控訴した。

判決は植村氏の記事について、「金さんが日本軍により、女子挺身隊の名で戦場に連行され、従軍慰安婦にさせられた」という内容を伝えていると認定。植村氏の取材の経緯などを踏まえ、「意図的に事実と異なる記事を書いた」として、西岡氏の記述には真実性がある、などと判断した。また、慰安婦問題は「日韓関係にとどまらず、国際的な問題となっていた」として表現の公益性も認め、賠償責任を否定した。

植村氏は判決後に会見し、「裁判所は私の意図を曲解し、西岡氏らの責任を不問にした。ひるむことなく言論人として闘いを続けていきたい」などと述べた[87]。

東京地裁判決は、「女子挺身隊」や「慰安婦」については、被告側が提出した札幌地裁判決（乙二三号証）を援用して、以下のように定義した。札幌地裁判決では被告側が提出した秦郁彦、西岡力両氏の著書を引用する形で「女子挺身隊」「慰安婦」を定義していたので、結局、西岡氏の定義が、回り回って東京地裁で西岡氏を勝たせる判決にも使われたことになる。

昭和一九年の女子挺身勤労令により、法的強制力のある女子挺身隊制度が設けられたが、同令において「女子挺身隊」とは「勤労常時要員としての女子（学徒勤労令の適用を受くべき者を除く）の隊組織（以下女子挺身隊と称す）」と定義され（同令一条）、国家総動員法五条の規定による命令により女子が女子挺身隊として行う勤労協力は、国等が指定する者の行う命令によって定められる総動員業務についてこれを行わせると規定されている（同令二条）。このように、女子挺身隊とは、これらの勤労動員制度に基づき、国家総動員法五条が規定する「総動員業務」（総動員物資の生産、修理、配給、輸出、輸入又は保管に関する業務等をいう。同法二条、三条参照）について工場などで労働に従事する女性のことを指すものである[88]。

これに対し、慰安婦ないし従軍慰安婦とは、太平洋戦争終結前の公娼制度の下で戦地において売春に従事していた女性などの呼称の一つであり、上記でいうところの「女子挺身隊」とは明らかに異なるものであって、この点は、朝日新聞社の訂正記事においても、明確に指摘されている[89]

判決は、「原告が、金学順のキーセンに身売りされたとの経歴を認識しながらあえて記事に記載しなかったという意味において、意図的に事実と異なる記事を書いた(裁判所認定摘示事実1)[90]」とする西岡氏の主張について検討。一九九一年八月一五日ハンギョレ新聞記事、金学順氏の訴状、臼杵敬子氏の月刊「宝石」一九九二年二月号記事を根拠に、

被告西岡が、金学順について、キーセンに身売りされたものと信じたことについて相当の理由があると認められる[91]。

と認定した。そのうえで、

被告西岡が、①原告も、原告各記事の執筆当時、金学順の上記経歴を認識していたと考えたこと、そのため、②原告が、上記経歴を認識していたにもかかわらず、原告各記事に上記経歴を記載しなかったものと考えて、③原告が、原告各記事の読者に対し、金学順が日本軍に強制連行されたとの印象を与えるために、あえて上記経歴を記載しなかったものと考えたことのいずれについても、推論として一定の合理性があると認められる[92]。

と「真実相当性」を認定。さらに、朝日新聞社と原告が長年反論しなかったことを根拠に、被告が持論を真実と信じるのは「もっともなこと」と認めた。

被告西岡は、平成一〇年頃から繰り返し、公刊物において、裁判所認定摘示事実1を摘示した上で、朝日新聞社の記者である原告を名指しで批判していた（認定事実（八）、甲一三六ないし一三九）にもかかわらず、朝日新聞社及び原告は、平成二六年八月に本件検証記事を掲載するまでの間、一切反論又は原告各記事についての説明をしてこなかった（認定事実（七）、（一〇））。そのため、被告西岡が、被告西岡による各表現をするに当たり、自身の主張が真実であると信じるのはもっともなことといえる[93]。

判決はさらに、西岡氏の主張のうち「原告が、義母の裁判を有利にするために意図的に事実と異なる記事を書いた（裁判所認定摘示事実2）[94]」について検討した。前提として、西岡氏が植村氏を批判する際に「植村氏が義母の縁故を利用して記事を書いた」と指摘している点をめぐり、以下のように述べ、植村氏の記事執筆については「何ら非難されることではない」との判断を示した。

西岡論文A②は、原告が義母の縁故を利用して原告記事Aを書いたとの事実を摘示するものと解されるが、新聞記者が様々な縁故を利用して記事を書いたとしても、そのこと自体何ら非難されることではないから、上記事実が原告の社会的評価を低下させるものとは認められない[95]。

そのうえで判決は、以下のように認定し、被告側の「真実相当性」を認めた。

原告の義母が幹部を務める遺族会の会員らが平成三年訴訟を提起したこと、平成三年訴訟の原告らは日本軍が従軍慰安婦を強制連行したと主張していたこと、原告記事Aは平成三年訴訟提起の約四か月前に掲載され、原告記事Bは平成三年訴訟提起の約二〇日後に掲載されており、いずれも平成三年訴訟の提起と比較的近い時期に掲載されたとの各事情（前提事実(二)、認定事実（五））に加えて、上記（ア）のとおり、裁判所認定摘示事実1について真実相当性が認められることによれば、被告西岡が、原告が義母の裁判を有利にするために意図的に事実と異なる記事を書いたと考えたことについて、推論として一定の合理性があるものと認められる[96]。

「原告記事A」、つまり一九九一年八月一一日の植村氏の記事は、情報源が韓国挺身隊問題対策協

議会によるものであり、植村氏の義母が幹部を務める「遺族会」、つまり太平洋戦争犠牲者遺族会とは関係ない別の団体である、ということは今回の訴訟でも原告側によって指摘されている。西岡氏も「原告のリーダーが義理の母であったために、金学順さんの単独インタビューがとれたというカラクリです[97]」などとしていた記述が誤りだったと認めて訂正したことを明らかにしていた。しかしこうした経緯にもかかわらず、判決は情報源が別の団体であることを問わずに、西岡氏の記述について「推論として一定の合理性がある」との上記判断を示した。

さらに判決は、「裁判所認定摘示事実1」と同様、朝日新聞社と原告が平成一〇年（一九九八年）以降、二〇一四年まで一切反論や説明をしなかったことを理由に「被告西岡が、被告西岡による各表現をするに当たり、自身の主張が真実であると信じるのはもっともなことといえる[98]」との判断を繰り返した。

判決はまた「原告が、意図的に、金学順が女子挺身隊として日本軍によって戦場に強制連行されたとの、事実と異なる記事を書いた（裁判所認定摘示事実3）[99]」との西岡氏の主張について検討。この点については、西岡氏の記述について「真実相当性」ではなく「真実性」を認める判断を示した。

原告は、原告記事A執筆前の取材において、金学順につき、同人はだまされて従軍慰安婦になったものと聞いており、金学順が日本軍に強制連行されたとの認識を有してはいなかった

（認定事実（三）イ、甲一一五、乙八、二四、原告本人）のであるから、上記ａで認定した原告記事Ａが報道する内容は、事実とは異なるものであったことが認められる。この点については、認定事実（一三）イのとおり、朝日新聞社も、この女性（金学順）が「挺身隊の名で戦場に連行された事実はありません。」として、原告記事Ａに対するおわびと訂正の記事を掲載している。

そして、原告は、日本政府による従軍慰安婦の強制連行の有無に関する国会質疑（認定事実（一）エ）をきっかけに従軍慰安婦問題について関心を持ち、原告記事Ａを執筆したこと（認定事実（三））、原告は、原告記事Ａを執筆した当時、朝日新聞社の吉田供述を紹介する記事（認定事実（一）ウ）の存在を知っていたと優に推察されることからすれば、原告は、原告記事Ａを執筆した当時、日本軍が従軍慰安婦を戦場に強制連行したと報道するのとしないのとでは、報道の意味内容やその位置づけが変わり得ることを十分に認識していたものといえる。これに加えて、原告は、一般に記事中の言葉の選択には細心の注意を払うであろう新聞記者として、原告記事Ａを執筆しているところ、問題となっている原告記事Ａ中の文言は、一読して原告記事Ａの全体像を読者に強く印象付けることとなる前文中の「日中戦争や第二次大戦の際、『女子挺（てい）身隊』の名で戦場に連行され、日本軍人相手に売春行為を強いられた『朝鮮人従軍慰安婦』のうち、一人がソウル市内に生存していることがわかり」との文言であることを考慮すると、原告記事Ａ中の上記文言は、原告が意識的に言葉を選択して記載したものであり、原告は、原告記事Ａにおいて、意識的に、金学順を日本軍（又は日本の政府関係機関）により戦場に強制連行された従軍慰安婦として紹介したものと認めるのが相当である。すなわち、原告は、意図的に、事実と異なる原告記事Aを書いたことが認められ、裁判所認定摘示事実3は、その重要な部分について真実性の証明があるといえる[100]。

判決はさらに、原告側の反論について検討。「韓国では、一般的に、女子挺身隊と従軍慰安婦が同じ意味で理解されており、日本国内においても、原告記事Aが掲載された当時は、上記の混同をした報道がされることが多かった」とする原告側の主張を、「原告記事Aが、金学順が日本軍により強制連行されたと報道するものではなく、少なくとも、原告にそのような報道の意図はなかった」と要約した。そのうえで、記事の書き換え文案を示しながら、原告側の主張を退けた。

しかしながら、仮に、原告が、女子挺身隊につき、従軍慰安婦を指す用語と誤解していたとしても、金学順を単に従軍慰安婦として紹介するのであれば、例えば、「女子挺身隊であった」とか、「従軍慰安婦（女子挺身隊）であった」とか、「女子挺身隊の名で従軍慰安婦をしていた」などと記載すればよいのであって、「女子挺身隊の名で戦場に連行された」と記載すべき理由はないと考えられる。仮に、原告が女子挺身隊と従軍慰安婦を混同していたとの前提に立ったとしても、「女子挺身隊の名で戦場に連行された」と記載すれば、当該記載が専ら日本軍（又は日本の政府関係機関）による強制連行を想起させるのは上記ａで説示したとおりであり、原告の上記主張は、真実性の証明についての上記認定判断を覆すものとはいえない[101]。

87 二〇一九年六月二七日朝日新聞朝刊三三頁「文春などへの賠償請求棄却　元朝日新聞記者の慰安婦報道訴訟」
88 二〇一九年六月二六日言渡　原克也裁判長、砂古剛、小久保珠美裁判官（大濱寿美裁判長代読）「判決」（東京地裁民事第三二部平成二七年（ワ）第三三九〇号　損害賠償等請求事件、https://image01.seesaawiki.jp/j/o/judge-memo/5bf552a8c9762acb.pdf, https://drive.google.com/file/d/1n_i9-y2bwSnL6Qhb93O6e8aK3UVCv1k7/view）一五頁
89 同一六頁
90 同三三頁
91 同四〇頁
92 同四〇頁
93 同四〇頁
94 同四〇頁
95 同三三頁
96 同四一頁
97 「すべては朝日新聞の捏造から始まった」六八頁
98 二〇一九年六月二六日付東京地裁判決四一頁
99 同四二頁
100 同四三～四四頁
101 同四四頁

13　高裁での主張（二〇一九年）

控訴審が審理された札幌高裁と東京高裁で、原告・植村隆氏側は新たな主張や証拠を提出した。

原告側はこれまで、植村氏の記事を「捏造」とコメントした西岡力、櫻井よしこ両氏の言説が名誉毀損であることに立証活動を集中し、慰安婦問題の歴史的観点にはあえて深く立ち入らないで訴訟を進めていた。しかし、櫻井氏ら札幌訴訟の被告側が慰安婦問題をめぐる政治的な主張を多数証拠提出。札幌地裁が被告側の主張を採り入れた判決を書いた。また原告だけでなく被告側も慰安婦問題の歴史論争に深入りしなかった東京地裁でも、札幌地裁の判決を引用する形での判決が書かれた。このため原告側は控訴審で方針を転換した。準備書面で以下のように述べた。

原審[102]において、控訴人は、本訴訟は名誉棄損訴訟であることを重視し、従軍慰安婦の歴史的な問題には敢えて触れないで訴訟を進めてきた。一方、被控訴人らは、従軍慰安[103]は性奴隷ではないという自己の政治的な主張の資料を多数証拠請求してきた。

原審判決[104]は、被控訴人らが提出した政治的な主張の資料により、「慰安婦ないし従軍慰安婦とは、太平洋戦争終結前の公娼制度の下で戦地において売春に従事していた女性などの呼称のひとつであ」ると認定した（三六頁）。

かかる認定が、原審判決が原告を敗訴させた大きな柱の一つであると、控訴人は理解をしており、かかる認定を改めることが、控訴審の重要な目的であると考えている[105]。

原告側は、アジア女性基金の専務理事・事務局長を務めた和田春樹・東京大学名誉教授の意見書を提出。慰安婦の定義をめぐっては、河野談話やアジア女性基金のときの定義が、二〇一五年一二月二八日の日韓政府合意にも引き継がれてきたことについて以下のように述べ、判決が被告・櫻井氏側の主張を採用して慰安婦を「売春婦」とした札幌地裁判決の定義について「日本の公式的な立場を否定するものである[106]」と批判した。意見書は以下のように述べる。

アジア女性基金は日本政府との協議の上、事業対象者としての慰安婦についての定義を定めた[107]。

「いわゆる『従軍慰安婦』とは、かつての戦争の時代に、一定期間日本軍の慰安所等に集められ、将兵に性的な奉仕を強いられた女性たちのことです。」[108]

その後、現在の安倍晋三総理大臣のもとで、二〇一五年一二月二八日には、日韓外相会談後の記者会見において、慰安婦問題についての日韓両政府の合意が発表された。岸田文雄外務大臣は韓国に対して、「慰安婦問題は、当時の軍の関与の下に、多数の女性の名誉と尊厳を深く傷つけた問題であり、かかる観点から、日本政府は責任を痛感している。安倍内閣総理大臣は、日本国の内閣総理大臣として改めて、慰安婦として数多の苦痛を経験され、心身にわたり癒しがたい傷を負われた全ての方々に対し、心からおわびと反省の気持ちを表明する」と表明した。一九九五年以来の日本政府とアジア女性基金の慰安婦認識はかくして日本国家の公式の立場として再確認されたと言っていい。

したがって、慰安婦を「公娼制度の下で戦地において売春に従事していた女性」にすぎないとする記述を本裁判札幌地裁判決に見出したとき、当惑する気持ちを禁じえなかった[109]。

和田氏はまた、慰安婦を挺身隊と呼ぶ呼称については以下のように述べ「朝日新聞にも植村記者にも非難されるべきことは全くない」と結論づけた。

日本軍慰安婦がその時期に「挺身隊」と呼ばれたのは、朝鮮の歴史的事情の流れの中で理由のあったことである。慰安婦問題が社会的に問題として認識されてくる過程に注目するとき、「挺身隊」という名称が、慰安婦であった人々が名乗り出るのを心理的に容易にしたという面があったことは否定できない。その名乗り出た人々のことを報道するのに慰安婦と呼んだり、挺身隊と呼んだりして、混乱があったとしても、被害者の登場を報道したことそのものに社会的意義があったのだということを認めるべきである[110]。

和田氏は、植村氏の記事について二〇一四年九月に述べた自らの発言を引用して、意見書をしめくくった。

「金学順ハルモニの登場に朝日新聞の報道が関与したとして、久しい間、攻撃が加えられ、今も攻撃が、訂正問題の柱の一つにされています。しかし、それはひとえに金学順ハルモニの登場という意味を消し去ろうという愚かな試み、企てに変わりないということです。この件では、多少のミスが仮にあったとしましても、朝日新聞にも植村記者にも非難されるべきことは全くないと私は思います[111]」

原告側はまた、一九九一年一一月二五日に録音された元韓国人慰安婦・金学順さんの聞き取りの録音テープが新たに見つかったとして、この音声データと書き起こし文、その日本語訳を「新証拠」として提出した。

このテープは金さんが日本政府を相手に一九九一年一二月に裁判を起こすにあたり、日本の弁護団が聞き取り調査した際、植村氏が立ち会い、聞き取りの内容を録音したものである。通訳を務めた臼杵敬子氏の香川県丸亀市の自宅に保管されていた。

このテープ全体の内容を改めて確認した結果、聞き取り調査の際に金さんは妓生（キーセン）についての発言を一切していないことが判明した。

西岡氏は「金学順氏が妓生に身売りされたとの経歴を植村氏は認識しながら、あえて記事に記載しなかったという点において、意図的に事実と異なる記事を書いた」と主張。東京地裁判決もこの点について「推論として一定の合理性がある」として「真実相当性」を認定している。

これに対し植村氏側は「記事の前文で『証言テープを再現する』と述べているのに、そのテープのなかで一切、妓生について触れていないことがわかった」として、以下のように主張した。

西岡氏らは「妓生の経歴が書かれていないから捏造だ」と言ってきました。しかし、当該証言テープには、妓生の証言は一切ありません。「証言テープを再現する」と断って書いた記事に、証言テープにない証言が書かれていないからといって、それが捏造記事になる等ということは絶対にあり得ません。極めて当たり前のことであります[112]。

102　札幌地裁での審理。
103　原文ママ。「従軍慰安」の後に「婦」の字が抜けている。
104　二〇一八年一一月九日札幌地裁判決。
105　二〇一九年九月一七日付控訴人「準備書面（四）」（控訴人・植村隆、被控訴人・櫻井良子外三名　二〇一八年（ネ）第三〇一号、札幌高裁第三民事部）二頁
106　同六頁
107　二〇一九年九月一七日付和田春樹「意見書」（甲一八三号）（控訴人・植村隆、被控訴人・櫻井良子外三名　二〇一八年（ネ）第三〇二号、札幌高裁第三民事部）二頁
108　同二頁
109　同六頁
110　同一一頁
111　同一一頁
112　二〇一九年一二月一六日控訴人代理人・神原元「意見陳述書」（控訴人・植村隆、被控訴人・株式会社文藝春秋外一名　令和元年（ネ）第三一三四号、東京高裁第二民事部）一頁

14　札幌高裁判決（二〇二〇年二月）

札幌高裁の判決は二〇二〇年二月六日に言い渡され、冨田一彦裁判長は原告側の控訴を棄却した。植村氏は上告した。

植村氏は控訴審で「櫻井氏は植村本人に直接取材していない」と指摘。植村氏の記事が「捏造」だと信じたことに「『相当な理由がある』とは認められない」と主張した。だが高裁判決は「推論の基礎となる資料が十分あると評価できるから、事実確認のため、控訴人植村本人への取材を経なければ、相当性が認められないとはいえない[113]」として退けた。

判決は、「義母の訴訟を支援する目的だったと言われても弁明できない」、「意図的な虚偽報道だと言われても仕方がない」と書いていた櫻井氏のコラムの記述を「事実として断定しているとはいえず、論評であ（る）[114]」と判断。櫻井氏が書いた内容について、真実と信じたことに相当の理由があったという「真実相当性」を認定し、不法行為責任を免責した。

高裁判決は、金学順さんの証言の信用性をめぐる植村氏の主張について、以下のような判断を示し、日本軍による強制の要素を限定的にとらえた。

控訴人植村は、上記の各資料からは、金学順氏が日本軍人により強制的に慰安婦にさせられたと読み取るのが自然であると主張する。しかし、上記の各資料は、金学順氏の述べる出来事が一致しておらず、脚色・誇張が介在していることが疑われるが、検番の義父あるいは養父に連れられ、真の事情を説明されないまま、平壌から中国又は満州の日本軍人あるいは中国人のところに行き、着いたときには、日本軍人の慰安婦にならざるを得ない立場に立たされていたという趣旨ではおおむね共通しており、上記ハンギョレ新聞・臼杵論文からうかがえる日本軍人による強制の要素は、金学順氏を慰安婦にしようとしていた義父あるいは養父から金学順氏を奪ったという点にとどまっている[115]。

さらに、以下のように認定して、軍による強制性を消極的にとらえたうえで、櫻井氏が「上記のとおり信じたことについては、相当性が認められる[116]」と認定した。

日本軍が金学順氏をその居住地から連行して慰安婦にしたという意味で、日本軍が強制的に金学順氏を慰安婦にしたのではなく、金学順氏を慰安婦にすることにより日本軍人から金銭を得ようとした検番の継父にだまされて慰安婦になったと読み取ること、すなわち、いわば日本軍の関与に関わる消極的事実を読み取ることが可能である[117]。

「慰安婦」問題の報道価値をめぐって、判決はまず朝日新聞が、植村氏の記事に先立ち、吉田清治氏の証言を「繰り返し掲載していた」ことを強調した。

朝日新聞は、昭和五七年以降、吉田[118]を強制連行の指揮に当たった動員部長と紹介して朝鮮人女性を狩り出し、女子挺身隊の名で戦場に送り出したとの吉田の供述を繰り返し掲載していたし、他の報道機関も朝鮮人女性を女子挺身隊として強制的に徴用していたと報じていた[119]。

そのうえで「単なる慰安婦」「報道価値」などといった言葉を使い、元慰安婦の証言を伝える報道の「価値」について、以下のように断言した。

その一人がやっと具体的に名乗り出たというのであれば（それまでに具体的に確認できた者があったとは認められない〈弁論の全趣旨〉。）、日本の戦争責任に関わる報道として価値が高い反面、単なる慰安婦が名乗り出たにすぎないというのであれば、報道価値が半減する[120]。

植村氏は判決を受けて記者会見し、「不当判決」と批判して上告する意向を明らかにした。

これは不当判決であり絶対に容認することはできません。札幌地裁の不当判決では真実相当性のハードルを地面まで下げて櫻井氏を免責しました。高裁の審理では（原告側は）過去の判例九件を示して、地裁判決の認定の杜撰さを批判しました。裏付け取材のない記事に真実相当性を認めることはできない、これは判例の基本です。しかし、札幌高裁は札幌地裁と同様の認定をしました。

この判決文の一八ページにこんな言葉が出ています。「本件においては、推論の基礎となる資料が十分あると評価できるから、事実確認のため、控訴人植村本人に対する取材を経なければ[121]、相当性が認められないとはいえない」。たった三行ではありますが、これはきわめて恐ろしい判決です。つまり、これでは、本人に取材しないで「捏造」などと断定することが自由になる、ということです。

本人に取材しない、取材しようとする努力をしない、にもかかわらず、そして杜撰な資料だけでそう断定して、それを裁判所が推論の基礎となる十分な資料があると評価できる、といったら、何でも言えてしまいます。

これは非常に恐ろしい判決です。このような認定では、取材もせずにウソの報道ができるようになります。司法がフェイクニュース、しかも捏造というフェイクニュースを野放しにすることができる[122]。

一方、櫻井氏は書面でコメントし、「日本人と日本の名誉を傷つけた」という表現を使った。

裁判所が、事実関係をきちんと見てくださったことを感謝します。

虚構の慰安婦問題の報道について、問題点を整理していただいたことで、報道の自由、言論の自由が守られたことを喜ばしく思います。

植村氏の記事は、巨大・有力メディアの朝日新聞が虚偽の慰安婦報道を続けた中において、限りなく重要な意味をもつものでした。その結果、どれほど日本人と日本の名誉が傷つけられたかを思うとき、一人の言論人として事実を報じる使命の重要性をより強く感じています[123]。

---

113 二〇二〇年二月六日言渡　冨田一彦裁判長、目代真理、宮﨑純一郎裁判官「判決」（札幌高裁第三民事部　平成三〇年（ネ）第三〇二号　謝罪広告等請求控訴事件。裁判所のサイトで検索すると判決文が以下のＵＲＬで表示される。https://www.courts.go.jp/app/files/hanrei_jp/238/089238_hanrei.pdf）一八頁
114 同一〇～一一頁
115 同一四頁
116 同一五頁
117 同一四頁
118 吉田清治氏のこと。
119 同一五頁
120 同一五頁
121 同一八頁には「控訴人植村本人への取材を経なければ」と記されている。
122 二〇二〇年二月七日　植村裁判を支える市民の会「真冬日の控訴審判決」（https://sasaerukai.blogspot.com/2020/02/blog-post_7.html）
123 二〇二〇年二月二四日「杉田水脈すぎたみおオフィシャルブログ『櫻井よしこ先生、朝日新聞元記者の植村隆氏に完全勝訴』」（https://ameblo.jp/miosugita-blog/entry-12577365115.html）

15　東京高裁判決（二〇二〇年三月）

植村隆氏が西岡力氏と文藝春秋に損害賠償などを求めた訴訟の控訴審判決は二〇二〇年三月三日に言い渡された。東京高裁の白石史子裁判長[124]は原告の請求を退けた東京地裁判決を支持し、植村氏の控訴を棄却した。植村氏は上告した。

東京高裁判決は、西岡氏が植村氏の記事を「捏造」と主張した根拠について、以下の三点を「裁判所認定摘示事実」と定義したうえで、それぞれ適否を検討した。なお、法律用語で「事実」というときは、それが実際にあったことか否かの真偽は必ずしも問われない。「虚偽の事実」という使い方もある。これに対し、その「事実」が偽りでなく実際にあったときは「真実」と呼んで区別している。

①控訴人は、金学順が経済的困窮のためキーセンに身売りされたという経歴を有していることを知っていたが、このことを記事にすると権力による強制連行との前提にとって都合が悪いため、あえてこれを記事に記載しなかった（裁判所認定摘示事実1）、

②控訴人が、意図的に事実と異なる記事を書いたのは、権力による強制連行という前提を維持し、遺族会の幹部である義母の裁判を有利にするためであった（裁判所認定摘示事実2）、

③控訴人が、金学順が「女子挺身隊」の名で戦場に強制連行され、日本人相手に売春行為を強いられたとする事実と異なる記事をあえて書いた（以下、この事実を「裁判所認定摘示事実

3」という。）[125]

このうち、金学順さんがキーセン（妓生）に身売りされた経歴をめぐる「裁判所認定摘示事実1」について東京高裁判決は以下のように認定し、西岡氏の記述の「真実性」を否定した。

控訴人が原告記事A執筆当時、「金学順が経済的困窮のためキーセンに身売りされた」という経歴を有していることを知っていたとまでは認められないし、原告各記事執筆当時、「権力による強制連行との前提にとって都合が悪い」との理由のみから、あえてこれを記事にしなかったとまで認めることは困難である[126]。

しかし、西岡氏が「金学順が経済的困窮のためにキーセンに身売りされ、養父により人身売買により慰安婦にさせられたものであり、金学順が自らその旨述べていると信じた[127]」ことには「相当の理由があるというべきである[128]」として「真実相当性」を認め、西岡氏を免責した。

キーセンをめぐる論争について、植村氏は一九九一年一一月に訴訟の弁護団が金さんに聞き取り調査したテープを東京高裁に提出し、「金氏はキーセンに言及していない。相手が話さないことを記事に書かないのは当然」と主張していた。これに対し東京高裁判決は、「上記『証言テープ』が上記聞き取り調査の際の金学順の証言の全てを記録したものとは認め難い[129]」と述べ、植村氏の主張を退けた。

「義母の裁判を有利にするため」かどうかが争われた「裁判所認定摘示事実2」について東京高裁判決は以下のように述べ、西岡氏の記述の真実性を否定した。

原告記事Aの執筆時点において、控訴人が、義母の裁判（平成三年訴訟）の提訴予定を知っていたことを認めるに足りる証拠はなく、控訴人が「義母の裁判を有利にするために事実と異なる記事を書いた」との事実が真実であるとまで認めることは困難である[130]。

だが、この点についても判決は「真実相当性」を認め、西岡氏を免責した。

控訴人が、権力による強制連行という前提（これは平成三年訴訟の前提でもあった。）を維持し、義母の裁判（平成三年訴訟）を有利にするために意図的に事実と異なる記事を書いたと考えたことについては、推論として相応の合理性がある。被控訴人西岡が前記（ア）の各資料等（被控訴人西岡は、韓国在住の義母にも取材した。甲三）を総合して上記のとおり信じたことについては相当の理由があるというべきである[131]。

「挺身隊の名で連行された」という記述をめぐる「裁判所認定摘示事実3」については、東京高裁は東京地裁判決を支持し、西岡氏の記述の「真実性」を認めた。植村氏が自分の記事について「強制連行とは書いていない」などと反論した部分については、以下のように述べて退けた。

控訴人は、原告記事Aの「連行され」とのリード部分は「強制連行」とは書いておらず、本文中の記載に照らしても「だまされて連れて行かれた」との意味であり強制連行を意味しない旨主張する。しかしながら、リード中の「『女子挺（てい）身隊』の名で戦場に連行され」との表現を一般の読者の普通の注意と読み方を基準として解釈すれば、金学順が日本軍等により「強制的に戦場に連れて行かれた」こと、すなわち権力による強制連行を意味するものというべきであって、このことは、本文中に「だまされて」との一語があることによっても変わりがない。なお、当時、朝日新聞社は、吉田供述等に依拠して「狭義の強制性」を大々的かつ率先して報道していたことに照らすと、「だまされて」と「連行」とでは明らかに意味合いが異なり、同社の記者である控訴人がこのことを意識せずに、単に戦場に連れて行かれたとの意味で「連行」という語を用いたとは考え難い[132]。

東京高裁判決では、「挺身隊」と「慰安婦」の用語の使い方をめぐり、原告側が「訂正の必要はない」と述べたことに対し、朝日新聞社第三者委員会の報告書をもとに、「議論のすりかえ」と批判。原告の植村氏個人というより朝日新聞社全体の慰安婦問題をめぐる報道姿勢を厳しく論難する記述がめだった。

原告記事Aが報道する事実の意味内容と控訴人が認識した事実とが異なっていたことは明らかであって、訂正不要との上記供述は、本件調査報告書の指摘にもあるように、「広義の強制性」を持ち出して「議論のすりかえ」をしたものというほかない。当時、朝日新聞社は、吉田供述等に依拠して「狭義の強制性」が認められるとの立場を明確にとっており、一連の報道において、そのことを示すものとして「(女子)挺身隊の名で連行」等の表現を繰り返し用いていたことからすると、原告記事Aの「『女子挺(てい)身隊』の名で戦場に連行され」との表現もその一環として用いられたものとみるのが自然である[133]。

とくに次の箇所では、朝日新聞社を被告とする一連の集団訴訟で保守・右派が主張してきた「朝日新聞社の報道が与え続けた国内外への影響の大きさ」についての言及もあった。しかし「影響の大きさ」についての論拠は示されなかった。筆者には、朝日新聞社の第三者委員会報告書で北岡伸一氏が触れた「春秋の筆法」が思い出された。

控訴人は、二二年前にニュース記事を二本書いたにすぎない一私人の就職先が当然に公共の利害に関わるとは思われないなどと主張する。しかしながら、朝日新聞社は平成二六年の本件検証記事に至ってようやく過去の記事の誤りを認め謝罪したが、その検証内容についても「朝日新聞の自己弁護の姿勢が目立ち、謙虚な反省の態度も示されず、何を言わんとするのか分かりにくいもの」(本件調査報告書)だったと指摘されているのであって、この間、原告各記事を含む慰安婦問題に関する朝日新聞社の報道が与え続けた国内外への影響の大きさにも照らすと、平成二六年当時においても非常に社会的関心が高い事柄であったことは明らかであり、単に「二二年前にニュース記事を二本書いたにすぎない一私人」の問題などとみるのは相当でない[134]。

植村氏は記者会見し、以下の声明を読み上げた。まず、高裁判決が金学順さんの証言テープについての原告の主張を退けたことを批判した。

高裁判決は、その新証拠を正当に評価しませんでした。そして、西岡氏の決定的な誤りも見過ごしています。結論ありきの判決だと思います[135]。

そして、判決を不服として上告する意向を示した。

この問題は植村だけの問題ではありません。あすは記者の皆さんに降りかかるかもしれないのです。この不当判決を放置する訳にはいきません。このままでは、フェイクニュースを流し放題という大変な時代になります。即刻上告し、最高裁で逆転判決を目指したいと思います[136]。

植村氏の弁護団は、東京高裁判決が事実認定で「挺身隊の名で慰安婦にされた」という記述をめぐる「裁判所認定摘示事実3」について、西岡氏の記述の「真実性」を認める東京地裁の判断を支持した点を批判した。

> 判決は、八月の植村記事[137]中「女子挺身隊の名で」という記載は「強制連行を意味する」との前提で、植村氏は意図的に事実と異なる記事を書いたとの一審の認定を維持している。しかし、そもそも、八月の記事には、はっきりと「だまされて慰安婦にされた」と書いてあるではないか。植村氏において強制連行をでっち上げようという悪しき意図があったとすれば、「だまされて慰安婦にされた」等と書くわけがない。本件判決の認定は常識をはるかに逸脱している。
>
> 以上からすれば、本件判決は結論先にありきの、あまりに杜撰な判決であると批判せざるを得ない[138]。

弁護団は一方で、高裁判決がキーセンの経歴をめぐる「裁判所認定摘示事実1」と、義母の裁判をめぐる「裁判所認定摘示事実2」で西岡氏の記述の真実性を否定したことを評価し、「植村氏の名誉が一部であれ回復した」と述べた。

他方、高裁判決は、①植村氏が、金氏の、キーセンに身売りされたという経歴を知っていたのにあえてこれを記事にしなかった事実、②植村氏が義母の裁判を有利にするために意図的に事実と異なる記事を書いたとの事実については、いずれも真実と認めることはできないとした。これは控訴審の大きな成果であり、植村氏の名誉が一部であれ回復した[139]。

被告の文藝春秋は「当然の判決と受け止めています[140]」とコメント。西岡氏は文藝春秋を通じて「東京地裁に続き、完全勝訴の判決をいただくことができました。公正な判断が下されたと考えます。司法でなく言論の場で議論していくことを強く望みます。関係者のご努力、多くの方々の励ましに心から感謝いたします[141]」とコメントした。

東京、札幌の両訴訟とも、最高裁に上告中である。

---

124 植村氏が東京地裁で原克也裁判長ら裁判官三人に対する忌避を申し立て却下され、抗告した際、東京高裁第二民事部の白石史子裁判長は、二〇一九年三月二六日付で抗告を棄却する決定を出している。
125 二〇二〇年三月三日言渡　白石史子裁判長、角井俊文、大垣貴靖裁判官「判決」（東京高裁第二民事部　令和元年（ネ）第三一三四号　損害賠償等請求控訴事件）一四頁
126 同一八～一九頁
127 同一九頁
128 同二〇頁
129 同二九頁
130 同二一頁
131 同二二頁
132 同二四～二五頁

133 同二四頁
134 同二八頁
135 二〇二〇年三月三日　植村裁判を支える市民の会「不当判決に抗議する」(https://sasaerukai.blogspot.com/2020/03/blog-post_3.html)
136 同
137 一九九一年八月一一日の朝日新聞大阪本社版掲載記事をさす。
138 植村裁判を支える市民の会「不当判決に抗議する」
139 同
140 二〇二〇年三月三日　弁護士ドットコムニュース「慰安婦報道めぐる名誉毀損訴訟、元朝日・植村氏の控訴棄却「極めて不当」文藝春秋「当然の判決」」(https://www.bengo4.com/c_18/n_10863/)
141 同

第12章　訴訟後も続く運動

1　毎週火曜の街宣活動（二〇一四年）

朝日新聞社を相手取った集団訴訟は終わったが、慰安婦問題をめぐる朝日新聞に対する批判や非難の活動は終わらなかった。

裁判を呼びかけた「朝日新聞を糺す国民会議」の支援者らは、朝日新聞東京本社や大阪本社前で、毎週のように街宣活動やビラ配りを行ってきた。「日本文化チャンネル桜」の水島総代表が二〇一四年に出演した番組の動画によると、朝日新聞東京本社前での朝日新聞不買を呼びかける抗議行動を始めたのは二〇一四年三月[1]。

火曜日正午から一時間、「読まない！　朝日新聞　買わない！」などと書かれたTシャツ[2]やウインドブレーカーを着た数人の参加者が「『従軍慰安婦』は朝日新聞の捏造だ！」などと書かれた多色印刷のビラを数枚ずつセットにして配る。近日中に新宿や渋谷などで行う街宣活動の予告ビラが入っていることもある。Tシャツは当初、一枚千円で販売し、デモ参加者がそろって着ていた。

原告側敗訴が確定して裁判が終わった後も、デモはなお続いている。

朝日新聞本社の所在地は東京都中央区築地。国立がん研究センター中央病院のすぐ近くにある。街宣活動をすることについて水島氏は、こう語っている。

　きょうは本社前のビルが病院になっておりまして、一部の方から騒ぎとか大きな音は控えて下さいと言われております。

我々はご病気の方とかご迷惑をかける気持ちはありませんので、ただこのハンドマイクだけになるということは、政治的な表現の手段が規制されるということは、認められない。だから、大きな音でいろんなことがありましたら絞ったり、いろんな形で病院とも話をしていきたいと思っています[3]。

抗議行動はほぼ毎週行われており、マイクを握って話をする人がいないときは、替え歌の録音声を、繰り返し流している。水島氏によると「チャンネル桜の浅野さんに歌っていただいております」ということなので、浅野久美キャスターの声であろうか。一つは「リンゴの唄」のメロディーで、おおむねこんな内容。四番まである。

赤い朝日の慰安婦報道／捏造バレたら知らんふり／朝日は何にも云わないけれど／お前の本性もうバレた／朝日反日売国朝日

赤い朝日の反日報道／チャイナによく似た謀略宣伝／どなたが言ったか恐怖の噂／社長も記者も皆スパイ／朝日怖いよ危ない朝日[4]

もう一曲は「りんごのひとりごと」の旋律。こちらは六番まである。

私は真っ赤な朝日です／本当は隠れたコミュニスト／慰安婦報道捏造し／さんざんあおってみたものの／大嘘ばれたら知らんぷり／せこいせこいせこい　せこい朝日は恥知らず

私は真っ赤な朝日です／本当はチャイナのスパイです／国民だまして七〇年／反日売国うそ報道／どんどん売れなくなりました／アサヒアサヒアサヒ　アサヒ読んだらバカになる

中国朝鮮のみなさまの／期待通りの記事を書き／国民騙して国を売る／中国侵略待ちわびて／平和憲法守ります／反日亡国売国朝日報道で国滅ぶ[5]

日本音楽著作権協会（ＪＡＳＲＡＣ）のサイト[6]で「リンゴの唄」「りんごのひとりごと」の二曲を検索しても、二〇二〇年四月二一日現在、歌手欄に「浅野」の名での届け出はない。パロディーの替え歌でも、広く発信されるような場合は、ＪＡＳＲＡＣの元の曲の歌手の欄に名前を届け出ていることもあるが、この二曲の替え歌についての届け出はされていないものとみられる。

1 替え歌は字幕つきで「替え歌♪センゴの唄♪（歌詞字幕追加）9.20 朝日新聞社前街宣」と題する二〇一四年九月二一日付の動画が「ニコニコ動画」サイト上にあったが、二〇二〇年に入って削除された。

2 二〇一四年七月一七日　動画「【草莽崛起】朝日新聞・ＮＨＫ抗議行動と、支援者からの贈り物［桜H26/7/17］」(https://nico.ms/so24022832)

3 注1と同動画

4　同
5　同
6　http://www2.jasrac.or.jp/eJwid/

2　賛同署名呼びかけ（二〇一八年二月）

「朝日・グレンデール訴訟」の支援者らは、訴訟で問題とした英文表現「forced to provide sex」について、敗訴確定後もなお問題視し続けた。二〇一八年二月八日の東京高裁判決日の集会で、山岡鉄秀氏と米カリフォルニア州弁護士のタレント、ケント・ギルバート氏が以下のように主張し、署名用紙を配って賛同署名を呼びかけた。

> ＳＴＯＰ朝日新聞プロパガンダ　朝日新聞に英語版での「慰安婦強制・性奴隷」の印象操作の中止を求める署名
>
> 所謂「慰安婦問題」に関し、朝日新聞デジタル英語版では記事の内容とは無関係に、下記の表現が必ず挿入されています。
>
> Comfort Women, who were forced to provide sex to Japanese soldiers before and during World War II.

第二次大戦前、および大戦中に、日本兵に性行為を強制された慰安婦
Comfort women is euphemism for women who were forced to provide sex to Imperial Japanese troops before and during the war. Many of the women came from the Korean Peninsula.
慰安婦とは戦前および戦中に日本軍部隊に性行為を強制された女性達の婉曲表現である。女性たちの多くは朝鮮半島から来ていた。

朝日新聞はこれまで「女性を拉致して性奴隷にしたとは書いていない」と弁明していますが、英語ネイティブスピーカーが読めば、「軍隊による物理的な強制連行で性行為を強いられた」と理解しますし、売春という表現がないので、対価を払われずに性奴隷のような扱いを受けた、という印象を受けることは、カリフォルニア州弁護士のケント・ギルバート氏が証言するように明らかです。

このような表現の使用は、朝日新聞社が二〇一四年八月に吉田清治の証言を虚偽と認めて記事を撤回した事実と真っ向から矛盾する行為であり、世界中に「慰安婦強制連行・性奴隷説」を積極的に流布していると見なさざるを得ず、看過できません。すでに多くの海外メディアが酷似した表現を使用しています。

私たちは、朝日新聞社に下記を申し入れます。

1．今後、前記の表現〈forced to provide sex〉を使用しないこと。

2．吉田清治証言が虚偽であり、記事を撤回した事実を改めて英文で告知すること。
3．もし、前記表現が軍隊による物理的強制連行や性奴隷化を意味しないと主張するなら、具体的に、「性行為を強制された〈forced to provide sex〉」とは何を意味するのか明確に説明すること。

呼びかけ人：ケント・ギルバート　山岡鉄秀[7]

7「STOP　朝日新聞プロパガンダ　朝日新聞は英語版での慰安婦強制・性奴隷の印象操作を中止せよ！」（https://stop-asahi-propaganda.jimdo.com/%E3%81%93%E3%82%8C%E3%81%BE%E3%81%A7%E3%81%AE%E6%B5%81%E3%82%8C/2-8-%E7%BD%B2%E5%90%8D%E9%96%8B%E5%A7%8B/）

3　英文表現で申し入れ（二〇一八年七月）

七月六日には、山岡氏とケント・ギルバート氏、弁護士の大西達夫氏らが東京・築地の朝日新聞本社を来訪し、応対した朝日新聞社の広報部員に上記の署名用紙と大筋で同じ内容の申し入れ書と、約一万人分の賛同署名を提出した。あて先は朝日新聞社の渡辺雅隆社長、題名は「御社英語報道に関する申し入れ」。差出人は「朝日新聞英語版の『慰安婦』印象操作中止を求める有志の会」として、ケント・ギルバート、山岡鉄秀両氏となっていた。

申し入れの要望は1～3までは署名用紙と同内容だが、さらに「申し入れ」では以下の内容が追加されていた。

4．今後慰安婦の説明的表現を追加するなら、comfort women who worked in brothels regulated by the military authoritiesなどの表現を使用すること[8]。

両氏が例文として示した英文部分は「軍当局により管理された売春宿で働いていた慰安婦」というほどの意味だ。さらに末尾に、おおむね下記の内容の記述が添えられていた。これは朝日・グレンデール訴訟や、「朝日新聞を糺す国民会議」の訴訟で、原告側の主張に対して被告・朝日新聞社側が法廷で反論した内容に対する再反論とでもいうべき内容とみられる。

朝日新聞社は、類似した表現がアジア女性基金のサイトにて使用されていることを挙げて当該表現の使用を肯定していますが、外務省は国会にて杉田水脈衆議院議員の質問に対し、鯰参事官が「外務省の見解は必ずしもアジア女性基金の見解と同一ではなく、国連女子差別撤廃委員会における、慰安婦強制連行、性奴隷化を否定する杉山審議官（当時）の発言を公式見解とする」旨を明言しており（平成三〇年三月二八日）、アジア女性基金サイトの表現は御社の表現を肯定する根拠となりません[9]。

朝日新聞社は一連の訴訟で、アジア女性基金のサイトにも同様の英文表現が使われていることを指摘し、「『forced to provide sex』との表記が適切であることは明らかである[10]」と主張している。これに対して山岡氏らが七月六日の申し入れ書で紹介した国会答弁とは、二〇一八年三月二八日の衆院外務委員会でのやりとりのことだ。

杉田水脈衆院議員はここでアジア女性基金の英文サイトの記述に触れ、

外務省のホームページからアジア女性基金のホームページに飛びます。そこのところに行くと慰安婦の定義というのがあるんですね。これは英文の部分です、英文の部分に慰安婦の定義というのがあります、皆さんのところに配付資料でもおつけしているんですけれども。ここの英文の定義の中に、下線の部分です、フォースド・ツー・プロバイド・セックス・サービスという形で書いてあるんですけれども、この文言、要するに、強制連行がなかった、強制されていなかったということを、今、杉山審議官の文にも確認しましたし、先ほどの意見書の中にも確認できるんですけれども、ここの部分、この記述がおかしいじゃないかというふうに思うんですね[11]。

と質問した。

これに対して鯰博行・外務省大臣官房参事官は、アジア女性基金のホームページについて「そこに書いてあること全てが日本政府の公式見解ということではございません」と答弁したうえで、先ほどの強制性に関する御指摘につきましては、政府は、従来から一貫して、政府が発見した資料の中には軍や官憲によるいわゆる強制連行を直接示すような記述は見当たらなかったということを、答弁も申し上げておりますし、閣議決定した形で示すということもいたしております[12]。

と述べた。これは二〇〇七年に第一次安倍内閣が閣議決定した答弁書の表現を改めて繰り返したものだ。

杉田氏は「もう強制連行はなかったという形で、これが政府の正式見解でよろしいですよね」とも質問しているが、鯰参事官は安倍政権の公式見解として「政府発見の資料に強制連行を示す記述は見当たらなかった」との答弁を繰り返し、杉田氏のいう「強制連行はなかった」という表現は使わなかった。

また杉田氏が、

杉山審議官の二〇一六年二月一六日女子差別撤廃委員会の対日審査における発言というのは、これは政府の正式見解なんですよね[13]。

と質問したのに対し、鯰参事官は、

杉山外務審議官当時の発言は日本政府の立場を述べたものでございますけれども、同時に、外務省のホームページの「歴史問題Q＆A」というところに書いてございます立場も日本政府としてこれまでとってきておる立場でございまして、私どもとしては相互に矛盾するということは考えておりませんので、両方掲載しているということでございます[14]。

と答弁した。外務省サイトの「歴史問題Q＆A」というページでは、アジア女性基金の取り組みや河野談話についても紹介している。アジア女性基金の事業に、政府は「最大限の協力を行ってきた」と述べ、基金解散後の現在も、「アジア女性基金の事業に表れた日本国民及び政府の本問題に対する真摯な気持ちに理解が得られるよう引き続き努力する」と記述。アジア女性基金の事業に表れている政府の「真摯な気持ち」を継承していく考えを明らかにしている。

先の大戦に係る賠償や財産、請求権の問題は法的に解決済みですが、政府としては、既に高齢になられた元慰安婦の方々の現実的な救済を図るため、元慰安婦の方々への医療・福祉支援事業や「償い金」の支給等を行うアジア女性基金の事業に対し、最大限の協力を行ってきました。

アジア女性基金は平成一九年三月に解散しましたが、日本政府としては、今後ともアジア女性基金の事業に表れた日本国民及び政府の本問題に対する真摯な気持ちに理解が得られるよう引き続き努力するとともに、慰安婦問題に関する日本の考え方や取組に対し、国際社会から客観的な事実関係に基づく正当な評価を得られるよう引き続き努力していきます[15]。

山岡氏らによる七月六日付の申し入れ書は以下のように続く。

朝日新聞の誤報による被害は現在に至るまで甚大で、海外で反日団体によって建てられる慰安婦碑や慰安婦像に付随する碑文には、吉田清治の虚偽の証言の影響が依然として濃厚であり、それらが反日教育に利用されることにより、在外邦人、特に日系子女への侮辱や嫌がらせが発生したケースが数多く報告されています。朝日新聞社は過去の報道が現在の日本人の名誉の侵害や生活への悪影響に結びつくことはないとの立場ですが、かかる英語表現を現在において継続使用することは恣意的な印象操作であるとの嫌疑を免れず、日本と日本人全般の名誉を貶め、特に海外では実生活に害を及ぼし得ます。

朝日新聞社の迅速で誠意ある回答を求めます。平成三〇年七月二三日までにご回答を頂けますよう、お願い申し上げます[16]

朝日新聞社は七月二三日付で回答した。回答末尾の結論部分は「以上から、英語表現に関する申し入れに応じることはできません」とのものだった。

まず「1.（「物理的な強制で性行為を強いられた」という印象を受けるforced to provide sexと

いう表現を使用しないこと)」について、アジア女性基金のサイトや河野談話に言及して、以下のように答えた。

記事を書く際は事実関係を十分に調べたうえで、ふさわしい表現を選ぶよう心がけています。記事でどんな表現を使うかについては、個々の状況や文脈に応じてその都度、判断してまいりたいと考えています。

今回ご指摘の英語表現に似た「forced to provide sexual services」という表現は、「女性のためのアジア平和国民基金」(アジア女性基金)のサイト「デジタル記念館　慰安婦問題とアジア女性基金」の英語版ページ(http://www.awf.or.jp/e1/facts-00.html)の冒頭で使われています。日本語版のページでは「いわゆる『従軍慰安婦』とは、かっての戦争の時代に、一定期間日本軍の慰安所等に集められ、将兵に性的な奉仕を強いられた女性たちのことです」と定義されています。(http://www.awf.or.jp/1/facts-00.html)

アジア女性基金は一九九五年に村山内閣主導で発足し、国民からの募金と政府からの資金拠出により元慰安婦への「償い事業」を実施。外務省ホームページの「歴史問題Q&A」のページでも、アジア女性基金の活動が紹介されています。(https://www.mofa.go.jp/mofaj/area/taisen/qa/index.html)

一九九三年八月四日に発表された河野官房長官談話では、「慰安婦の募集については、軍の要請を受けた業者が主としてこれに当たったが、その場合も、甘言、強圧による等、本人たちの意思に反して集められた事例が数多くあり、更に、官憲等が直接これに加担したこともあったことが明らかになった。また、慰安所における生活は、強制的な状況の下での痛ましいものであった」と記されています。(https://www.mofa.go.jp/mofaj/area/taisen/kono.html)

菅義偉官房長官は二〇一四年六月二〇日の記者会見で「河野談話作成過程に関する検証作業」について述べた際、「河野談話を見直さない、平成一九年に閣議決定した政府答弁書であるとおり、これを継承するという政府の立場はなんら変わりはありません」と発言しています。(https://www.kantei.go.jp/jp/tyoukanpress/201406/20_p.html)

慰安所の生活で「強制的な状況」があったとする記述を含む河野談話の内容は、現在の安倍政権まで日本政府が継承してきた立場といえます。朝日新聞が慰安婦問題を報じる際は、こうした日本政府の立場も踏まえつつ、今後もさまざまな立場からの視点や意見に耳を傾け、多角的な報道をめざしていく所存です[17]。

次に、「2.(吉田証言が虚偽であり、記事を撤回した事実を改めて英文で告知すること)」については、以下のように答えた。

朝日新聞が吉田清治氏の証言を虚偽と判断して記事を取り消したことについて、新聞紙面では二〇一四年八月五日付朝刊の特集記事で伝えました。「朝日新聞デジタル」では現在も、下記のURLで紙面を掲示しています。(http://www.asahi.com/shimbun/3rd/2014080516.

pdf）

英語版の紙面は現在発行していませんが、二〇一四年八月五日付記事の英訳版は「朝日新聞デジタル」で二〇一四年八月二二日に掲載し、現在も下記のＵＲＬで全文閲覧できます。

(https://www.asahi.com/articles/SDI201408213563.html)

また、「朝日新聞による慰安婦報道を検証する第三者委員会報告書」の要約版の英訳文を、国連本部、同広報センター、米国議会、在日米国大使館、韓国大使館、米国グレンデール市などに送付しています[18]。

「3.（forced to provide sexが軍隊による物理的強制連行や性奴隷化を意味しないと主張するなら、具体的にこの表現が何を意味するのか明確に説明すること）」についての回答は以下の通り。

慰安婦とされた女性の訴えは人によって、あるいは時期や場所、戦況によって大きなばらつきがあり、個々の状況全体を総合して具体的に説明するのは困難です。「1について」の回答で紹介した「河野談話」で「強制的な状況」への言及があり、また「アジア女性基金」リイトの説明で「性的な奉仕を強いられた」との説明がありました。また中国や東南アジアなど、戦時中に日本の占領下にあった地域で、日本軍の一部部隊が現地女性などを強制的に連行し、慰安婦にしたことを示す供述や調査結果が、戦犯裁判記録や連合国側の政府調査報告などで明らかになっていることも踏まえています。

また、「forced to provide sex」という表現について、英語ネイティブスピーカーが読めば、「軍隊による物理的な強制で性行為を強いられた」という印象を受けると指摘されていますが、当該表現は「意に反して性行為をさせられた」という意味です[19]。

最後に「4．(今後慰安婦の説明的表現を追加するなら、comfort women who worked in brothels regulated by the military authoritiesなどの表現を使用すること)」については、こう答えた。

記事を書くたびに、国内外のさまざまな立場の意見や歴史研究の蓄積なども考慮しながら、人権に配慮し、個々の状況や文脈に応じて、その都度ふさわしい表現を使うよう努めてまいりたいと考えています[20]。

山岡氏らとのやりとりはその後も複数回にわたった。八月二二日付の三回目の申し入れ書では、

1．慰安婦の大半が朝鮮人であったと認識しているのか？
2．慰安婦の人種別の割合をどのように認識しているのか？[21]

という質問があり、朝日新聞社は八月三一日、下記のように答えた。

慰安婦の総数や民族、人種別の人数を示す公式記録はなく、研究者の推計にはさまざまな数字があります。アジア女性基金のサイトには「各種の資料を総合して言えることは、朝鮮人慰安婦は多かったが、絶対的多数を占めるにはいたっていないということです。日本人慰安婦も多かったと言えます」と書かれています[22]。

一連のやりとりの中で、朝日新聞の慰安婦問題にかかる英文記事のうち、吉田清治氏の証言を虚偽と判断した記事などいくつかの記事に、グーグルなどサーチエンジンによって検索されないようにするためのコマンドが埋め込まれている、との指摘がネット上でされた。「メタタグ問題」として、この件も山岡氏らからの申し入れ書に質問が盛り込まれた。これに対して朝日新聞社は八月二七日に「朝日新聞デジタルの記事に『検索回避タグ』が設定されているとのご指摘について」と題する文書を本社サイト「お知らせ」欄に掲示。山岡氏らにも同様の回答をした。

二〇一四年八月二二日に慰安婦問題に関する英文記事を複数配信しました。その際、記事に検索回避タグを設定し、社内の確認作業を経たのちにこのタグを解除して一般公開しましたが、このうちの二本で設定解除作業の漏れがあったことが分かりましたので、修正いたしました。

また、日本語ページの「訂正・おわび」にも検索回避タグが設定されているのではないか、とのご指摘を受けましたが、見出しに「訂正・おわびあり」と明示し、当該箇所を修正、記事の末尾に「訂正・おわび」を追加した記事には検索回避タグを設定しておりません。過去一週間の「訂正・おわび」をまとめた一覧ページに掲載する「訂正・おわび」には、前述の記事と重複するため検索回避タグを設定しています[23]。

「意図的に隠したのではないか」との指摘もあったため、朝日新聞社は二〇一八年九月一〇日にも本社サイト「お知らせ」欄に、「調査したところ、検索回避タグを解除し忘れるという配信作業上のミスが原因でした。大変申し訳ありませんでした[24]」との文書を掲示した。

説明によると、二〇一四年八月二二日に慰安婦問題に関する英文記事を複数配信した際、公開前に「記事の体裁等を最終確認するため、検索回避タグを設定して外部配信」し、ウェブ上での表示を確認したうえで、タグを解除して一般公開する、という手順をとった。ところが一般公開した際に、記事二本について検索回避タグの設定解除をし忘れる、というミスがあったという。

8『日本を貶め続ける朝日新聞との対決　全記録』二三七頁
9 同
10 朝日・グレンデール訴訟被告「準備書面（三）」五頁
11 二〇一八年三月二八日第一九六回国会衆議院外務委員会での質疑。国会会議録検索システムによる。
12 同
13 同
14 同

15 二〇一八年四月六日　外務省「歴史問題Q＆A」（https://www.mofa.go.jp/mofaj/area/taisen/qa/）
16 『日本を貶め続ける朝日新聞との対決　全記録』二三六〜二三七頁
17 同二三三〜二三六頁、二〇一八年七月二三日「「朝日新聞英語版の『慰安婦』印象操作中止を求める有志の会」への回答書を掲載しました　朝日新聞社インフォメーション」（https://www.asahi.com/corporate/disclosure/11700444）
18 同
19 同
20 同
21 同二二七頁
22 同二二八頁
23 同二二五〜二二八頁。二〇一八年八月二七日「朝日新聞デジタルの記事に「検索回避タグ」が設定されているとのご指摘について　朝日新聞社インフォメーション」（https://www.asahi.com/corporate/disclosure/11777817）
24 二〇一八年九月一〇日、九月二一日加筆修正「朝日新聞デジタルの記事に「検索回避タグ」が設定されているとのご指摘について（追加のご指摘で見つかったタグの設定ミスについても修正し、八月二七日付の本欄の説明を再更新しました。ご迷惑をおかけし、申し訳ありません）」（https://www.asahi.com/corporate/disclosure/11807740）

おわりに

朝日新聞の慰安婦報道についての本をまとめるにあたって、ずっと心の支えにしていた本があった。元読売新聞記者の清武英利さんが書いた『しんがり　山一證券　最後の一二人』（講談社、二〇一三年）である。

この本は、創業一〇〇年になる老舗の証券会社「山一證券」が自主廃業した際、会社に残って膨大な不正債務についての真相究明や清算業務という「後始末」を引き受けた社員たちの足跡を追ったノンフィクション。多くの社員が再就職へ走り出す中、あえて会社に残り、ほとんどの社員にとって破綻後初めて明らかになった帳簿外の借金二六〇〇億円の問題を、社員自らの手で究明した。

「しんがり」とは戦いに敗れて退く際、最後尾に踏みとどまり戦う兵士のこと。会社でうまく立ち回るのではなく、正義感が強く不器用で、上司への直言もいとわない。だれかがやらなければならない、損な役回りを引き受け、会社の臨終を見届ける。その潔い群像を、清武さんは愛着と深い敬意を込めて描いた。ぐいぐいと引きつける筆致で、巻を描く能わず、一気に最後まで読ませる筆力とあいまって、さわやかな読後感を残した。

もう一冊、元朝日新聞記者の樋田毅さんの『記者襲撃　赤報隊事件三〇年目の真実』（岩波書店、二〇一八年）にも触れておきたい。こちらは対照的に、読んでいて心に重苦しいものを残す本だった。何度も本を閉じ、自分を奮い立たせないと読み進められないような重さが、心に積み重なっていくようだった。

描かれている朝日新聞阪神支局襲撃事件（赤報隊事件）は、朝日新聞阪神支局が一九八七年五月三日に襲撃され、記者一人が殺され、一人が重傷を負った事件である。同僚記者が犠牲になった事件への怒りや無念さを胸に、多くの朝日新聞記者が真相解明のための取材に取り組んだ。樋田さんは事件発生当初から取材チームの一員として、時効成立までの一六年間を、さらにその後、定年退職をした後もなお、見えない犯人を追い続けた。「犯人かもしれないと考えた人物に会うこと、犯人について何か手がかりを得られそうな人物に会い続けること」を自らに課し、右翼活動家や暴力団、宗教団体などの関係者ら多くの人々と会ったという。

「朝日新聞に敵意、あるいは反感を持つ人物も少なくなく、取材には細心の注意を払う必要があった。そうした取材の際には、襲撃事件への見方、朝日新聞に対する敵意の有無、その度合いをつかむための質問を重ねた。『しつこい』のは私の性分でもあった。相手を怒らせてしまったこともあったが、犯人にたどり着くための真剣勝負だと自身に言い聞かせていた」と樋田さんは書く。

ときに自分の身を危険にさらすような命がけの取材もあったようだ。これも、「だれかがやらなければならない」仕事だ。


私には清武さんのように取材対象の思いを生き生きと描く取材力も、樋田さんのように敵対する勢力に命がけで肉薄する覚悟や胆力も、どちらもない。

慰安婦問題も、覚悟を持って自ら手を挙げたのではなく、担当記者として指名されたとき、「これは逃げてはいけない」と感じて、そのまま今日まで続けてきているにすぎない。朝日新聞の同僚のなかには、積極的に取材に加わった記者もいた一方、「慰安婦問題を担当するのは怖い」といって途中で取材班から抜けた記者もいた。

それでもこの本だけは、取材力がなかろうが、覚悟が足りなかろうが、どうしても自分がまとめなければならないと考えた。朝日新聞の慰安婦報道をめぐる批判や非難、とくに裁判を中心とする動きについては、その渦中にいて一部始終を見ていた人間が、「何があったのか」について書き残しておく責務がある。保守・右派の集会に出席し、裁判傍聴を続けるうちに、そんなことを感じるようになっていた。

私は朝日新聞の記者になってから「だれかがやらなければならないが、朝日の社内では手を挙げる人があまりいない」テーマのおはちが回ってくることが何度かあった。一つは拉致問題。一つは慰安婦問題。どちらも保守・右派から朝日新聞が厳しく批判されることが多いテーマである。どちらも自ら手を挙げたわけではなかったが、行きがかり上、受けざるを得なくなり、気がつけば長期間、取材を続けている。

集会が「朝日新聞非難」で盛り上がるとき、朝日新聞記者として一人身を置き、メモを取る作業は緊張するし、大変居心地の悪いものだ。ののしられれば気分も落ち込むし、そこで語られる論理の展開についていけず、頭の中が疑問符でいっぱいになってあふれ出そうになることもしばしばだった。

だが同時に「だれか、ここにいて細大もらさず記録し、報告する者が必要だ」とも感じていた。記事の多くは掲載されても、大きい扱いにならなかったので、代わりに詳細な報告のメールを毎回、社内関係者に送った。メールを読んだ同僚や先輩たちのなかには、感想や激励のメッセージを届けてくれる人もいた。その反応を励みに、パソコンやノートを開いてせっせとメモを取り、報告をまとめる作業を続けることができた。その社内報告をまとめて時系列に並べたのが、この本のもとになっている。

慰安婦問題の取材・報道は、朝日新聞社内の多くの記者や同僚との共同作業だった。編集局（報道・編成局）の局長室や東京・大阪社会部、国際報道部、政治部をはじめ、広報部や法務部、国際発信部など多くの部署の同僚とともに仕事をした。書籍にまとめるにあたっては、朝日新聞出版の担当編集者・松尾信吾さんに大変お世話になった。

慰安婦問題に取り組む研究者や元慰安婦の支援者や、元朝日記者を含む社外のジャーナリストら、多くの市民の方々にもお世話になった。保守・右派の集会では、取材を拒否されたことも何度もあったが、私が朝日新聞の記者であることを承知で取材を受け入れてくれる集会も多かった。右派の集会だからといって、身の危険を感じることもほとんどなかった。

取材を受け入れ、協力してくださったすべての関係者に、感謝を申し上げる。

最後に改めて、日本政府が慰安婦問題で表明した言葉を以下に掲げる。

慰安婦問題は、当時の軍の関与の下に、多数の女性の名誉と尊厳を深く傷つけた問題であり、かかる観点から、日本政府は責任を痛感している。
安倍内閣総理大臣は、日本国の内閣総理大臣として改めて、慰安婦として数多の苦痛を経験され、心身にわたり癒しがたい傷を負われた全ての方々に対し、心からおわびと反省の気持ちを表明する。(二〇一五年一二月二八日、日韓外相会談で慰安婦問題をめぐって日韓政府が合意した際の、岸田文雄外相の発言)

本件は、当時の軍の関与の下に、多数の女性の名誉と尊厳を深く傷つけた問題である。政府は、この機会に、改めて、その出身地のいかんを問わず、いわゆる従軍慰安婦として数多の苦痛を経験され、心身にわたり癒しがたい傷を負われたすべての方々に対し心からお詫びと反省の気持ちを申し上げる。
われわれはこのような歴史の真実を回避することなく、むしろこれを歴史の教訓として直視していきたい。われわれは、歴史研究、歴史教育を通じて、このような問題を永く記憶にとどめ、同じ過ちを決して繰り返さないという固い決意を改めて表明する。（一九九三年八月四日、河野洋平内閣官房長官が発表した「河野談話」）

私自身も、この問題の取材を続けるにあたり、今後も常に心にとめておきたいと思う。

北野隆一

二〇二〇年七月

北野隆一（きたの・りゅういち）
1967年岐阜県高山市生まれ。90年東京大学法学部卒業、朝日新聞社入社。新潟、延岡、北九州、熊本をへて東京社会部次長を務め、2014年から編集委員。皇室、北朝鮮拉致問題、部落問題、ハンセン病、水俣病などを取材。
単著に『プレイバック「東大紛争」』。共著に『フェイクと憎悪　歪むメディアと民主主義』、『祈りの旅　天皇皇后、被災地への想い』、『徹底検証　日本の右傾化』、『事件の取材と報道2012』、『東アジア　新時代の海図を読む』、『脱常識の部落問題』、『戦後誌　光と影の記憶』、『九州山地に生きる』など。

朝日選書 998

朝日新聞の慰安婦報道と裁判

2020年8月25日　第1刷発行

著者　北野隆一

発行者　三宮博信

発行所　朝日新聞出版
〒104-8011　東京都中央区築地5-3-2
電話　03-5541-8832（編集）
03-5540-7793（販売）

印刷所　大日本印刷株式会社

Published in Japan by Asahi Shimbun Publications Inc.
ISBN978-4-02-263098-8
定価はカバーに表示してあります。